한국
고전소설의
세계

한국 고전소설의 세계

이상택 외 지음

2005년 8월 29일 초판 1쇄 발행
2023년 3월 31일 초판 15쇄 발행

펴낸이 한철희 | 펴낸곳 돌베개 | 등록 1979년 8월 25일 제406-2003-000018호
주소 (10881) 경기도 파주시 회동길 77-20 (문발동)
전화 (031) 955-5020 | 팩스 (031) 955-5050
홈페이지 www.dolbegae.co.kr | 전자우편 book@dolbegae.co.kr

편집 이경아·김희동·박숙희·윤미향·김희진·서민경
표지디자인 민진기 | 본문디자인 박정영·김상보·이은정
인쇄·제본 영신사

ⓒ 이상택 외
ISBN 89-7199-221-2 03810

책값은 뒤표지에 있습니다.

이 도서의 국립중앙도서관 출판시도서목록(CIP)은 e-CIP 홈페이지
(http://www.nl.go.kr/cip.php)에서 이용하실 수 있습니다.(CIP제어번호: CIP2005001663)

한국 고전소설의 세계

이상택 외 지음

놀베개

간행에 부쳐

2002년 봄으로 기억되는데, 어느 날 박희병 교수가 내 연구실에 들렀다. 몇 마디 인사말이 끝나자 박교수는 충실한 고전소설 개론서를 한 권 냈으면 좋겠다는 말을 하였다. 이야기인즉슨, 우선 대학 학부에서 한 학기 동안 강의할 고전소설 개설서가 마땅치 않다는 것과 함께, 내 정년퇴임에 맞추어서 기념될 만한 사업으로 이 일을 계획했고, 내 연구실에서 함께 연찬한 학우들을 중심으로 집필진이 구성되어 작업이 꽤 구체적으로 진행되고 있다면서 나에게는 총론 집필을 당부하는 것이었다.

나로서는 참 당혹스러운 일이었다. 이들은 이미 내 환갑 때에 뜨거운 충정을 모아 기념 논총을 간행해준 바 있고, 그때 그 논총을 증정 받으면서 앞으로 다시는 나를 위한 행사는 없어야 하겠다고 신신당부하고 또 공언을 했던 것인데, 채 5년도 되지 않아서 또 다시 이런 일을 한다는 것은 아무리 생각해도 이불성설이고 엄치없는 일이었다.

끝내 동의를 하지 못하고 차일피일하는 동안에 세월은 흘렀고, 그 사이 무사히 정년퇴임을 하게 되었다. 그런데 그게 끝이 아니었다. 그들은 조용히 작업을 진행하였고, 비록 내 퇴임 날짜에 맞추어 책을 간행하지는 못했지만, 그 무렵에 이미 내가 맡은 총설 부분을 제외한 나머지 원고가 완성되어 있었음을 나는 한참 뒤에야 알게 되었다.

사태가 이 지경에 이르렀으니 나도 더 이상 동참을 거부할 도리가 없게 되었거니와, 기실 퇴임한 지도 2년이나 지난 바에야 이제 내 연구실을 중심으로 이루어진 청출람靑出藍의 제학구諸學究들과 함께 빛깔 곱고 짜임새 있는 고전소설 개설서 한 권을 낸다는 것은 퇴임 기념 행사가 아니라 내 평생의 학문 생활을 매듭짓는 마당에 학자로서는 더없는 영광이고 보람임을 절감하게 되어, 이에 자랑스럽게 이 책을 상재한다.

끝으로, 요즈음 같은 불황 속에서 흔쾌히 이 책의 간행을 맡아주신 돌베개 출판사 한철희 사장과 편집인 제위에게 깊이 감사드린다.

2005년 8월 14일
이상택

차례

간행에 부쳐 5

1 총론: 한국 고전소설의 개념과 특질 _11
   범위와 영역 11   인간과 신의 관계로 본 존재론의 두 가지 유형 17   고전소설의 존재론과 미학 20

2 한국 고전소설의 발생 _34
   한국 고전소설의 발생을 둘러싼 두 가지 견해 34   성립기의 한국 고전소설을 읽을 때 유의할 점 35   설화와 전기소설의 차이 37   「최치원」은 어째서 설화가 아니고 소설인가 41   나말여초 전기소설의 창작 상황 44   나말여초 전기소설의 장르적 위상 46   전기소설 발생의 사회역사적·정신사적 조건 49   나말여초 전기소설의 창작주체 54   전기소설 발생의 언어·문화적 요인 56

3 한국 고전소설의 하위 장르와 유형 _60
   유형 분류의 유용성과 한계 60   단순 유형 분류의 몇 가지 방식 65   유형 분류와 역사적 장르종 70

4 한국 고전소설의 작자 _86
   밝혀진 작자들 87   비판적 지식인 88   직업적 작자층, 그리고 몰락 양반층 92   판소리계 소설의 작자 96   대하소설의 작자 99   여성 작자와 공동 창작 102

5 한국 고전소설의 독자 _107
   문제적 갈래 소설과 독자의 긴밀함 107   옛날의 소설 독자를 이해하려면 110   계층별 독자의 유형 115   시대별 변화의 양상 121   독자의 역할 126

6 한국 고전소설의 주제 _130
   「춘향전」의 주제를 둘러싼 논란 130   「창선감의록」과 주제적 구심성 133   「홍길동전」과 주제적 원심성 136   「구운몽」, 제3의 길 140   한국 고전소설의 주제적 특징 143

7 한국 고전소설의 모티프, 그 환상적 성격 _147
고전소설 모티프의 환상적 성격 147   예언적 모티프 149   이인과 귀신의 출현 152
연애와 혼사장애 156   음모의 전형적 모티프 161   군담 164   남은 과제 168

8 한국 고전소설의 작품 구성 원리 _170
전기소설 171   영웅소설 179   판소리계 소설 185   대하소설 188

9 한국 고전소설의 세계관 _195
고전소설과 세계관 195   초월적·종교적 세계관 197   세속적·물질적 가치관에 따른 현실적 세계관 211   세계관의 변모에 대한 이해 222

10 한국 고전소설의 표기 형식과 유통 방식 _226
고전소설의 표기 형식: 기사된 문자에 의한 분류 227   고전소설의 제작 방식: 인쇄 수단에 의한 분류 230   고전소설의 유통 방식 233   소설의 비상업적 유통 234   소설의 구비적 유통 236   소설의 상업적 유통: 세책가와 방각소설 238

11 한국 고전소설과 인접 장르의 관련 _251
소설의 본질과 인접 장르의 중요성 251   고전소설과 산문 장르: 설화·야담·전 253   고전소설과 시가 장르: 시조·가사 258   고전소설과 판소리 266   장르 교섭의 복합성 269   오늘날의 소설과 인접 장르 271

12 한국 고전소설 비평의 양상 _274
검토를 위한 예비적 이해 274   선소설 비평론의 쟁점 276   조선 전기 소설 비평의 성장 283   조선 후기 소설 비평의 본격화 287   정조의 문체반정과 소설 배격론의 경화 294   고전소설에 대한 본격 비평의 실제 299

13 한국 고전소설의 현대적 의의 _309
전통과 현대 309   '고전'이란 무엇인가? 311   고전소설의 두 가지 성격 312   「서유기」와 「삼국지」의 현대적 계승 314   「춘향전」, 그리고 마당놀이 318   역사드라마와 고전소설 319   고전소설의 미래 321

찾아보기 325
저자 프로필 332

한국
고전소설의
세계

1
총론: 한국 고전소설의 개념과 특질

　우리는 지금 '한국 고전소설'이라는 흡사 커다란 바위와도 같은 질료 덩어리를 눈앞에 마주하고 있다. 이 질료 덩어리의 정체를 해명해내는 일이 우리의 당면한 과제다. 어디서 어떻게 접근하여 무엇을 얼마나 캐낼 것인가. 지금으로서는 아무런 형체도 모습도 갖추지 않은 채 그저 막연한 질료 덩어리일 뿐인 이 정체의 참 모습을 파악하기 위해 우리 함께 길을 나서보자.

■ 범위와 영역

　먼저 '한국 고전소설'이라는 용어의 개념부터 생각해보자. 누구든지 한국 고전소설이라는 말의 기초적인 말뜻을 모를 사람은 없다. 오늘이 시대가 아닌, '옛 시대에 우리나라에서 우리 문자로 이루어낸 소설'을 뜻할 것이기 때문이다. 그러나 조금만 더 깊이 생각해보면, '옛 시대란 어느 시기부터 시작해서 그 하한선이 언제까지인가?', '우리 문자란 구체적으로 한글만을 뜻하는가 아니면 한문도 포함하는가?', 또 '소설의 장르 범위와 영역을 어떻게 설정할 것인가?' 등등의 간과할 수 없는 문제들이 꼬리를 물고 제기된다.

나말여초의 전기소설

우리는 이미 중고교 시절부터, 고전소설의 효시가 되는 작품은 『금오신화』金鰲新話이고, 그 하한 시기는 이인직의 신소설이 나오기 전인 개화기, 즉 19세기 말까지인 것으로 배워 알고 있다. 그런데 오늘날 그 하한 시기를 19세기 말로 잡는 데는 별다른 이견이 없지만, 우리 소설의 효시를 『금오신화』로 잡는 데는 심각한 이의가 제기되어 있다. 특히, 나말여초羅末麗初에 이미 전기소설傳奇小說이 발생했다는 견해는 일정하게 문학사적 정합성을 확보하고 있어서 주목된다. 고대의 건국신화를 비롯한 수많은 전승 설화를 바탕 삼으면서 나말여초에는 이미 일정한 수준을 확보한 소설이 출현하였다는 것이다. 『수이전』殊異傳에 수록된 「최치원」崔致遠, 『삼국유사』의 「김현감호」金現感虎와 「조신전」調信傳 등이 그러한 작품이다. 「최치원」은 주인공이 쌍녀분雙女墳 무덤 속의 두 죽은 여인과 시를 화답하며 사랑을 나누었다는 이야기이고, 「조신전」은 이룰 수 없는 사랑을 꿈 속에서 성취한 후 삶의 덧없음과 허망함을 깨달았다는 이야기이고, 「김현감호」는 아리따운 여인으로 둔갑한 호랑이와 사랑을 나누었으나, 이 호랑이 여인이 중생의 생명을 해친 형제의 죄값을 치르려고 스스로 목숨을 끊었다는 비련의 이야기인데, 이들 작품은 모두 신이롭고 환상적이면서도 낭만적인 성격을 지니고 있기 때문에 일반적으로 전기소설傳奇小說이라 규정하고 있다.

그렇다면 이 작품들이 왜 설화가 아니고 소설인가 하는 것이 문제이다. 「최치원」의 경우를 보면, 우선 이 작품은 작자가 등장인물의 성격을 그 내면세계까지 그림으로써 인물의 성격을 보다 구체적으로 부각시키고 있다. 특히 최치원이 두 여인과 주고받는 여러 편의 시가는 그들의 내면을 섬세하게 드러내고 있다. 또한 두 여인과의 만남과 사랑을 계기로 최치원의 삶에 대한 인식이 크게 바뀌고 삶에 대한 새로운 전환이 일어나고 있음을 볼 수 있다. 또 이와 관련하여 주제의식, 인물의 개성 부각, 시의 삽입 등으로 뚜렷한 창작적 목적의식을 찾아볼 수 있다. 이러한 일련의 사실들에서 이들 작품이 설화 수준을 넘어선 소설이라는 것을 확인할 수 있는데, 그 중에서도 「최치원」은 다른 두 작품과 비교해볼 때, 소설적 완성도가 가장 높은 작품이라 할 수 있다. 그렇기는 하지만, 정도의 차이는 있을지라도 다른 두 작품들도 모두 인물과 환경을 구체적으로 묘사 서술하고 있고, 인물들의 정신적 성장이나 인식의 전환을 보여주기도 하며, 뚜렷한 주제의 구현, 치밀하게 짜여진 플롯, 개성적인 인물의 부조浮彫, 섬세하고 아름다운 문체 등을 통하여 뚜렷한 창작적 목적의식을 발견할 수 있다는 점에서 이들 세 작품 모두를 설화가 아닌 소설로 파악하게 된다.

한문소설도 우리 소설이다

그렇다면 다음으로 한글이 아닌 한자로 표기된 소설작품을 우리 소설사에 포용할 수 있는가 하는, 반드시 짚고 넘어가야 할 또 하나의 문제에 부딪치게 된다.

세종대왕의 한글 창제는 우리 문학사상 유례가 없는 눈부신 사건이었다. 한글 창제로 인해 한글문학의 시대가 본격적으로 열리게 된 것이다. 이것은 소설에 있어서도 마찬가지이다. 한글이 창제됨으로써 소설의 작자와 독자층이 확대되어 소설이 문학사상의 주도적인 장르로 부각된 것이다. 한글이 창제됨으로써 한문으로 창작된 소설이나 중국에서 들어온 소설이 한글로 번역되어 읽히고,「홍길동전」을 비롯한 한글소설이 출현하면서 소설의 독자층은 사대부가의 부녀자와 평민층으로까지 광범위하게 확대되어나갔다. 이들의 소설 향유에 대한 갈망이 한글을 매개로 하여 마침내 본격적인 소설의 시대를 열어놓게 된 것이다.

그러나 이렇게 본격적인 한글소설의 시대가 열리기까지는 한글 창제 이후 상당한 시간을 필요로 했다. 조선 전기는 전대의 전기소설이 계승 발전되어『금오신화』金鰲新話나「설공찬전」薛公贊傳·『기재기이』企齋記異와 같은 한문 전기체 소설들이 생산되었을 뿐 아니라,「원생몽유록」元生夢遊錄·「달천몽유록」達川夢遊錄·「피생명몽록」皮生冥夢錄 등 일련의 몽유록계夢遊錄系 소설, 그리고「수성지」愁城誌·「천군연의」天君演義 등 마음 곧 천군을 주인공으로 한 이른바 천군소설天君小說에 이르기까지, 한문을 표기 수단으로 한 소설들이 널리 창작되고 성행하였다.

이러한 우리 소설사 내지 문학사의 정황을 생각할 때, 조선조 시대에 우리말 음가音價로 우리말 토를 달아 상용하고 있었던 한문은 또 하나의 우리 언어, 곧 문어체文語體 정도로서의 우리 언어의 기능과 역할을 담당하고 있었다고 보아도 지나치지 않을 것이다. 그렇기 때문에, 본격적인 한글소설의 시대가 열린 17세기 이후에도 한문소설은 지속적으로, 매우 다양하고도 풍부하고 높은 수준으로 생산되었으니,「주생전」周生傳·「최척전」崔陟傳·「운영전」雲英傳 그리고 일단의 연암소설燕巖小說을 비롯한 야담계野談系 소설 등은 그 대표적인 사례로 꼽을 수 있겠다. 따라서 한글 창제 이전은 말할 것도 없고 그 이후에 생산된 한문소설도 우리의 소설사에 포용되는 것은 매우 당연한 일이다.

몽유록의 장르 문제

이 대목에서, 한 가지 짚고 넘어갈 문제는 몽유록의 장르에 관해서다. 현재 학계에서는 몽유록을 소설로 보는 입장과, 작품들의 현실성·역사성·교훈성을 중요시하여 교술敎述 장르로 보는 상이한 견해가 있는데, 나로서는 작품들의 환상성·허구성·가탁적假託的 우화성에 주목하지 않을 수 없다.

대표적으로 「원생몽유록」을 두고 살펴보자. 이야기 요지는 주인공 원호元昊가 중추가절 어느날 달빛 속에서 책을 읽다가 책상머리에 기대어 잠이 들었는데, 갑자기 몸이 가벼워지면서 우화등선羽化登仙하는 느낌 속에서 아득히 날아올라 정처 없이 가다가 한 강언덕에 다달았다. 여기는 천년이 흘러도 씻기지 않을 통절한 원한의 기운[千載不平之氣]이 감돌고 있었다. 그가 비통한 마음으로 시 한 수를 읊조리고 있는데, 이때 복건幅巾을 쓴 어떤 낯선 사람이 나타나서 그를 한 임군과 여섯 신하가 모여 있는 모꼬지로 안내하였고, 그들은 밤늦도록 시를 주고받으며 하늘에 사무치는 울분과 비분강개를 토로하다가 천둥소리에 놀라 깨달으니 꿈이었다는 것이다.

위에서 요약한 작품 내용을 보아 알 수 있는 바와 같이, 우선 이 작품은 작자가 현실 속에서 경험한 실제담을 단순히 기록만 한 것이 아니라, 작품 속의 허구적 등장인물들이 작자의 창작의식과 작품 의도에 따라 소설내적 허구 공간 속에 배치되어 각자의 역할을 연행하고 있는 꿈 속의 상상적 이야기, 즉 몽환 속에서 일어난 기이한 사건담을 서술해 놓은 한 편의 완전한 허구물이다. 내용을 좀더 구체적으로 살펴보자.

주인공이 우화등선하는 기분으로 한 강언덕에 이르러 보니, 이곳은 천년이 흘러도 씻기지 않을 통절한 원한이 서려 있는지라, 비창한 마음으로 시 한 수를 읊조린다.

긴 강물은 한 맺혀 흐느끼며 흐르기를 멈추었고	恨入長江咽不流
갈대꽃 수풀에는 으스스 찬바람만 이는구나.	荻花楓葉冷颼颼
이곳은 분명 장사 땅 언덕일 터	分明認是長沙岸
영령은 달 밝은 밤 어느 곳을 헤매고 있는가.	月白英靈何處遊

주인공 원자허元子虛(자허는 생육신 중의 한 사람인 원호의 字이다)를 제외한 모든 등장인물들이 허구적 가상 인물인 이 작품에서 주인공이 도달한 '강언덕' 또한 허구적 가상 공간인데, 이곳에 '천재불평지기', 즉 영원히 사라지지 않을 한이 서려 있다고 했다. 그 까닭은 무엇인가? 또 화자는 그 허구적인 작품 공간인 '강언덕'을 '장사長沙 땅 언덕'이라 했고, 그곳 영령이 헤매고 있는 그 소재처를 몰라 안타까워하고 있다. 그 영령은 누구의 영령인가? 그리하여 이 시에 내포된 포괄적인 함의의 내용은 무엇인가?

　화자, 즉 작가는 작품 속에 허구적 가상 공간으로서의 '한 강언덕'을 설정하여 놓고 이곳을 중국 호남성에 실재하는 장사 땅에 비견하고 있는데, 여기서 문제의 실마리를 풀어갈 수 있다. 두루 아는 바와 같이, 장사는 항우項羽가 의제義帝를 유배 보냈다가 학살한, 잔학과 불충과 죽음을 표상하는 저주의 땅이니 천재불평지기가 넘칠 수밖에 없는 것이고, 그곳을 떠도는 영령은 곧 항우의 손에 학살당한 의제의 영령인 것이다. 그렇다면 신하가 왕을 학살한 불충과 모반의 땅 장사의 역사적 사실을 제재로 삼고, 생육신 원자허를 화자로 삼아 한 임군과 여섯 신하의 비분 강개담을 서술한 이 작품이 수양대군에 의하여 영월 땅으로 유배되었다가 학살당한 단종의 애화를 그려낸 비유적 허구담임을 알아차리는 데에 그렇게 큰 어려움은 없다. 이렇듯 이 작품이 높은 수준의 허구적 구조물이기 때문에 그 장르는 소설일 수밖에 없다.

지금까지 살펴본 내용을 바탕으로 하면서 한국 고전소설의 범위와 영역을 정리해보면, 첫째, 그 형성 시발점은 15세기가 아니라 나말여초 즉 10세기경으로 소급되어야 하고, 그 하한선은 개화기 이전, 즉 19세기 말이 된다. 둘째, 표기 문자로 보아 한글과 한문, 한글한문 혼용으로 표기된 모든 작품이 포함된다. 셋째, 따라서 한글로 표기된 모든 소설은 물론이고, 나말여초의 전기소설과 고려조의 전기체 소설 (예컨대 김척명이 개작한 뒤 다시 『해동고승전』의 「원광전」으로 전해오는 「원광법사전」이나, 고려 말의 이거인이 지었다는 「연화부인전」 등을 통하여 고려시대 소설사의 맥을 짚어볼 수 있다), 한글 창제 이후에 생산된 모든 한문소설, 예컨대 전기소설, 몽유록, 그리고 17세기 이래 새롭게 출현한 허다한 전계(傳系) 소설과 야담계 소설 등도 모두 한국 고전소설의 영역에 포함된다.

인간과 신의 관계로 본 존재론의 두 가지 유형

소설이 추구하는 가장 기본적인 명제 중에는, 인간 삶의 본질은 무엇이고 그 삶의 원리는 무엇인가, 또 올바른 삶의 방식은 어떤 것인가 라는 존재론적 물음들이 포함되어 있는데, 이때 제기되는 가장 큰 관심 거리는 인간과 신의 관계에 관한 것이 아닐까 한다. 신은 과연 존재하는가? 존재한다면 왜 현실적 삶의 공간에서 끝없이 야기되는 대립과 갈등, 미리와 사회악 등을, 신은 관람만 하고 있을 뿐 말이 없는가? 이러한 고뇌에 찬 물음은 인류 역사의 시작과 더불어 제기된 가장 보편적인 우주적 물음임에 틀림없다.

뒤르껭E. Durkheim이나 엘리아데M. Eliade 같은 일단의 서구 정신문화사가들에 따르면, 인류가 향유해온 그 삶의 터전으로서의 사회는 종교적인 신비성·영험성을 바탕으로 한 '신성사회'神聖社會와, 과학적인 합리성·실용성이 그 질서의 바탕이 되는 '세속사회'로 크게 나눌 수 있고, 이때 그 구분의 근거가 되는 신성성sacred과 세속성profane은 일단 고대적인 것과 현대적인 것의 대칭 관계로 파악될 수 있다. 예컨대 현대인의 의식을 바탕으로 볼 때, 식사·성행위 등과 같은 생리 행위는 생명체의 유기적인 현상일 뿐이다. 그러나 고대인에게 있어서는 그것은 단순한 생리 현상이 아니라 '성예전'聖禮典, 즉 '신성과의 영적 교감 의식'으로 파악되기도 한다는 것이다.

고대 신성사회에서 신은 절대적인 권능으로 인간의 삶을 주재하는 존재였다. 그때는 신과 인간이 이상적인 조화를 이루었고, 그때 인간의 삶은 행복했었다. 인간은 신을 경배하면서 신성사회를 이룩하고 신성문화를 꽃피웠다. 인간은 지극히 높은 곳에서 내려오는 신의 계시와 영험과 신비로운 기적을 경험하고 믿었다. 그 시절에 인간은 이웃과 더불어 살며 서로를 돕고 의지했다. 사유재산에 대한 욕심도 없었고, 상부상조하면서 집단사회의 윤리적 공동선을 추구했다. 인위적 개발이나 발전을 추구하는 것이 아니라, 있는 그대로의 자연 질서 속에서 생활을 영위했다. 물질보다는 정신 가치를 숭상했고, 충·효·열과 같은 이념적 당위를 추구했다. 사람을 사귈 때도 그 사람의 이용 가치를 생각하는 것이 아니라, 사람의 인품 자체를 목적적 가치로 생각했다. 그리하여 신성사회의 인간형은 공동사회Gemeinschaft적 인간형으로 규정지을 수 있다.

그런데 현대적 인간은 산업혁명을 거치고 나서, 또 자신이 이룩한 과학적 성취에 도취하여 자신의 능력을 확신하면서 신을 거부하기 시작했고, 이에 더 이상 지상의 인간세계에 머물 곳이 없어진 신은 그 모습을 감추어버렸다는 것이다. 그리하여 루카치G. Lukacs는 신이 떠난, 신의 목소리가 더 이상 들리지 않는 이 현대적 세계를, 인간이 물질적 풍요만 추구하면서 양두구육羊頭狗肉의 탈을 쓰고 사리사욕과 반목과 투쟁만 일삼는, 끝없이 타락해버린 비극적 세계로 보고 있다. 부연하자면 신이 떠난 이 지상적 공간에서 타락한 자아와 타락한 세계가 이상적인 조화와 총체성을 상실하고 서로 분열되어 처절한 약육강식의 투쟁을 일삼으면서, 그러나 다시 총체성을 회복하고자 노력하고 있는 이 삶의 현장을 루카치는 비극적 세계로 파악하고 있는 것이다. 루카치의 이러한 세계관이 정합성을 확보하고 있다고 단정하기는 쉽지 않지만, 부분적인 진실을 담고 있다고는 할 수 있다.

오늘날 인간은 천상계를 중심으로 한 신화적 질서보다는 지상계의, 눈으로 볼 수 있는 자연 현상의 탐구에 더 몰두한다. 어려운 일에 부딪쳤을 때, 영험과 신비로운 기적을 추구하기보다는 과학적이고 합리적인 사고를 통하여 문제를 해결하려 한다. 꿈과 같은 심리적·정서적 체험보다는, 눈으로 보고 입증할 수 있는 경험적·현상적 체험을 더 중요시한다. 이웃끼리 상부상조하는 집단적 공동선을 추구하기보다는 개인적인 이해나 개아적 성취에 더 집착한다. 자연경제적 질서보다는 화폐경제적 질서에 삶의 바탕을 두고 끝없이 물질적 풍요와 부를 추구한다. 그리하여 이러한 세속사회의 인간형은 이익사회Gesellschaf적 인간형으로 규정된다.

지금까지 우리는 신과 인간과의 관계 양상의 변이에 따라, 즉 인류사회에서 신이 극복되어가는 과정에 따라, 인류가 보여준 두 가지 유형의 존재론적 특징을 살펴보았다. 살펴본 바에 따르면, 초월계와 신의 존재를 믿으며 그 권능과 가호와 질서 아래서 삶을 영위하는 한 부류와, 신과 초월계를 부정하고 지상세계의 현재적 삶이 인간 존재의 유일한 실체라고 생각하며 살아가는 다른 한 부류가 있음을 알게 되었다. 전자의 삶의 원리를 초월주의적 존재론이라 한다면, 후자는 현실주의적 존재론이라 하겠다.

고전소설의 존재론과 미학

그렇다면 우리 고전소설은 어떠한 삶의 원리를 보여주고 있는가? 지금부터 이러한 의문을 풀기 위해서 편의상 장편 대하소설「명주보월빙」明珠寶月聘과 애정소설「숙향전」, 그리고「춘향전」을 비롯한 몇몇 판소리계 소설과 세태소설 등을 살펴보기로 한다.

고전소설의 초월주의적 존재론과 미학

「명주보월빙」(100권 100책)은 「윤하정삼문취록」尹河鄭三門聚錄(105권 105책)과 더불어 2부 연작소설의 형태로 이루어진, 세계 문학사 상으로도 그 유례가 드문 장편 대하소설이다. 전후편 가운데 전편에 해당되는 「명주보월빙」의 작품 규모만 보더라도, 수십 명에 해당되는 남녀 주인공급 인물들이 장구하고도 광활한 시공을 종횡무진으로 넘나들며 각각 그들의 탄생에서 죽음에 이르기까지 천명天命에 따라 예정된 일대기를 연행해나가는, 그리하여 수많은 이야기 갈래가 얽키고 설키면서 도도하게 흘러가는 실로 호한하기 짝이 없는 구조물이다.

「명주보월빙」에서는 천리天理와 정도正道를 지키며 사는 선량한 주역主役 인물들을 대상으로 하여, 극악무도한 적대 세력들이 이루 말할 수 없는 흉모비계凶謀秘計로 처참한 악행과 변란을 저질러댄다. 그들에게는 "천리 곧 신의 권능은 인간의 힘을 능가하지만, 인중人衆 곧 인간

집단이 힘을 모으면 오히려 하늘을 제압할 수 있다"(天定勝人 人衆逆天勝)는 믿음이 있기 때문이다. 그리하여 주역군의 고통과 시련은 처절하기 짝이 없고, 그 참상은 차마 눈뜨고 볼 수 없는 지경이다. 그런데 지상세계에서 이렇듯 처참한 흉변이 속출하는데도 신은 존재하는지 부재하는지 전혀 낌새도 없고 개입하는 기색도 없다. 설사 신이 존재한다 하더라도 신은 참으로 지상세계의 놀이를 관람만 하는 것 같고, 악랄한 인간들의 집단적인 도전 앞에 속수무책으로 무기력할 뿐인 것으로 보인다. 여기까지만 보아서는 「명주보월빙」의 작품세계는 신이 처음부터 부재했거나 숨어버린, 또는 죽어버린, 비극적 세계임에 틀림없다. 그렇다면 이 작품에서 요악한 적대자들로부터 일방적으로 공격을 당하고만 있는 주역군의 생각은 어떠한 것인가? 그들이 만일 이 절망적인 상황으로부터 그들을 구출해주리라 확신하던 그 신의 무기력 또는 부재를 확인하게 된다면, 그들은 더 이상 신의 구원을 기다리면서 도덕적이고 가치 있는 삶을 추구하기를 포기할 수도 있다.

 그러나 그렇지가 않다. 그들은 "하늘의 뜻에 순종하는 사람은 번창하고 거역하는 사람은 망한다"(順天者昌 逆天者亡) 또는 "사악함이 정도를 범접할 수 없고, 요사함이 덕행을 이길 수 없다"(邪不犯正 妖不勝德)라는 확고한 믿음을 가지고 살아간다. 또 실제로 이러한 믿음은 틀림없이 실현된다. 하늘의 뜻에 따라 천정한 시운이 돌아오면, 기승을 부리던 사악한 무리들은 처절한 하늘의 응징을 받게 되고, 정인군자들은 그들이 겪어온 그 길고도 험난했던 절망과 죽음의 시공을 드디어 변증법적으로 극복하게 되어, "풍경이 뛰어나게 아름답고 신수가 명려한" 희열과 복락이 넘치는 낙원을 회복하게 되는 것이다. 그렇기 때문에 말할 수 있다. 이 작품에서 신은 결코 무대 밖의 관객으로서 지상세계를 바라보고만 있는 속수무책의 무기력한 또는 숨어버린 존재가 아니라는 사실을 말이다. 사실인즉 이 작품에서 신은 그 자신의 결정에 따라 필요하다면 언제 어디서 어떤 형태로든 지상세계에 군림하여 그 기적과 영험과 권능을 행사하고 있는 것이다. 이 작품에서 파악되는 세계관은 루카치나 골드만 류의 그 비극적 세계관과는 다르다. 루카치나 골드만이 포착한 '세계'는 인간이 신을 거부하고 신이 인간을 버린, 그리하여 이미 신과 인간 사이에 이상적인 조화와 총체성을 상실해버린, 그 걷잡을 수 없는 혼돈과 분열, 파괴와 잔학 행위가 판을 치는 그러한 비극적 세계인 것을 우리는 이미 살펴두었다.

그러나, 「명주보월빙」에서는 혼돈과 분열, 파괴와 잔학 행위가 자행되는 비극적인 시공이 작품세계의 총체를 이루고 있지는 않다. 오히려 이러한 비극적 시공은 신이 그 자신의 엄연한 현존성을 지상의 인간 존재에게 확인시키기 위해 안출案出해 놓은, 인간의 총체적인 삶의 시작부분일 뿐이다. 신은 미리 지상적 삶에 대한 각본을 썼고, 이 각본에 따라 자신이 연출을 맡아 진행시키며, 그리하여 드디어 장엄하고도 숭고한 신의 섭리와 그 시공 속으로 이끌어가는 아름답고 신비로운 교향악을 연행하는 것이다. 지상 인간의 삶은 깊고 오묘한 천의의 발현에 지나지 않는 것이다. 신은 궁극적으로 지상의 인간 존재의 삶을 주재하는 유일하고도 절대적인 권능을 행사하고 있다.

이와 같이, 현세적 지상세계의 인간과 초월적 천상세계의 신 사이의 관계가 뗄래야 뗄 수 없는 불가분의 관계로서, 지상세계의 삶은 궁극적으로는 초월계 신의 영역으로 수렴해간다고 믿고 있는 이 삶의 원리를 우리는 이미 초월주의적 삶의 원리 또는 초월주의적 존재론이라고 파악한 바 있다. 우리의 고전소설사에서 이러한 원리를 바탕으로 한 작품은 장편 대하소설뿐 아니라 영웅소설·염정소설 등 여러 유형의 소설을 통하여 매우 풍부한 사례를 보여주고 있다. 「숙향전」을 통하여 좀더 구체적으로 살펴보자.

「숙향전」은 이본異本이 수십 종에 달하지만, 그 중에서 이화여대 소장본, 한국학중앙연구원본, 하바드대 연경도서관본 등 세 이본이 선본善本에 해당된다는 것이 일반적인 견해다. 여기서는 하바드대 연경도서관본을 중심으로 검토해보겠다.

4권 4책으로 구성된 연경본은 우선 작품 분량이 가장 많다. 이러한 사실은 연경본이 일단 작품 분량 면에서 가장 성취도가 높다는 것을 말해준다. 작품 내용을 살펴보자. 「숙향전」은 작품 전체가 신이와 영험과 이적으로 넘치고 있는 전형적인 초월주의적 구조물이다. 작품 모두冒頭에 이미 숙향을 비롯한 지상세계의 모든 삶은 오로지 천도와 천리와 천의에 따라 전개된다는 작가의 엄연한 초월주의적 삶의 원리가 제시되어 있고, 그 이후에 전개되는 작품 내용은 이러한 원리가 실제로 털끝만큼의 오차도 없이 구현되어나가고 있는 양상을 입증하고 확인시키는 절차에 지나지 않는다. 그렇기 때문에, 「숙향전」은 초월주의 문학의 한 전범典範이 되는 작품이라 할 수 있다.

지금부터 이러한 양상을 작품 전개의 시간 순차에 따라 잠시 살펴보자.

(1) 숙향의 부친 김전이 어느날, 어부에게 잡혀 죽게 된 거북을 구해주고 그 보답으로 거북이 준 구슬을 빙폐聘幣로 하여 천정혼天定婚을 이룬다.
(2) 오색 무지개빛 구름과 기이한 향내 속에 출현한 선녀의 도움을 받으면서 천상 월궁선녀의 환생으로 숙향이 탄생한다.
(3) 왕균이라는 점복인占卜人이 숙향이 앞으로 평생 겪을 천정운액天定運厄을 점복해준다. 그 예언에 따르면, 숙향은 원래가 "인간세상 사람이 아니라 월궁항아의 정기를 타서 났으니 전생 죄를 이생에서 다 갚은 후에 좋은

시절을 만날" 천상적 존재로서, 5세에 부모를 잃고, 15세까지 다섯 번 죽을 액운을 겪고, 17세에 부인에 책봉되고, 20세에 부모를 다시 만나 부귀와 영화를 누리다가 70세에 천상계의 본향으로 복귀한다는 것이다.

(4) 숙향이 5세가 되었을 때 전란이 일어나 피난통에 부모를 잃고 산속을 헤매는데 짐승과 새들이 보호해준다.

(5) 산속을 헤매던 숙향이 청조의 안내를 받으며 명사계라는 선계로 들어가 후토부인后土婦人이라는 선녀를 만나고, 그 선녀가 권하는 차를 마신 후 지상의 인간사는 모두 잊고 천상계 시절로 되돌아갔다가, 후토부인으로부터 앞으로 지상계에서 겪을 액운과 내두사來頭事에 대하여 들은 후 다시 인간세상으로 귀환한다.

(6) 지상세계로 귀환한 숙향은 하늘의 뜻에 따라 전생 숙연이 있는 장승상 댁에 의탁하였다가 시비 사향의 모함으로 도적의 누명을 쓰고 축출되매 자결을 결심하고 강물에 뛰어든다.

(7) 그러나 숙향은 강물을 다스리는 용녀와 연엽주蓮葉舟를 타고온 월궁선녀들에게 구출되어 선녀가 주는 선차를 마시고 천상계 시절로 되돌아갔다가, 선녀의 가르침과 주선에 따라 연엽주를 타고 인간세상에 다시 되돌아 나와서, 술장사하는 할머니로 변신한 마고선녀麻姑仙女에게 의탁한다.

(8) 숙향이 청조의 안내로 천상 백옥경에 올라 옥황상제와 석가여래, 월궁항아 등을 비롯하여 여러 선관 선녀와 제불 제천이 모인 화려하고 장엄한 잔치에 참여하고, 옥황상제의 주선으로 월궁소아月宮小娥와 태을선군太乙仙君이 인연 맺는 광경을 구경하고 깨어보니 남가일몽이다. 월궁소아는 천상계 시절 숙향의 전신이고, 태을선군은 앞으로 숙향의 배필이 될 이선의 전신이다.

이상은 도합 27단락에 달하는 「숙향전」의 이야기 순차 단락 중 (1)~

(8)까지를 살펴본 것인데, 여기까지만으로도 이 작품의 총체적 구조에 깔려 있는 초월주의적 특징을 음미하기에 별 어려움이 없을 것이다. 단락 (3)에서 살핀 점복가占卜家 왕균의 신이로운 예언담을 그대로 실행해 나가는 숙향의 일대기는 매 단락 자체가 인간세상에서의 숙향의 삶을 이끌어가는 천상적·초월적 존재의 신령스러운 영험담인데, 이러한 현상은 작품 전편을 통하여 그대로 반복된다는 사실을 밝혀두고 이 작품에 대한 고찰은 끝내기로 한다.

주지하다시피 「구운몽」은 남악 형산의 수도승 성진性眞이 불시에 세속적 욕망에 사로잡혀 번뇌하다가, 양소유楊少游라는 지상적 인물로 환생하여 극진한 세상 재미를 만끽한 후 깨닫고보니 양소유의 삶은 덧없는 일장춘몽에 지나지 않았다는 것이 이야기 골자다. 그래서 이 작품의 기본 구조는 현실 → 꿈 → 현실의 도식으로 이해될 수 있다. 사실 성진의 세계와 양소유의 세계는 현실적 시공 대 꿈의 시공, 천상계 대 지상계의 두 대조적인 삶을 조응해주는 것이기도 하다. 그러나 성진의 삶과 양소유의 삶은 단순한 대칭 구조를 형성하는 것도 아니고 또 불교적 교리만을 선양하는 것도 아니다. 오히려 이 두 삶의 세계는 상호 교섭하면서 공존하고 있는 것으로 보아야 한다.

우선 성진의 세계를 보면, 성진이 세속적 욕망에 번뇌하는 것은 평범한 필부의 모습에 지나지 않고, 따라서 남악 형산은 지상계의 평범한 현실 공간에 지나지 않는다. 그러나 또 한편으로 이곳은 신승神僧 육관대사六觀大師가 도량을 열어 큰 설법을 하는 곳이기도 하다. 성진 또한 "물결을 열고 수정궁에 나아가 8을 만나는" 초월적 존재이기도 한 것이다. 따라서 입몽入夢 이전의 성진의 세계는 현실이자 초월인 성·속 양면의 함의를 동시에 시현하고 있는 시공으로 이해되는 것이다.

다음으로, 양소유의 세계에서 성진은 세속적 욕망으로 인해 "한번 윤회의 괴롭기"를 면할 수 없다는 육관대사의 명에 따라 형산 연화봉에서 현세로 환생하여 이전 세계는 완전히 망각하고 전생숙연인 여덟 미인을 만나고 왕후장상이 되어 세상의 온갖 부귀를 다 누린다. 따라서 성진의 세계에 비해서 확실히 세속적 시공임에 틀림없다. 그러나 이 양소유의 세속 시공 속에 남전산藍田山 · 반사곡盤砂谷 · 백룡담白龍潭 같은 신비로운 성소공간聖所空間이 있음을 놓쳐서는 안 된다. 남전산은 양소유가 도인을 만나 부친 양처사의 소식을 듣고 또 장차 자신의 천정배필과의 결연에 쓰일 긴요한 신물神物들을 얻은 곳으로, 비록 지리적으로는 지상계에 존재하지만 현실계와는 차단된 초월적 신성 공간인 것이다. 초월적 삶의 체험은 반사곡 백룡담에서도 마찬가지다. 게다가 이 체험은 양소유 개인에게만 국한된 것이 아니라 다른 모든 장졸들도 함께 체험한 것이다. 또 용궁으로부터의 귀환 길에는 용궁 사자의 안내를 받아 남악 형산에 들르고 여기서 육관대사를 만나게 되는데, 이것이 지상에서의 초월적 신비 체험임은 그의 지상 연분이 다하여 남악 형산으로의 반본환원返本還元이 이루어지기 직전에 만난 육관대사와의 대화를 통하여 알 수 있는 것이다.

    결국 양소유의 일대기는 독자적이고 자족적인 현실세계만이 아니라 천상 본유의 시공 질서 및 존재 원리와 긴밀히 연결되어 있는 오묘한 존재론적 의미 체계를 형성하고 있는 것이다. 그리하여 양소유의 삶은 지상계에 있는 동안에도 초월적 세계를 왕래할 수 있었고, 형산 연화봉으로 반본환원한 후에도 그의 삶은 완성된 것이 아니었기 때문에 궁극적으로 극락세계라는 천상의 영원한 시공으로 회귀하기까지 끝없는 자기 갱신을 거듭한 것이다. 그렇기 때문에, 「구운몽」은 현실계에서 초월계로의 무한한 승화를 반복하여 보여주는, 그리하여 초월주의적 세계관과 존재론을 시현하는 소설로 볼 수 있다.

고전소설의 현실주의적 존재론과 그 미학

지금부터 살펴볼 일군의 작품들은 위에서 살펴본 신성문화적 초월주의 소설과는 그 유형이 매우 다르다. 인류의 역사가 중세에서 근대로, 신성문화에서 세속문화로, 공동사회에서 이익사회로 이행한다고 할 때, 이들 작품군은 후자 쪽으로 기울어지거나 이행된, 또는 그 이행 과정 자체를 반영하고 있는 작품군이라 할 수 있다.

이 세속소설의 특징을 좀더 구체적으로 살펴보자. 첫째, 종교적인 외경이나 신이성이 거의 제거되어 있다. 둘째, 소설 속의 주인공은 왕후장상王侯將相과 같은 비범성을 지닌 영웅이 아니라, 춘향이나 흥부나 이춘풍과 같은, 우리 주변에서 얼마든지 볼 수 있는 일상적인 인물들이다. 셋째, 강렬한 물질적·화폐경제적 가치관 및 사회 현상이 반영되어 있다. 넷째, 소설의 갈등은 운명적인 것이 아니라 개인적인 성취욕구와 사회적인 모순에서 빚어지고 있다. 다섯째, 위기나 갈등은 초월적 존재의 개입에 의해서가 아니라 현실적 차원에서 모색되고 해결된다. 요컨대 이들 작품군에서는 인간의 일상적인 삶과 그 욕망의 성취 문제 같은 것들이 작품의 중요한 테마로 부각된다. 이러한 특징들을 염두에 두면서 몇몇 구체적인 작품 사례를 검토해보자.

먼저 「춘향전」은 판소리계 소설만이 아니라 세속소설을 통털어서도 그 최고봉에 서 있는 작품으로, 신성소설의 최고봉이라 할 「숙향전」과는 그 대칭적 위상을 분명히 보여주고 있다. 이미 살펴본 바와 같이, 「숙향전」은 초월주의와 순환론적 사관을 바탕으로 장엄하고 숭고한 작품 세계와 미학을 보여주는데, 이에 반해 「춘향전」은 삿스럽고 조야하고 익살맞으며 그 템포도 박진감이 넘친다. 「춘향전」의 궁극적인 작품 갈등은 춘향의 신분 갈등이며, 춘향이 변학도의 폭거 앞에서 내세우는 '열녀의식'은 신분 상승 동기를 성취하기 위하여 제시한 방어기제防禦機

制와 관계가 있고, 따라서 작품 속에서 그것은 목적 성취를 위한 수단적 가치이기도 한 것이다. 춘향은 자기가 추구하는 신분 상승 동기를 성취하기 위하여, 자기와 상이한 양반 신분인 이도령에게는 끝끝내 자기를 버리지 않겠다는 내용을 담은 문서 형식인 '불망기'不忘記를 요구하여 챙겼고, 또 신분 상승이라는 비원을 잔학하게 짓밟으려는 변학도라는 장애 세력과는 죽음을 각오하고 대결하였다. 춘향의 처절하고도 치열한 투쟁 양상으로 볼 때, 춘향은 매우 강렬한 개아의식의 소유자였으며, 근대사회적이고 이익사회적인 인간형이라 할 수 있다. 그리하여 이 작품은 당대 사회의 신분구조가 분화, 와해되어가는 사회 변동을 반영하고 있는 것이다. 따라서 이 작품의 궁극적 가치는 완강한 봉건사회적 제도와 도그마로부터 인간을 옹호하고 해방하려는 예리한 반명제反命題를 제기하였다는 데서 찾을 수 있다.

「흥부전」은 이익사회의 핵심적 관심사인 부富의 문제를 정면으로 다루고 있다. "금백金帛이면 귀신도 사귄다"는 이익사회에서, 어떠한 천상적 질서의 개입도 없이 벌어지는 지상세계의 현실적 갈등을 작품의 중심 갈등으로 삼고 있는 것이다. 구체적으로, 흥부와 놀부 사이의 갈등은 사유재산이나 소유관념에 대한 관심이 희박한 '공동사회'가 아닌, 형제 간에도 소유관념이 분명하고 거래와 계약이 요구되는 '이익사회' 내에서의 갈등인 것이다.

흥부는 의식은 양반이지만 현실은 날품팔이꾼에 지나지 않는 하류계층 빈민이다. 이러한 흥부가 죽어도 이방에게 반말을 하고 또 몸뚱이조차 가릴 수 없는 주제에 양반 차림을 하려는 것을 민중들은 조롱하고 비판한다. 그럼에도 불구하고 시종 흥부를 따뜻한 시선으로 바라보고 동정하는 것은 흥부의 가난과 그 가난을 극복하기 위해서 매품까지 파는 흥부의 눈물어린 생존 투쟁 때문이다. 예컨대 "밥을 지어먹자 하면

책력 긴 줄을 보아 갑자일이 되어야 솥에 쌀이 들어가고, 생쥐가 쌀 알갱이를 얻으려고 밤낮 열사흘을 분주하다가 다리에 가래톳이 나는" 그런 가난에 대한 일체감에 근거한 것이다. 그리고 흥부의 이 눈물겨운 현실은 궁핍의 극에 달했던 당시 하층민들의 현실이기도 했다.

이에 반해 놀부는 노비 출신이면서도 비천한 상태에서 몸을 일으켜 부를 축적하여 세속사회에서 움직일 수 없는 기반을 다진 인물이다. 그러나 이러한 긍정적 측면에도 불구하고 놀부가 궁극적으로 부정되는 것은 흥부와 같은 하층민에 대한 수탈 행위 때문이다. 놀부의 심술 행위는 반도덕적이고 반사회적인 악덕 지주나 고리대금업자의 수탈 행위이고 또 일부 지탄받아 마땅한 특권 계층의 표상이기도 하다. 그렇기 때문에 놀부의 응징을 위해서 민중들은 그것이 비록 박이라는 우화적 장치를 통한 것이긴 하지만, 모든 수단과 방법을 동원한다. 응징 세력이 양반이든 초란이든 사당거사든 분뇨 오물이든 개의치 않고, 또 이들의 응징으로 인한 놀부의 패가망신에는 쾌재를 부른다. 결국 「흥부전」은 민중들의 악덕 수탈 계층에 대한 적대의식과 함께, 타당성 있는 부의 분배에 대한 관심의 표현이라고 하겠다.

다음으로 조선 후기에 널리 성행했던 이른바 세태풍자소설에 대하여 살펴보자. 「종옥전」鍾玉傳은 주인공 종옥이 학문을 대성하고 등과하기까지는 결혼을 하지 않겠다는 결심을 하고 있는데, 그의 삼촌이 향란이란 기생으로 하여금 유혹케 하여 훼절시킨다. 두 사람의 애정이 무르익은 순간에 숙부는 서울에 있는 종옥의 부친이 위독하다는 서신을 위조하여 종옥을 서울로 떠나게 하고 또 다시 페치했다는 편지를 보내 중도에 되돌아오게 한다. 종옥이 되돌아오다가 도중 길가에서, 향란이가 죽어 묻혀 있는 무덤을 발견하고 크게 상심하여 지내는데, 하루는 향란이 귀신으로 변장하고 나타나서 전과 같이 사랑을 나눈다. 종옥은 자기 자신도 귀신이 된 것으로 착각하고 밖으로 나돌아다니다가 숙부에게 뜻하지 않게 망신을 당한다는 것이 이야기 골자다.

이밖에도 세태풍자소설로 「오유란전」烏有蘭傳·「배비장전」裵裨將傳·「지봉전」芝峯傳 등을 들 수 있는데, 어느 작품이나 모두 도학군자연하는 기존 관념의 허위성을 폭로, 풍자하고 인간 본연의 감정과 욕망을 긍정하는 시각을 보여준다. 그런데 또 한 측면으로는 성 또는 색이라는, 당대 사회의 규범으로는 노출이 금기시되는 모티프를 근엄한 도학군자의 도덕적 위선과 타락을 폭로하는 데 끌어들이고 있어 흥미롭고, 유혹당하는 남성과 유혹하는 여성, 그리고 배후 인물 간의 삼각관계라는 단단한 구성과 결말부에서의 화합으로 안정된 구조를 지니고 있는 것이 특징적이다. 따라서 이들 작품들은 한편으로는 인간의 범속한 욕망을 긍정하고 기존의 위선적 도덕성을 풍자하면서, 또 한 측면에서는 등장인물들 간의 동질감 획득이라는 특징을 갖고 있는 것으로 풀이될 수 있다.

끝으로 연암 박지원의 작품들은 작가가 이용후생利用厚生을 주장한 북학파의 리더답게, 현실적이고 경제적인 실력을 축적하면서 불의를 배격하는 민중들의 건전한 세속주의의 편에 서서, 신분의 귀천에서가 아니라 실제적 능력에 인물 평가의 기준을 두려는 등, 당대의 시대정신을 보다 체계적으로 구현한 작품들이다.

예컨대 「양반전」은 비슷한 내용이 다른 야담집에도 나오고 있는 것으로 보아, 여항에 전승되어 오던 실제 민담을 소재로 채택한 것이 아닌가 한다. 고을의 빈한하지만 학덕 높은 한 양반이 관청에서 빌려 먹은 환곡을 갚지 못하여 결국은 족보상의 '양반' 신분을 부富를 축적한 천인賤人 즉 '천부' 賤富에게 판다는 상황 설정부터가 양반과 천인이라는 두 계층의 명암을 대조해 보인다. '안빈낙도' 安貧樂道라는 것이 흥부의 무능과 같이 한푼 값어치도 없는 것이고 '부' 앞에서는 신분적 우위도 무력하다는 것부터가 현실적 방향을 포착하지 못하는 양반에 대한 비판이기 때문이다. 그런데 작가는 여기서 멈추지 않는다. 군수가 중재하는 양반 매매 계약서는 양반의 위선을 남김없이 드러낸다. 가난타령을 입 밖에 내어서도 안 되고 돈을 만져서도 안 된다는 등 양반이 지켜야 할 시대착오적인 의무 조항은 건실하고 실질적인 삶을 살아온 천민 부자에게는 체질에 맞지 않는다. 그래서 천부의 요청으로 군수가 다시 작성한 계약서는 한 걸음 더 나아가 양반의 수탈 근성을 폭로하는 지경으로 발전한다. 과거에 급제하여 얻게 되는 홍패紅牌가 온갖 물건을 갖춘 돈자루라는 것은 이 계층이 기생집단寄生集團이며 궁극적으로는 도둑임을 폭로하는 것이다. 작자의 이와 같은 상황 설정은 당대의 신분구조의 변동을 배경으로 한 것이겠지만, 구체적인 현실에 적극적으로 대처하지 못하는 양반층의 각성을 촉구함과 아울러 그 기생성을 폭로한 것이라 하겠다.

지금까지 우리는 한국 고전소설의 정신사적 전개 양상을 살펴보았다. 그 결과로 우리는 한국 고전소설이 천상성·신성성·신이성을 바탕으로 한 초월주의적 존재론과 미학을 구현한 신성소설에서, 지상성·실증성·합리성을 바탕으로 전개되는 현실주의적인 세속소설로 이행되어 왔음을 알 수 있었다. 또 전자가 전근대적인 것을 속성으로 한 공동사회의 문학이었다면, 후자는 근대적인 이익사회의 문학이었다 하겠다. 이러한 사실은 우리의 역사 내지 문학사를 판독하는 데에 매우 소중한 의미를 시사해주고 있다. 한동안 우리 학계에서는 우리의 역사 내지 문학사 전개 과정에서 내재적·자생적인 근·현대화의 계기나 역동성을 찾아볼 수 없다는 견해가 지배적이었다. 이는 물론 일제 침략자와 이들에게 부화뇌동附和雷同한 개화 초기의 일부 계몽주의자들에 의하여 잘못 오도된 아시아적 정체성론 또는 식민지 사관에서 비롯되었다. 그러나 살펴본 바와 같이 우리 문학사는 임진·병자 양란을 겪고 조선 후기로 접어들면서 판소리계 소설이나 세태풍자소설 또는 연암소설 등을 통하여 매우 활발하고도 역동적인 민중문학의 전개 양상을 보여주고 있는데, 이러한 양상은 정신사적으로 볼 때 근·현대성의 발현이라고 아니할 수 없다.

한국사의 전개 양상을 아세아적 정체성론 또는 식민지사관을 바탕으로 하여 비관적이고 자기 비하적인 시각으로 접근하는 태도가 얼마나 잘못되었는가를 우리 문학사는 극명히 밝혀주고 있는 것이다.

● 이상택

| 참고 문헌 |

■ 참고 논저

이상택, 「춘향전 연구 – 춘향의 성격 분석을 중심으로」, 서울대 대학원 석사논문, 1966.
이상택, 「고대소설의 세속화 과정 시론」, 『고전문학연구』 1, 고전문학연구회, 1971.
이상택, 「고전소설의 사회와 인간」, 『한국사상대계』 1, 성균관대 대동문화연구원, 1973.
지준모, 「전기소설의 효시는 신라에 있다」, 『어문학』 32, 한국어문학회, 1975.
이상택, 「명주보월빙의 작품세계」, 『정신문화』 2, 한국정신문화연구원, 1981.
이상택, 「윤하정삼문취록 연구」, 『한국고전산문연구(장덕순선생화갑기념논총)』, 동화문화사, 1981.
임형택, 「나말여초의 전기문학」, 『한국한문학연구』 5, 한국한문학회, 1981.
이상택, 「명주보월빙 연작의 구조적 반복원리」, 『백영정병욱선생환갑기념논총』, 신구문화사, 1982.
이상택, 「구운몽과 춘향전의 그 대칭 위상」, 『김만중 연구』, 새문사, 1983.
이상택, 「흥부놀부의 인물평가」, 『한국문학사의 쟁점』, 집문당, 1986.
김종철, 「서사문학사에서 본 초기소설의 성립문제」, 『다곡이수봉선생회갑기념논총』, 1988.
조동일, 『한국문학통사』, 3판 1쇄, 지식산업사, 1994.
박희병, 『한국 전기소설의 미학』, 돌베개, 1997.
이상택, 『한국 고전소설의 이론 Ⅰ·Ⅱ』, 새문사, 2003.

■ 참고 자료

『명주보월빙』, 이상택 외 9인 교주, 『한국고대소설대계』 1, 한국정신문화연구원, 1980.
「윤하정삼문취록」, 이상택 외 7인 교주, 『한국고대소설대계』 2, 한국정신문화연구원, 1982.
『구운몽』, 정병욱·이승욱 교주, 『한국고전문학대계』 3, 교문사, 1984.
「춘향전」, 이상택 편, 『해외수일본 한국고소설총서』 1, 태학사, 1998.
「흥부전」, 이상택 편, 『해외수일본 한국고소설총서』 1, 태학사, 1998.
「숙향전」, 이상택 편, 『해외수일본 한국고소설총서』 7, 태학사, 1998.
「금오신화」, 박희병 표점·교석, 『한국한문소설 교합구해』, 소명출판사, 2005.

2
한국 고전소설의 발생

■ 한국 고전소설의 발생을 둘러싼 두 가지 견해

종래 한국 고전소설은 김시습金時習(1435~1493)의 『금오신화』金鰲新話가 그 최초의 작作이라고 보는 것이 통설이었으나 근년에 들어와 이러한 통설이 수정되면서 한국 고전소설의 발생기는 나말여초羅末麗初이며 그 대표적인 작품은 「최치원」崔致遠이라는 설說 쪽으로 무게 중심이 옮겨가고 있다.

「최치원」의 작자는 분명하지 않다. 그렇기는 하나 이 작품이 나말여초에 창작되었으리라는 데 대해 이의를 제기하는 사람은 별로 없다. '나말여초'라고 했지만 좀더 좁혀 말한다면 대략 10세기경이 될 터이다. 한편 『금오신화』는 비록 그 정확한 창작 시기는 확정짓기 어렵지만, 15세기 후반 무렵 창작된 것은 확실하다. 그렇다고 한다면, 「최치원」과 『금오신화』는 5백 년 남짓한 상거相距가 있는 셈이다.

『금오신화』를 한국 최초의 소설로 간주하는 연구자들은 「최치원」을 기록된 설화로 보든가 설화에다 약간의 문학적 윤색이 가해진 작품 정도로 치부한다. 이 경우 장르론적 문제가 개입된다. 다시 말해, 소설 장르란 무엇인가, 소설과 설화의 장르적 차이는 무엇인가 하는 문제가 중요하게 제기된다. 그렇기는 하나 통설을 지지하는 연구자들이 이 문제에 대해 꼭 깊이 있는 해명을 한 것은 아니다.

「최치원」을 발생기 한국소설의 대표적인 작품으로 거론하는 논자들은, 일국사적一國史的 관점이 아니라 동아시아적 관점에서 문제를 보려 한다. 즉 중국의 경우, 당나라 때인 7세기경에 전기소설傳奇小說이라는 독특한 문언文言 형식의 소설이 성립되어 8, 9세기에 걸쳐 다양하게 발전해갔으며, 일본의 경우 10세기 전후에 모노가타리 문학이 발생하여 이미 11세기가 되면 『겐지 모노가타리』라는 대작이 창작되기에 이르는데, 전통시대 동아시아의 문화적 교류를 고려할 때, 유독 한국만 5세기 이상이나 뒤진 15세기에 와서야 소설이 발생했다는 것은 아주 부자연스런 일일 뿐더러, 역사적 실상에도 도무지 맞지 않는 주장이라는 것이다. 나말여초설을 지지하는 연구자들은 이런 견지에서 「최치원」이 바로 초창기 전기소설의 양식을 잘 보여주는 작품이며, 이외에도 「호녀」虎女(일명 「金現感虎」)라든가 「조신전」調信傳과 같은 작품이 나말여초 전기소설의 창작 양상을 확인시켜준다고 보고 있다.

성립기의 한국 고전소설을 읽을 때 유의할 점

여기서 '성립기'란 한국 고전소설이 발생한 나말여초를 가리키는 말이다. 성립기의 한국소설을 특징짓는 양식은 전기소설이다. 이 시기라 해서 전기소설만이 유일한 소설 양식은 아니었으며, 다른 소설 양식의 가능성도 존재하고 있었다. 하지만 그러한 가능성(혹은 그러한 가능성의 실현)은 아직 미미한 것이었으며, 따라서 전기소설이 이 시기를 대표하는 소설 양식이라는 점에는 이론異論의 여지가 없다. 그러므로 성립기 한국소설의 특성을 잘 알기 위해서는 전기소설의 예술적 특성에 대한 깊은 이해가 불가결하다.

하나의 문학 장르란 그 자체로서도 유동적이지만, 다른 장르와의 관계에 있어서도 역시 유동적이다. 하나의 역사적 장르는 끊임없이 다른 장르와 교섭하고, 그로부터 무언가를 섭취하며, 이를 통해 자신을 변화시킬 뿐만 아니라 다른 장르도 변화시킨다. 이 과정에서 기존에 설정된 장르들 간의 경계가 변경되거나 허물어지며, 그 결과 새로운 장르 체계가 형성된다. 새로운 장르의 탄생도 이러한 과정 중에 이루어짐은 물론이다. 이런 견지에서 보면 하나의 역사적 장르에 대한 연구에 있어서 장르들 간의 '상호성' 및 '관계성'에 대한 인식은 대단히 강조되어야 할 점이 아닐 수 없다.

성립기의 전기소설 역시 이런 관점에서 고찰될 필요가 있다. 성립기의 전기소설은 우리나라 소설 발달사의 첫자리에 놓이는 만큼, 후대의 보다 발전된 전기소설이나 다른 제 양식의 소설과 비교해볼 때 미숙한 면이 적지 않을 뿐 아니라, 인접 장르인 설화와 매우 특별하고도 밀접한 연관을 맺고 있다. 따라서 오늘날의 소설을 보는 눈으로 본다면, 성립기의 전기소설은 소설이라기보다는 오히려 설화에 가까운 것으로 여겨질 수도 있다. 그러나 그러한 관점은 역사적으로든 이론적으로든 문제가 있다. 오늘날의 장르 체계, 혹은 조선 전기나 조선 후기의 장르 체계가 아니라, 당시의 장르 체계, 당시의 소설사적 맥락에서 보는 것이 정당하기 때문이다.

■ 설화와 전기소설의 차이

　한국 고전소설 성립기에 설화와 전기소설은 아주 밀접한 연관을 맺고 있다. 이 시기 전기소설은 설화를 모태로 하되 설화와는 다른 문예적 건축물로서 자기를 성립시켰다. 이런 사정으로 인해 이 시기 전기소설은 한편으로 설화적 면모를 가지면서도 다른 한편으로는 설화와는 본질적으로 상이한 면모를 갖는다. 그러므로 나말여초 소설 발생의 문학사적 맥락을 제대로 이해하기 위해서는 이 점에 대한 고찰이 불가결하다. 여기서는 다음의 두 가지 검토, 즉 (1) 설화와 전기소설의 차이가 무엇인지에 대한 장르론적 검토와 (2) 소설 양식의 하나로서 전기소설이 갖는 특성이 무엇인지에 대한 검토를 간단히 하고자 한다.
　첫째, 전기소설에서는 인물과 환경이 '구체적'으로 묘사되고 서술된다. 이 말은 다각적인 음미를 요한다. 즉 (1) 인물, (2) 환경, (3) 인물과 환경의 관련, 이 세 가지 차원에서의 음미가 필요하다.
　먼저 인물의 경우, 전기소설은 인물의 성격적 특질을 구체적으로 드러낸다. 전기소설이 인물의 외면뿐만 아니라 내면세계까지도 서술하고자 하는 것은 그러한 노력의 소산이다. 인물의 개성에 대한 파악은 '안팎'에서 이루어져야 비로소 구체적일 수 있기 때문이다. 그래서 전기소설은 종종 시詩를 통해 인물의 생각과 심리를 표백할 뿐 아니라, 일반 서술을 통해서도 인물의 성격적 특질을 드러내고자 기도企圖한다. 그러나 설화는 그렇지 않다. 설화는 단지 인물의 외면(행위)에만 관심을 쏟을 뿐이다. 설화적 인간은 전기적傳奇的 인간과는 달리 좀처럼 자신의 내면을 드러내는 법이 없으며, 때문에 설화로서는 아무리 구체적이라 할지라도 소설에 비한다면 추상적이다.

다음 환경의 경우, 전기소설은 인물이 놓인 시간적·공간적 환경을 구체적으로 확정하고 서술한다. 그에 반해 설화는 인물이 놓이는 시공간에 대해 뚜렷한 규정과 구체적 인식을 보여주지 않는다. 때문에 설화적 시공간은 추상적이다. 만일 설화가 환경에 대해 자세한 묘사를 보여준다고 한다면 그 설화는 이미 다른 장르로 이행移行 중일 가능성이 높다.

끝으로, 인물과 환경의 관련이라는 점에 있어, 전기소설은 이 둘의 긴밀한 내적 연관을 보여준다. 환경에 대한 구체적 묘사는 인물의 성격적 특질을 드러내는 데 기여하고, 인물에 대한 구체적 묘사는 환경에 대한 묘사를 발전시킨다.

설화와 달리 전기소설에서 '사회 현실의 보다 풍부한 반영'이나 삶에 대한 보다 고양된 인식이 가능할 수 있는 것도 결국 '인물', '환경' 그리고 '인물과 환경의 관련'에 있어 전기소설이 세계를 한층 구체적으로 인식하기 때문이다. 그러나 전기소설이 보여주는 인물, 환경, 인물과 환경의 관련에 대한 이러한 제반 특징은 유독 전기소설만의 특징은 아니다. 그것은 소설 장르 일반의 특징일 수 있다. 바로 이 점에서, 전기傳奇가 소설이 아니고 '글로 정착시킨 설화'라거나 '설화와 소설의 중간 형태'라는 주장을 반박하는 중요한 이론적 근거가 마련된다.

이처럼 장르가 담지하고 있는 내용의 '구체성'이라는 측면에서 설화와 전기소설은 질적으로 구분된다.

둘째, 작품에 표상表象된 '시간의 본질'에 있어 전기소설과 설화는 구분된다. 소설 장르 일반이 그러하듯, 전기소설에 있어서도 시간의 본질은 성장과 변화, 형성으로 표상된다. 작품이 종료될 즈음에 주인공이나 주변 인물의 변화와 정신적 성장, 혹은 삶에 대한 태도나 인식의 전환이 발견된다는 것이 그 증거다. 전기소설은 여타의 소설과 마찬가지로 시간 개념을 변화와 형성으로 만들기 위한 고유한 방법론으로 '내면 관찰'을 구사한다. 내면 관찰에 의해서만 인물의 정신적 변화가 참되고 깊이 있게 드러날 수 있기 때문이다. 이에 반해 설화적 시간은 변화와 성장의 시간이라기보다 '지속'으로서 표상된다. 그것은 인물의 내적 변모를 탐구하기보다는 인물이 시종始終 지니고 있는 면모나 그를 둘러싼 주변 세계의 상태를 보여주는 데 관심을 가질 뿐이다. 따라서 처음에 제시된 시간과 최종적 시간 사이에는 비록 물리적 시간의 경과에도 불구하고 진정한 의미에서의 변화는 발견할 수 없고 지속성만이 확인될 뿐이다.

셋째, 설화와 전기소설은 구체성이나 시간 개념에 있어서뿐만 아니라 그 주인공의 미적 특질에 있어서도 뚜렷이 구분된다.

전기소설은 그 소재나 주제가 다양해 일률적으로 말하기는 어렵지만, 전기소설 양식의 핵심을 이룬다고 할 애정 문제를 다룬 전기소설의 경우, 섬세하고 내면적이며 고독한 인간상人間像이 그 주요한 미적 표상을 이룬다. 그리하여 '전기적 인간'은 종종 혼잣말(독백)을 뇌까리기도 하고, 자신의 깊은 내면을 편지나 시, 노래, 기타의 방식으로 표출하기도 하는 등 독특한 내면성을 보여준다.

또한 그의 세계내적 상황은 종종 고독감이나 소외로 특징지어진다. 물론 모든 전기소설이 다 그런 것은 아니지만, 적어도 전기소설에서 대단히 주목되고 본질적인 중요성을 갖는 인간 면모가 고독이라는 점만큼은 분명하다. 전기적 인간이 보여주는 이 같은 고독감은 대개 심중한 사회적·현실적 의미를 함축한다. 전기소설이 작가 개인의 문제의식이나 현실적 처지를 매개하면서 문제성을 갖게 되는 것도 주로 이와 관련된다. 전기적 인간의 이와 같은 면모와 달리 설화적 인간은 섬세하지도 내면적이지도 고독하지도 않다. 설화적 인간은 도대체 고독을 알지 못한다. 또한 그는 외면적 행위에 의해 표상될 따름이지 내면성을 보여주는 법이 없다. 퍽 대조적인 이 두 인간상의 미적 특질은 자신이 속해 있는 장르의 고유성에 의해 규정된다.

넷째, 설화와 전기소설은 창작의 '목적의식'에 있어서도 주목할 만한 차이가 발견된다. 설화는 기본적으로 자연발생적인 성격을 갖고 있다. 이에 반해 전기소설은 뚜렷한 목적의식을 갖고 창작된다. 이는 구전문학口傳文學과 기록문학의 차이와도 관련된다. 전기소설이 그 창작 과정에서 담지하는 목적의식은 단지 창작 과정과 관련된다고만 이해해서는 피상적이며, 장르의 내적 특질을 다각도로 구현하는 데 적극적으로 관여한다는 점을 인식할 필요가 있다. 다시 말해, 장르론 '밖'의 문제가 아니라 장르론 '내부'의 문제라는 점을 분명히 할 필요가 있다.

그렇다면 전기소설의 창작에 내재해 있는 목적의식은 어떤 점에서 장르의 내적 특질을 구현하는가? 여러 가지 사실을 지적할 수 있지만 몇 가지만 언급한다면, 뚜렷한 주제 구현, 치밀하게 짜여진 플롯, 인물의 개성적 부조浮彫, 매개적 인물의 다양한 활용, 그리고 전기적 인간의 면모나 전기소설의 분위기와 잘 대응된다고 할 곡진하고 섬려纖麗한 문체 등을 들 수 있다.

다섯째, 전기소설 문체에 대해서는 별도의 주목을 요한다. 그것은 전기소설을 인지하는 중요한 장르적 지표의 하나이기 때문이다.

전기소설의 문체는 분위기를 중시하는 감각적이며 화려한 문어체文語體의 한문이다. 그것은 또한 종종 서정적 경사를 보여주며, 시적 응결과 압축미를 드러내기도 한다. 전기소설은 문식文飾을 중시하기에 대구對句나 고사故事를 곧잘 구사한다. 이런 점에서 전기소설은 다른 계열의 한문소설(이를테면 野譚系漢文短篇이나 傳系漢文短篇)과 그 문체상에서 분명히 구별될 뿐 아니라, 단순한 설화의 기록이나 설화에 약간의 윤색을 가했을 따름인 패설류稗說類와도 명백히 구별된다. 전기소설을 인지하는 대단히 중요한 외적 표징을 바로 이 문체에서 찾을 수 있는 것이다.

「최치원」은 어째서 설화가 아니고 소설인가

현재 거론되는 나말여초의 전기소설 중 대표적인 작품을 꼽으라면 「최치원」을 꼽을 수 있을 것이다. 「최치원」은 어째서 설화가 아니고 전기소설인가? 전기소설과 설화의 장르적 차이에 대한 앞서의 검토를 바탕으로 이 점을 입증해보자.

우선 「최치원」은 인물의 외면만을 그리고 있는 것이 아니라 그 내면세계까지 그림으로써 인물의 성격적 특질을 구체적으로 부각시키고 있어 설화와는 전혀 다른 면모를 보여준다. 또한 주인공들이 주고받는 여러 편의 시詩를 통해 그들의 심리 상태와 마음의 결을 섬세하게 드러내고 있는데, 설화라면 이런 것이 불가능하다. 시간 개념에 있어서도 「최치원」은 소설임이 확인된다. 최초의 시간과 최종적 시간 사이에는 커다란 질적 변화가 감지된다. 두 여인과의 만남과 사랑을 계기로 주인공 최치원의 삶에 대한 인식은 크게 바뀌고, 그 삶에 새로운 전환이 야기된다. 뿐만 아니라, 「최치원」은 주인공의 미적 특질에 있어서도 전기소설로서의 면모를 여실히 보여준다. 작품의 서두에 제시된 시 속에 보이는 '旅人'(나그네)이라든가 '孤館'(외로운 집) 등의 단어는 주인공 최치원의 세계내적 상황이 고독하다는 점을 잘 드러내고 있다. 뿐만 아니라 두 여인과 관련하여 작품이 드러내고 있는 정조情調 역시 기본적으로 비한悲恨과 적막감이다. 설화적 인간은 고독이나 적막감을 알지 못한다. 그리고 이 작품은 주제의식, 일대기적一代記的 구성, 인물의 개성 부각, 시의 삽입 등에 있어서 뚜렷한 목적의식을 보여준다. 이런 높은 목적의식을 갖는 작품을 설화로 보는 것은 가당치 않다. 게다가 이 작품의 화려하고 수식적이며 서정적인 문체는 이 작품이 문체 면에 있어서도 전기소설임을 확인시켜준다.

이러한 분석을 통해 알 수 있듯 「최치원」은 설화일 수 없고 전기소설임이 분명하다. 그러나 우리의 주장을 더욱 확고히 하기 위해 다음과 같은 반론을 다시 한번 환기하도록 하자: 전기소설이라는 것은 '소설'이라고 하기 어렵고 설화와 소설의 중간 형태인바, '전기소설'이라고 해서는 안 되고 그냥 '전기'傳奇라고 불러야 옳다.

먼저 전기소설을 소설이라고 하기 어렵다는 생각부터 보자. 이런 생각은 이론적으로도 수긍하기 어려울 뿐 아니라, 자료를 바탕으로 충분히 검증된 것이라고도 할 수 없다. 전기소설이 소설에 속한다는 사실은 앞서 제시한 전기소설의 장르적 성격에 대한 검토에서 이미 분명히 되었다고 생각해 더 이상 거론할 필요를 느끼지 않는다. 여기서는 다만 자료적 측면과 관련해서만 한두 가지 언급한다.

주지하다시피 전기소설은 우리나라에서만 창작되고 향유된 것이 아니고, 중국·베트남·일본에서 모두 창작되거나 향유된 동아시아 한자 문화권의 보편적 소설 양식에 속한다. 따라서 우리의 특수성을 내세우기에 앞서 한자 문화권의 '보편성'에 대한 인식이 필요하다. 가령 중국의 당나라 때 창작된 유수의 전기소설들을 한 번이라도 통독해본 사람이라면 전기소설이 소설이 아니라는 식의 논의가 얼마나 자료적 실제로부터 벗어나 있는지 금방 알 수 있을 것이다. 요컨대 전기소설에 대한 논의는 한자 문화권의 일반적 사정을 두루 고려하면서 그에 적실的實하게 논의가 이루어져야 설득력을 가질 수 있다.

다음으로, 전기소설이 설화와 소설의 중간 형태라는 주장에 대해 살펴보자. 전기소설은 사실 설화를 모태로 하여 소설로 성장한 면이 인정된다. 따라서 비록 앞에서 주로 설화와의 차별성을 부각시키기는 했지만, 설화와의 관련을 무시할 수 없다. 이 점은 우리나라 소설이 그 발생 이래 『금오신화』에 이르기까지, 점진적으로 발전해온 과정을 해명하는 데 있어 크게 고려해야 할 점이라고 생각된다.

이처럼 설화와 전기소설의 관련을 인정하면서 이를 '동태적動態的으로 파악하는 일은 소설사의 이해에 대단히 긴요하다. 따라서 전기소설이란, 그 기본적 장르귀속은 소설이지만 작품에 따라 설화적 경사를 좀더 가지기도 하거나 좀 덜 가지기도 하는 등, 내부적으로 다소의 편차가 있을 수 있다는 점을 인정하지 않으면 안 된다.

하지만 전기傳奇를 설화와 소설의 중간 형태로 보는 견해는 이러한 관점과는 전연 다르다. 그것은 설화와 전기소설의 관련 양상을 동태적으로 인식하는 입장이라기보다 전기소설을 그 전체로서 중간적 성격의 장르로 규정하는 입장이다. 그러나 기실 이 입장은 전기소설을 설화로 보는 쪽에 더 비중이 실려 있다. 전기소설이 소설 일반이 지닌 장르적 특성을 보여주며 설화와는 그 본질에 있어 명백히 구분된다는 점은 앞에서 이미 지적했으므로 여기서 다시 언급하지 않는다.

나말여초 전기소설의 창작 상황

나말여초의 전기소설로서 현전하는 작품으로는 우선 「최치원」, 「조신전」, 「호원」 등을 들 수 있다. 「최치원」과 「호원」은 원래 『수이전』殊異傳이라는 이야기책에 실려 있던 작품이다. 『수이전』이라는 책은 일실逸失되었지만 그 몇 편의 글이 일부 문헌에 실려 전해지고 있다.

그런 것 가운데 전기소설로 추정되어 온 또다른 작품으로 「수삽석남」首揷石枏('머리에 석남꽃을 꽂다'라는 뜻)이 있다. 이 작품은 『대동운부군옥』大東韻府群玉이라는 일종의 백과사전에 해당하는 책에 실려 있는데, 길이가 짤막한 글이다. 그래서 원작原作이 그대로 실린 게 아니라 축약되어 실렸다고 보는 견해도 있다. 『대동운부군옥』의 책 성격을 감안할 때 혹 그럴 가능성도 있다. 「최치원」이나 「호원」의 경우, 『대동운부군옥』이 그 기사記事를 축약해 싣고 있음이 분명히 확인되기 때문이다. 그렇기는 하나 이런 사실들은 『대동운부군옥』에 실린 「수삽석남」이 축약된 것이라는 주장을 뒷받침하는 방증은 될지언정, 그 직접적인 증거는 아니다. 따라서 명백한 근거는 되기 어렵다는 난점이 없지 않다. 더군다나 이 시기 서사문학사의 단계를 고려할 때 전기소설은 아니되 전기소설과 유사한 소재를 보여주는 설화가 존재할 가능성도 있는바, 「수삽석남」이 바로 그런 경우라는 반론을 예상하지 않을 수 없다. 다시 말해 『대동운부군옥』의 「수삽석남」은 반드시 전기소설의 축약 형태가 아니라 골격 위주의 짤막한 설화적 이야기를 그대로 혹은 '거의' 그대로 실어 놓은 것이라고 볼 여지도 없지 않다. 이런 미심쩍은 점 때문에 나말여초 전기소설을 논의하는 자리에서 「수삽석남」은 일단 제외한다.

『삼국사기』三國史記 열전列傳의 「온달」溫達이나 「설씨녀」薛氏女 같은 작품도 원래 나말여초에 전기소설로 창작된 원작이 있었는데 그것이 김부식金富軾(1075~1151)의 시대에 이르러 역사 편찬의 자료로 채택되면서 다소의 수정이 가해져 열전에 수록된 게 아닐까 생각된다. 그렇다고 한다면 이 작품들에 대해서는 '열전'으로 이해하는 관점과 '전기소설'로 이해하는 관점이 동시에 성립될 수 있다. 물론 현전하는 작품 그 자체를 '전기소설'로 규정하는 것은 문제가 있겠지만, 적어도 열전으로 작성된 이 자료들을 통해 원작인 전기소설의 주제나 의미를 추론해볼 수는 있을 것이다. '전'傳과 '전기소설'은 별개의 장르지만, 상호 교섭을 보여주기도 하여 그 엄별이 곤란한 경우도 없지 않다. 또한 전기소설이 전傳으로 재작성되는 경우는 후대에도 발견된다. 이런 경우는 우리나라뿐 아니라, 당나라 전기소설에서도 확인된다. 가령 「오보안전」吳保安傳이나 「사소아전」謝小娥傳은 원래 전기소설로 창작되었지만 훗날 각각 『당서』唐書 「열녀전」列女傳과 『당서』唐書 「충의전」忠義傳에 채입採入되었다. 열전에 채입되면서 원작은 심하게 축약되어 디테일은 소거消去되고 거의 줄거리만 남게 되었다. 이 점은 우리에게도 일정한 시사를 준다고 생각된다. 앞에서 우리는 『삼국사기』 열전의 「온달」과 「설씨녀」가 원작에 '다소의 수정'이 가해진 결과가 아닐까 추정했지만, 이 경우 수정은 주로 원작을 축약하는 방향에서 이루어졌을 가능성이 높다. 결코 그 반대는 아닐 것이다.

한편, 그 중요성에도 불구하고 지금까지 간과되어온 작품이지만 『삼국사절요』三國史節要에 보이는 「백운제후」白雲際厚 역시 나말여초에 창작된 전기소설일 것으로 추정된다. 이 작품은 사랑하는 두 남녀가 거듭되는 혼사상애婚事障碍에 봉착하여 그것을 극복하는 과정을 그리고 있는데, 나말여초의 전기소설로는 제법 다기多岐한 플롯을 보여주는 작품으로 평가할 수 있다. 가령 한 번도 아니고 두 번씩이나 혼사장애가 나타나는 작품은 이 시기 소설에서 이 작품이 유일하다. 이처럼 그 플롯이나 스토리 전개를 고려할 때 「백운제후」는 웬만한 분량의 작품이 아니었을까 짐작되는데, 『삼국사절요』는 '절요'節要라는 책 성격에 부합되게 그 줄거리만을 요약해 수록해 놓았다고 보인다. 그러나 이 줄거리를 통해서나마 우리는 이 작품의 예술적 특성을 짐작할 수 있다.

이렇게 본다면, 현재 우리가 확인할 수 있는 나말여초 전기소설의 명단은 다음과 같다.

(1) 「최치원」
(2) 「조신전」
(3) 「호원」
(4) 「온달」
(5) 「설씨녀」
(6) 「백운제후」

나말여초 전기소설의 장르적 위상

소설이란 장르는 고정되어 있지 않으며, 계속 발전하고 변화해간 장르이다. 이 장르는 문학사에 처음 등장한 이래 자신을 부단히 확대, 성장시켜왔다. 이 점에서 소설은 그 어떤 장르와도 비교될 수 없는 유별난 장르다. 그것은 현재에도 '형성' 중이며, 자신의 존재를 '지속'시키기 위한 노력을 경주傾注하고 있다. 성립기의 소설, 즉 나말여초의 전기소설은 소설 장르의 이런 특별한 성격과 관련지어 이해하지 않으면 안 된다.

나말여초 전기소설이 성립되기 전의 서사 문학사는 '설화의 바다'

였다고 말할 수 있다. 전기소설이 창작되기 시작한 나말여초의 시기라 해서 설화 장르의 위세가 달라진 것은 아닐 터이다. 하지만 서사문학이라면 온통 설화 일색이었던 전前 단계와는 달리 새로운 종류의 문학 형태인 소설이 일각에 존재하기 시작했다는 점에서 새로운 서사 문학사의 단계가 열리고 있었다는 점을 인정하지 않으면 안 된다. 성립기의 전기소설은 기본적으로 설화를 모태로 하여 성립될 수밖에 없었다. 즉 성립기의 전기소설은 설화의 질적 전환으로서의 면모가 다분하다. 바로 이 점에서 여러 난점이 생겨나며, 또 위에 제시한 작품들이 소설인지 아닌지에 대한 논란의 소지가 배태된다.

나말여초의 전기소설은 설화를 기반으로 성립되었다는 그 발생론적 성격으로 인해 한편으로는 설화와의 일정한 관련을 보여주면서 다른 한편으로는 설화와 구별되는 면모를 보여준다. 바로 이 때문에 나말여초의 전기소설을 설화로 보려는 입장과 소설로 보려는 입장이 서로 대립될 수 있다. 전자는 나말여초 전기소설이 보여주는 설화와의 관련을 중시한 결과이며, 후자는 나말여초 전기소설이 보여주는 설화와 구별되는 면모를 중시한 결과이다.

이 두 입장은 각기 그것대로의 타당성을 갖는다. 하지만 이 두 입장은 모두 '일면적으로만' 타당하다. 왜냐하면 전자는 나말여초 전기소설이 설화로부터 벗어나 새로운 형태의 서사문학으로 진전되고 있는 면모를 간과하고 있으며, 후자는 설화와의 연관이 소설 장르에 어떤 영향과 제약을 끼치고 있는가를 간과하고 있기 때문이다. 따라서 이 시기 전기소설의 실체와 위상을 정당하게 이해하기 위해서는 이 두 입장을 벗어나 제3의 입장을 모색하지 않으면 안 된다.

이 제3의 입장이란 무엇인가? 그것은 다름아닌 전기소설이 설화로부터 소설로 상승하는 과정을 '장르 운동'의 관점에서 읽는 입장이다.

이런 입장에 설 경우 전기소설의 설화적 기반은 그것대로 적절히 이해하면서도 설화로부터 설화와는 다른 '소설'이라는 장르가 성립되는 과정을 '동태적'動態的으로 포착할 수 있다. 이 점에서 이 입장은 장르에 대한 정태적靜態的 인식을 보여주는 앞의 두 입장과는 인식론적 전제를 달리한다.

그런데 이 제3의 입장이 취하는 인식론적 전제는 앞서 거론한 소설의 독특한 장르적 성격과 연관지어 생각할 필요가 있다. 소설이란 장르는 역사적으로 계속 발전하고 변화해간 장르이다. 그것은 문학사에 등장한 이래 끊임없이 자신을 새롭게 하면서 그 장르적 가능성과 본질을 확대하거나 발전시켜 왔다. 따라서 그 최초의 발생에서 그 본질의 완숙한 구현을 기대할 수는 없다. 소설이 그 본질을 높은 수준, 혹은 완숙한 형태로 실현하기까지에는 여러 단계를 거치지 않으면 안 되었다. 그러므로 최초의 소설에서 소설의 본질이 충분히 발현된 후대 시기 소설의 면모를 찾는 것은 이론적으로든 역사적으로든 정당하지 않다. 중요한 것은 성립기 소설인 나말여초의 전기소설이 소설로서는 아직 '미숙한' 형태이지만 그럼에도 설화와는 본질적으로 구별되는 계기와 면모를 지녔다는 사실이다. 우리가 직시해야 할 것은 바로 이 점이라고 생각한다.

성립기 소설인 나말여초의 전기傳奇는 그 소설로서의 장르적 성격에 다소의 편차가 존재한다. 즉 설화 장르의 제약이 좀 더 두드러진 경우가 있는가 하면, 상대적으로 좀 덜 두드러진 경우도 있다. 후자의 경우 소설로서의 면모가 보다 뚜렷한 반면, 전자의 경우에는 그렇지 못하다. 이런 편차는 설화로부터 소설로 상승하는 장르적 운동의 다양한 양상을 반영한다. 가령 「최치원」은 나말여초 전기소설 중 소설적 면모가 가장 뚜렷한 작품이다. 그 점은 인물의 내면 묘사나 '시간'의 성격에서 단적으로 확인된다. 뿐만 아니라 주제의식, 일대기적 구성, 인물 개성의 부각, 시의 삽입 등에서 확인되는 높은 목적의식을 통해서도 설화와는 본질적으로 다른 면모를 발견할 수 있다. 이에 비해 「호원」 같은 작품은 그 모태인 설화의 면모가 좀더 남아 있는 경우이다. 그럼에도 주인공 김현金現의 다음과 같은 말, 즉 "사람끼리 사랑함이 도리이지, 사람과 범이 사랑함은 상도常道가 아니지요"(人交人, 彛倫之道. 異類而交, 盖非常也)에서 드러나는 '반성적'反省的 인식이나, 작품 종결부의 다음과 같은 서술, 즉 "김현이 죽을 무렵 이전에 자기가 겪은 신이한 일에 크게 감동하여 마침내 붓으로 그 이야기를 기록한바 세상에 비로소 알려졌다"(現臨卒, 深感前事之異. 乃筆成傳. 俗始聞知)에서 감지되는 구성상의 책략 내지 목적의식은 이 작품이 설화에서 벗어나 소설의 경역境域에 들어서 있음을 확인시켜준다.

전기소설 발생의 사회역사적·정신사적 조건

전기소설은 원래 7세기를 전후하여 당나라에서 발흥한 소설 양식이다. 당나라 전기傳奇의 시원始原에 대해서는 논란이 없지 않으나 대체로 초당初唐 말末에 장작張鷟(660?~740?)이 창작한 「유선굴」遊仙窟이 그 효시가 아닌가 보고 있다.

이 작품은 당시 중국에 유학한 일본인 학생들을 감탄시켰고, 이후 일본문학에 큰 영향을 끼친 것으로 되어 있다. 같은 시기에 신라의 지배층 자제들도 당에 유학했음을 생각한다면, 이 시기 발흥한 당나라 전기소설이 약간의 시차는 있다 하더라도 신라 문인文人들에게도 수용되었으리라 보는 것이 자연스럽다. 이러한 추측을 뒷받침하는 문헌적 단서로는 『구당서』舊唐書 「장작전」張鷟傳에 나오는 장작張鷟에 관한 기사記事 중 "신라·일본 등 동이東夷의 나라들이 몹시 그의 글을 중히 여겨 매양 사신을 보내 입조入朝할 때면 반드시 많은 돈을 내어 그의 글을 사 갔으니, 그 재주와 명성이 먼 나라에까지 전파되었음이 이와 같다"(新羅·日本 東夷諸蕃, 尤重其文, 每遣使入朝, 必重出金貝以購其文, 其才名遠播如此)라고 한 구절을 들 수 있다.

그런데 흥미로운 점은, 나말여초 전기소설의 1편인 「최치원」에서 바로 이 「유선굴」의 영향이 느껴진다는 사실이다. 「최치원」의 작자는 「유선굴」을 읽었음은 물론이고, 중국의 지괴서志怪書나 여타 전기소설을 폭넓게 읽었던 게 아닌가 짐작된다. 이렇게 추측할 수 있는 근거는, 지괴서인 『오행기』五行記에 수록된 「진랑비」陳朗婢라든가 전기소설 「임씨전」任氏傳과 관련된 내용이 「최치원」에서 발견되기 때문이다. 전대 문학작품의 특정 요소나 의미관련을 적절히 활용하거나 창조적으로 수용하는 태도나 방식을 지칭하는 말로 '패러디' parody라는 말을 사용할 수 있다면, 「최치원」은 「유선굴」·「임씨전」·「진랑비」 등을 패러디하고 있는 면이 없지 않다.

그런데 패러디는 보통 패러디의 대상으로 삼는 작품이 적어도 당대의 문학 향유층 사이에 널리 알려져 있음을 전제로 하게 마련이다. 그렇지 않을 경우, 패러디의 문학적 효과는 기대하기 어렵기 때문이다. 그렇다고 한다면 「최치원」에서 패러디 현상이 나타나고 있음은 적어도 나말여초 당시나 그 이전에 지괴서志怪書나 전기서傳奇書가 상당히 널리 읽혔음을 증명하는 것이라 할 수 있다. 요컨대 「최치원」의 경우를 통해 우리는 나말여초 전기소설이 당나라 전기소설의 폭넓은 독서와 수용 위에서 성립될 수 있었다는 사실을 확인할 수 있다.

하지만 이런 관점은 자칫 중국 전기소설의 영향으로 한국 전기소설이 발생했다는 전파론적傳播論的 비교문학론으로 귀착될 수 있다. 한국 전기소설의 성립에 중국 전기소설이 끼친 영향을 부정할 수는 없다. 하지만 나말여초 전기소설의 발생에서 그러한 요인과 함께, 혹은 그러한 요인보다, 중시되어야 할 점은 중국 전기소설의 독서 체험 위에서 한국 전기소설을 성립시킨 창작주체의 내면적 요구 내지는 문제의식이 과연 무엇이며, 그것이 갖는 정신사적 의미가 과연 무엇인가 하는 점일 터이다. 이 점과 관련해 나말여초 전기소설 발생의 내재적·핵심적 요인이 해명될 수 있다고 생각되기 때문이다.

이 점에서 나말여초의 대표적 전기소설이라 할 「최치원」을 다시 주목하게 된다. 「최치원」에서는 주인공의 '고독감'이 진하게 느껴진다. 이 작품은 최치원이 이국인異國人으로서 중국의 지방 말단 관리를 할 때의 고독감을 기저基底에 깔고 있다. 이국인이라는 것, 그리고 남다른 재주가 있음에도 불구하고 고작 지방의 말단 관리밖에 할 수 없다는 것이 그가 느끼는 고독감의 원천으로 보인다. 요컨대 세상에 자기를 알아주는 사람이 없다는 사실을 깨닫는 데서 오는 고독감인 것이다.

그러므로 그것은 현실에서의 '소외감'과도 연결된다. 이 소외감은 주인공으로 하여금 현실을 벗어나 세상 '밖'에 관심을 갖게 만들고, 몽환적夢幻的 세계에 젖어들게 한다. 두 여귀女鬼와의 사랑은 그렇게 설명될 수 있다. 최치원의 고독감은 조국인 신라에 돌아와서도 의연히 지속된다. 그는 세상 밖을 떠돌며, 그러다가 세상을 뜬다. 이렇게 본다면 주인공 최치원은 그의 전 생애에 걸쳐 고독감을 느낀 게 된다.

「최치원」의 이러한 서술은 물론 실제 사실이 아니고 허구이다. 그렇기는 하나 「최치원」이 형상화해 놓고 있는 주인공의 모습에는 실제 인물인 최치원의 어떤 '본질적' 면모가 포착되어 있다고 보인다. 여기서 중대한 의문이 제기된다. 역사적 인물인 최치원의 인간 본질을 바로 이

'고독감'이라는 측면에서 이처럼 잘 포착할 수 있었던 작자는 과연 어떤 부류의 사람이었을까? 이에 대해서는 현재 아무런 자료가 남아 있지 않아 확실한 이야기는 불가능하다. 따라서 논리적으로 추론해 들어갈 수밖에 없다. 결론부터 말한다면, 「최치원」의 작자는 최치원과 대동소이大同小異한 처지에 있었거나, 적어도 최치원의 처지에 공감할 만한 처지에 있던 지식인 내지는 문인이 아니었을까 한다. 그런 처지에 있는 사람이 아니라면 최치원이 느꼈던 고독감을 그처럼 잘 포착해 소설화할 수는 없었으리라는 것이 그러한 추정의 중요한 근거이다. 고독감, 그것도 절실한 고독감은 그것을 몸소 체험한 사람만이 이해할 수 있는 법이다. 또한 형편이 좋은 사람이나 득의得意한 인간은 스스로 깊은 고독감을 느끼기도 어렵거니와, 타인의 고독감을 이해하기는 더더욱 어렵다. 이런 식으로 사유해 들어가면, 「최치원」의 작자는 나말여초를 살았던 육두품六頭品 출신의 문인 지식인이었을 개연성이 아주 높다고 판단된다.

그런데 기존의 학설 중에는 11세기 후반에 활동한 박인량朴寅亮(?~1096)이 「최치원」을 창작했으리라 보는 견해가 있다. 「최치원」은 원래 『수이전』殊異傳의 1편이다. 『수이전』은 애초 최치원이 저술한 책인데, 훗날 박인량이 증보增補한 바 있고, 김척명金陟明(생몰연대가 고려 중엽경으로 추정됨)이라는 문인 역시 자기대로 개작改作을 한 것으로 알려져 있다. 「최치원」은 그 내용으로 보아 최치원 자신의 창작일 수는 없으므로 훗날 증보 작업을 한 박인량이나 김척명이 작자일 가능성이 있는데, 작품의 빼어난 문장을 염두에 둘 때 그런 글을 지을 만한 사람은 박인량이 아니겠는가라는 것이 박인량 작자설의 중요한 근거이다.

하지만 꼭 그렇게 볼 수 있을지는 의문이다. 오히려 「최치원」은 최치원 사후死後 그리 시간이 지나지 않은 시점에 어느 문인文人이 창작했을 가능성이 높다고 생각된다. 그 문인은 아마도 최치원처럼 나말羅末에 당나라 유학을 한 육두품 출신의 인물로서 최치원보다 한 세대쯤 뒤의 후배였으며, 나려羅麗 교체기의 혼란스런 사회 현실 속에서 초세적超世的 태도를 취한 인물이지 않을까 싶다. 「최치원」의 주인공인 '최치원'의 고독감과 우수, 그의 염세적 태도에 깊은 공감을 보여주고 있다는 점, 작품의 말미에 붙인 무려 63구나 되는 장편 고시長篇古詩는 여간한 문재文才로는 짓기 어려운 수작秀作이라는 점, 또 작품의 결미에서, "최치원이 심은 모란이 지금도 있다"(種牧丹, 至今猶存)라고 말하고 있는 점 등이 그러한 추정의 근거이다.

이런 조건을 두루 충족시킬 만한 사람이 과연 누구일까? 박인량은 두번째 점은 충족시킬 수 있다 하더라도 첫번째와 세번째 점은 충족시키기 어렵다. 이런 점을 고려해 최근 이동환 교수는 「최치원」의 작자가, 최치원의 집안 사람으로서 최치원의 처지를 잘 이해하면서 그에 공감하고 있던 당나라 유학생 출신인 최광유崔匡裕(생몰연대가 나말여초로 추정됨)라는 주장을 제기한 바 있다. 그럴 개연성도 있다고 생각되지만 그 점을 '확고히' 뒷받침할 만한 자료적 뒷받침이 있는 것은 아니다.

잘 알려져 있다시피, 신라는 골품제骨品制라는 신분제도에 의해 운용되던 사회였다. 골품제 하에서 육두품은 '득난'得難이라 하여, 귀한 신분으로 인식되고 있었다. 그렇기는 하나 골품제가 진골眞骨 중심으로 짜여 있었음을 생각한다면, 육두품은 신라 사회의 주인이라기보다 부수적인 지배 신분으로서의 성격을 갖는 것이었다. 이와 관련된다고 생각되지만, 이 계층은 주로 학문이나 종교적인 면에서 크게 활약하고 있었다. 육두품은 신분제적 제약으로 말미암아 자신의 재능을 사회적·정치적으로 충분히 발휘할 수 없었으며, 이 때문에 심적 갈등과 불평이 없을 수 없었다. 더구나 이 출신의 당나라 유학생이 점점 늘어나면서 문인으로서의 소양과 지식인으로서의 식견을 갖춘 인물들이 축적되어간 신라 말에 오면 그러한 양상이 심화될 수밖에 없었다. 게다가 신라 말은 극심한 혼란기로서, 최치원의 「우흥」寓興이나 「고의」古意 같은 시에서 엿볼 수 있듯 지식인이 자신의 양심을 지키며 개결介潔하게 사는 것이 참으로 어려운 시대였다. 「최치원」의 작자는 이런 시대를 거쳐오면서 품게 된 불평과 고민, 세상에 대한 감정을 전기소설에 투사投射한 것이 아닐까. 그리하여 최치원의 고독감을 누구보다 예리하게 읽어내고, 그것을 통해 또한 자신의 고독감을 표현하고자 한 게 아닐까.

한국 전기소설의 발생기에 이처럼 '고독감'이 특별한 의미를 갖는다는 점은 주목을 요한다. 한국 전기소설을 이 점만 갖고서 설명할 수는 없다고 보지만, 「최치원」 이후의 전기소설 가운데, 특히 예술성이 빼어나고 문제적인 작품들은 이 고독감을 작품의 발생론적 기저로 삼고 있는 경우가 적지 않기 때문이다. 어떤 의미에서 이 고독감은 한국 전기소설의 발생·발전에 있어 주요한 역사 철학적 토대가 되고 있다고 함직하다. 그 속에는 심중한 사회역사적·정신사적 의미(그 구체적 의미는 시대마다 또 작가마다 조금씩 달라지지만)가 담겨져 있음으로써다.

나말여초 전기소설의 창작주체

「최치원」의 작자 문제를 검토하는 과정에서 드러났듯 나말여초 전기소설은 대체로 육두품 출신 문인들에 의해 성립되었으리라는 가설을 세워볼 수 있다. 이제 문제를 좀더 일반화시켜보기로 하자. 신라 말, 그리고 이어지는 고려 초에 이 계층의 문인들은 어떤 내면적 요구와 문제의식을 구현하고자 전기소설을 창작하게 되었을까? 다시 말해 이 시기 전기소설의 성립과 그 창작주체 사이에는 어떤 연관이 있는 것일까?

이 점과 관련하여 우리는 우선 나말여초가 정치적으로 불안정한 시기였으며, 새로운 시대로의 이행기였다는 점, 즉 커다란 역사 전환기였다는 점을 상기할 필요가 있다. 이런 변화와 불안의 시대에 살면서 육두품 출신 문인들은 전기소설을 통해 자신의 삶의 방식을 성찰하거나, 인간의 운명을 구성하는 몇 가지 근본 형식들에 대해 탐구하거나, 새로운 가치관을 모색하거나, 인간에 대한 새로운 이해를 모색해나갔던 것으로 여겨진다. 달리 말해 생生의 형식과 의미에 대한 '가치론'적 모색을 전기소설을 통해 해나갔던 것이다. 이 점에서 나말여초 전기傳奇는 단순히 중국 전기의 이식移植이나 모방일 수 없고, 독자적인 사회역사적 기반과 정신사적 요구 위에서 성립된 것이라 할 수 있다.

앞서 우리는 「최치원」에서 발견되는 고독감의 역사적 의미에 대해 주목한 바 있다. 현실 속에서 인간이 느끼는 고독감, 즉 인간의 사회적 고독감을 문제삼은 것은 우리 서사문학사敍事文學史상 이 작품이 처음일 터이다. 그 점에서 이 작품은 설화와 본질적으로 구별되는 소설의 발생을 상징적으로 고지告知하고 있기라도 한 것처럼 보인다. 「최치원」의 고독감은 설화적 인간과는 다른 종류의 인간이 서사문학에 탄생했음을 의미함과 동시에, 인간에 대한 새로운 이해의 모색을 의미한다. 하지만 나말여초의 전기소설이 모두 「최치원」처럼 고독감을 보여주는 것은 아니다. 그럼에도 불구하고 그것들은 '애정 문제'를 통해 현실의 인간관계를 새롭게 인식하고, 인간이 추구해야 할 진정한 가치를 진지하게 모색하고 있다는 점에서는 「최치원」과 다를 바 없다. 가령 「호원」은 신분 갈등의 문제를, 「조신전」은 신분적 불평등의 문제와 함께 백성의 간난艱難한 삶의 현실을, 「온달」은 신분의 벽을 넘어서고자 하는 바람을, 「설씨녀」와 「백운제후」는 인간이 지켜야 할 가치로서 신의信義의 문제를 각각 다루고 있다.

이런 문제제기나 모색은 모두 삶의 원리나 방식, 그리고 그 현실적 조건을 성찰하거나 음미하는 속에서 이루어지고 있다. 「최치원」을 비롯해 나말여초 소설이 보여주는 이러한 지향과 문제의식은 그 창작주체인 육두품 문인의 처지와 고민, 그리고 그 현실인식을 반영하고 있다. 신분적 제약에 처해 갈등과 불평이 없을 수 없었던 육두품 문인들 가운데에는 인간의 삶과 그것을 둘러싸고 있는 세계에 대해 진지하게 고민하면서 그 의미를 캐묻는 자들이 나오고 있었다고 보인다. 그런데 인간의 삶과 그 조건에 대해 물음을 제기하면서 새로운 방향이나 가치를 모색하는 작업은 '시문詩文'이라는 기존의 문학 양식으로는 온전히 감당하기 어려웠을 터이다. 이 때문에 나말여초의 문인들은 시문의 창작을 통해 축적한 문학적 역량을 바탕으로 전기소설이라는 '허구'에 입각한 전혀 새로운 서사 장르를 성립시킨 것이라 생각된다.

전기소설 발생의 언어·문화적 요인

나말여초는 앞서 지적한 대로 커다란 역사 전환기였다. 역사적 전환기는 상층의 사고방식이나 언어가 하층의 사고방식이나 언어와 활발히 교류하거나 뒤섞이는 특징을 보여준다. 사회적 안정기에는 이런 현상이 잘 일어나지 않거나, 설사 일어난다 하더라도 그리 현저하지 않다. 소설이라는 장르는 근원적으로 도청도설道聽塗說로부터 발전한 것이므로, 사회적 안정기보다는 상·하층의 말과 사고방식, 그 정서와 이상理想, 문제의식이 서로 활발히 교류하거나 충돌하거나 논쟁하거나 뒤섞이는 역사적 전환기에 더욱 적합하거나 빛을 발할 수 있다. 이런 견지에서 나말여초는 소설이 성립하거나 발전할 수 있는 좋은 여건을 제공하고 있다고 할 수 있다. 다시 말해 나말여초의 언어·문화적 상황은 소설 발생의 또 다른 요인이 되고 있다고 말할 수 있다.

나말여초 전기소설이 놓여 있는 언어·문화적 상황은, 이 시기 전기소설이 설화가 변형·가공되고 설화에 문식文飾이 가해지는 과정을 통해 창작되었다는 사실에서 특히 잘 드러난다. 민중의 문학이라 할 설화에 지배층의 일원인 육두품 출신 문인의 문제의식과 목적의식이 결합됨으로써, 설화도 아니고 기존의 산문 양식도 아닌 새로운 형태의 문학이 성립될 수 있었던 것이다. 어떤 점에서 보면 나말여초의 전기소설은 상·하층의 문학 형태가 동시에 '지양止揚'되는 과정을 통해 형성된 면이 없지 않다. 혹은 달리 말해 상·하층의 문학 형태, 상·하층의 문학 의식이 서로 접촉함으로써 어떤 '종합'이 초래된 것이라 할 수도 있을 것이다. 이 종합의 구체적 방식은 물론 일률적이지 않다.

이처럼 나말여초의 전기소설은 민중적 사유의 문학적 표현인 설화를 원천으로 삼아 자기를 축조築造함으로써 설화가 갖는 민중성, 즉 설화에 내포된 민중적 이상과 염원을 일정 부분 담아냄과 동시에, 그것을 통해 창작주체의 생生에 대한 관점과 현실인식을 드러낼 수 있었다. 이런 점에 유의한다면, 이 시기 전기소설에서 단지 민중적 현실의 반영만을 읽으려 하거나, 반대로 창작주체인 육두품 작자와 관련된 현실의 반영만을 읽으려 할 경우, 그것은 모두 일면적임을 알 수 있다. 이 두 가지는 중첩되어 있음으로써다.

이 두 가지의 중첩 양상은 작품마다 다르다. 가령 「설씨녀」나 「온달」에서 민중적 사유와 원망願望의 좀더 직접적인 표출을 살필 수 있다면, 「최치원」에서는 상층의 사유와 언어의식이 좀더 강하게 표출되고 있음을 감지할 수 있다. 이와 달리 「조신전」 같은 작품은 민중적 삶의 현실과 작자의 문제의식이 서로 상승작용을 일으키기보다 어떤 점에서 상호 충돌을 일으키고 있는 면이 있다.

나말여초 전기소설이 이질적인 두 개의 언어·문화의식을 토대로 성립되었으며, 그 결과 작품들에 그러한 양상이 반영되고 있다는 사실은 여러모로 음미되어야 할 점이다. 이 시기 전기소설은 이 두 가지 의식의 교섭과 뒤섞임에 힘입어 서사문학의 획기적 발전과 심화를 이루면서 그 새로운 지평을 열 수 있었다. 한편 이 두 가지 문화의식의 '접근'이 야기되고 있다는 점 역시 간과해서는 안 된다. 그 접근은 물론 상층의 문화의식이 하층의 문화의식을 수렴하는 형태로 이루어지고 있으나, 그럼에도 이를 통해 하층의 현실과 문제, '민중적=토착적'인 정서가 일정하게 표현될 수 있었다는 것은 대단한 성과라고 평가하지 않을 수 없다. 나말여초 전기소설이 갖는 진보성의 궁극적 근거는 바로 이에 있다.

● 박희병

| 참고 문헌 |

■ 참고 논저

지준모, 「전기소설의 효시는 신라에 있다」, 『어문학』 32, 한국어문학회, 1975.
조수학, 「최치원전의 소설성」, 『영남어문학』 2, 영남어문학회, 1975.
임형택, 「나말여초의 전기문학」, 『한국한문학연구』 5, 한국한문학연구회, 1981.
정학성, 「전기소설의 문제」, 『한국문학연구입문』, 지식산업사, 1982.
박일용, 「소설의 발생과 수이전일문의 성격」, 『조선시대 애정소설』, 집문당, 1993.
김종철, 「고려 전기소설의 발생과 그 행방에 대한 재론」, 『한국 서사문학사의 연구 Ⅲ』, 중앙문화사, 1995.
박희병, 「나려시대의 전기소설 – 형성 과정과 장르적 특성」, 『한국 전기소설의 미학』, 돌베개, 1997.
정출헌, 「나말여초 서사문학사의 구도와 수이전」, 『고전소설사의 구도와 시각』, 소명출판사, 1999.
장효현, 「전기소설의 장르개념과 장르사의 문제」, 『한국고전소설사연구』, 고려대출판부, 2002.

■ 참고 자료

「최치원」, 김현양·김희경·이대형·최재우 공역, 『역주 수이전일문』, 박이정, 1996.
「호원」, 김현양·김희경·이대형·최재우 공역, 『역주 수이전일문』, 박이정, 1996.
「백운제후」, 『국역 삼국사절요』, 세종대왕기념사업회, 1996.
「조신전」, 『삼국유사』, 민족문화추진회 편, 솔출판사, 1997.
「온달」, 『삼국사기』, 민족문화추진회 편, 솔출판사, 1997.
「설씨녀」, 『삼국사기』, 민족문화추진회 편, 솔출판사, 1997.

3
한국 고전소설의 하위 장르와 유형

■ 유형 분류의 유용성과 한계

현존하는 고전소설의 총량은 1,000여 종이 넘는다. 이들 작품은 동시대적이면서 동시에 통시대적으로 존재해왔다. 그런데 이들 작품은 서로 공통되는 분모를 가지고 있는 경우가 적지 않다. 연구자들은 이러한 공통 분모를 바탕으로 여러 작품을 몇 개의 유형으로 묶어서 다루려는 시도를 계속해왔다.

유형 분류는 구조, 주제, 모티프, 소재 등에 따라 다양하게 이루어질 수 있다. 물론 이러한 것들을 기준으로 하는 분류는 작품에 대한 분석과 이해가 앞서야 하기 때문에, 그리 간단한 문제는 아니다. 그동안 고전소설에 대한 연구 성과가 축적되면서 적지 않은 작품들에 대한 유형 분류가 이루어졌고, 그 결과 고전소설에 대한 이해의 폭과 깊이가 더해진 것도 분명하다. 그러나 아쉽게도 아직까지 대부분의 고전소설이 충분하게 연구되었다고 보기는 주저되는 측면이 있으며, 이런 이유로 지금까지 이루어진, 고전소설 전반을 문제삼은 유형 분류 역시 많은 문제점을 가지고 있다. 충분한 연구가 뒷받침되지 않은 유형 분류는 그만큼 작위적이고 무원칙적이 될 수밖에 없기 때문이다. 유형 분류의 기준이 일정하지 않아 동요하거나 분류의 논리적 타당성이 의심을 받기도 한다. 김태준의 유형 분류 이후에 이루어진 정형용·조윤제·김기동의 그것이 십인십색十人十色이며, 그것도 모두 편의상 분류에 그치고 있을 뿐이라는 지적(이러한 기존의 지적은 윤재민의 글에 잘 정리되어 있다)이 공감을 얻는 것은 어쩌면 당연한 결과라고 할 수 있다.

우리가 적지 않은 문제점이 지적되는 유형 분류를 굳이 하고자 하는 것은, 유형 분류가 고전소설을 이해하는 데 분명한 유용성이 있기 때문이다. 먼저 그 유용성에 대하여 생각해보기로 하겠다. 반면 유형 분류가 가지는 단점도 분명히 있는바, 이에 대해서도 언급하고자 한다.

고전소설에 대한 통합적인 이해가 가능하다

하나의 소설작품을 연구 대상으로 삼았을 때, 우리는 작품의 구조와 특징, 의미 등을 탐구하게 된다. 이는 소설작품론에서 핵심적인 작업이다. 그러나 이 작품이 다른 작품과 어떤 관계를 맺고 있으며, 전체 소설작품 속에서 어느 곳에 위치하고 있는지에 대해서는 알기가 쉽지 않다.

특히 고전소설은 구조에서부터 소재에 이르기까지 작품들 사이에 유사점이 많이 드러나는 것으로 확인되고 있다. 이렇게 된 데에는 고전소설이 가시고 있는 상업적 성격과도 관련이 있다. 독자의 수요를 예상하고 작품 창작이 이루어진다면, 어느 한 작품이 인기를 끌었을 때(인기의 요인이 구조적 측면이든 소재적 측면이든, 또는 다른 어떤 측면이든 간에) 그와 유사한 작품들이 창작될 여지가 많기 때문이다. 이때 이들 작품들을 각각

별개의 작품 분석 대상으로만 삼는다면 이들의 상호 관계를 이해하기가 쉽지 않다. 그러므로 이 작품들을 종합적으로 다루면서 상호 관계를 규명하는 일이 절실하게 요구되는데, 이러한 작업은 유형화를 바탕으로 하지 않으면 지극히 어려운 일이다. 즉 공통적인 요소를 바탕으로 하면서 차이가 드러나는 부분에 관심을 두고 그것에 대해 해명하려는 작업이 이루어진다면, 개별 작품론으로는 찾아낼 수 없는 거시적인 틀이 만들어질 수 있는 것이다. 이것이 유형화가 가지는 장점이다.

개별 작품들 사이의 편년編年이 가능하다

고전소설은 창작 시기와 작가를 모르는 경우가 대부분이다. 이러한 이유로 작품 연구에 어려움이 있다고 주장하는 이들이 적지 않다. 반면, 창작 시기와 작가를 모른다고 해서 작품의 가치가 반감하거나 의미를 상실하는 것이 아니라는 논자들도 있다. 사실, 작품 자체의 분석이 가장 중요하다는 주장과 작품 자체의 분석만 고집할 경우에는 오류에 빠지기 쉽다는 주장은 오랫동안 논쟁을 벌여왔다. 이와 같은 두 방향의 논쟁은 앞으로도 계속될 것이다. 그러나 학문으로서 고전소설을 연구한다면, 작품 분석도 중요하지만 각 작품들이 고전소설사의 어느 곳에 위치하는가를 찾아보려는 노력 또한 소중하다.

창작 시기와 작가를 알 수 없는 고전소설의 경우, 개별 작품론을 통해서는 이러한 작업을 쉽게 해낼 수 없다. 그러나 유형 분류를 통해 그 유형에 대한 종합적이고 거시적인 성격을 드러내게 된다면, 유형에 속하는 각 작품의 비교를 통해서 이들 작품의 상호 관계를 밝혀낼 수 있을 것이다. 또한 이러한 상호 관계 속에서 작품의 선후先後 문제도 다룰 수 있다. 이러한 유형 분류의 특장을 제대로 보여주고 있는 것이 조동일의 '영웅소설 유형'에 관한 연구와 서대석의 '군담소설'에 관한 연구라고 할 수 있다.

작품의 선후를 밝히는 것이 그렇게 중요한 일인가 하는 의문이 제기될 수도 있다. 그러나 소설이라는 장르는 끊임없이 현실 사회와의 관련 속에서 전개되어왔다는 특성을 가지고 있고, 그렇다면 어느 작품이 대략 어떤 시기에 이루어졌다는 것을 안다는 것이 작품 이해에 적지 않은 도움을 줄 것이라는 데에는 동의할 수 있을 것이다.

유형 상호간의 비교로써 고전소설사를 파악할 수 있다

이미 앞에서 대부분의 고전소설은 작가와 창작 시기를 알 수 없다고 한 바 있다. 그런데 다행히도 비슷한 작품들을 여러 유형으로 묶을 수는 있는데, 이들 유형들은 동시대 또는 통시대적으로 엮여 있다. 동시대 또는 통시대적으로 엮여 있는 유형의 작품들은 상호간에 어떤 상태로든지 관련을 가지게 된다. 예를 들어 조선 후기의 대장편소설(가문소설·연작소설·대하소설·대하장편소설 등 다양한 용어로 불리고 있다)은 그 이전 소설로는 해결할 수 없는 교육적 측면을 강조하면서 소설사에 등장하게 되었다고 하는데, 이러한 논의는 유형 사이의 상호 관계에 대하여 관심을 기울인 산물이다. 이처럼 유형 상호간의 비교는 우리 소설사의 흐름을 파악하는 데 도움을 준다.

또한 유형 연구를 통하여 우리는 유형에 녹아 있는 의식이나 의미를 찾을 수 있다. 이를 비교함으로써 유형들 사이에 존재하는 작가층을 포함한 향유층의 의식은 물론, 당대의 의미에서의 변별성을 발견해낸다. 이와 같은 사항들이 고전소설 전반을 이해하는 데 매우 중요한 단서를 제공하는 것은 물론이다.

개별 작품에 대한 의미 부여가 소홀해질 수 있다

　유형 분류에 따른 연구가 이상과 같은 장점을 지니고 있음에도 불구하고 여전히 문제가 될 수 있는 사항은, 각 작품에 대한 관심이 아무래도 소홀해질 가능성이 높다는 점이다. 대체로 기존의 유형에 따른 연구 성과를 살펴보면, 각각의 작품들은 그 자체의 의미를 부여받기보다는 그 유형의 전반적 검토를 위한 소자료로만 취급되는 경우가 적지 않았다. 이 경우에 각 작품들은 이미 짜여진 유형의 틀에 맞추어 단락이 나뉘고 분석될 뿐이고, 이에 따라 그 작품의 독자성이나 특징이 매몰되거나 무시되기도 한다. 각각의 작품들이 자기만의 의미망을 형성하고 있는 역동적인 존재라는 사실이 제대로 드러나지 못할 수 있는 위험성이 잠재하고 있는 것이다.

　실례로 영웅소설 가운데 개별 작품론이 가장 활발하게 이루어진 「유충렬전」劉忠烈傳의 경우를 들 수 있다. 이른바 영웅의 일대기 구조를 근간으로 하는 '영웅소설'英雄小說 유형에 기대어 논의될 때, 「유충렬전」은 가장 영웅소설적 성격을 갖춘 작품이라고 평가받는다. 이는 「유충렬전」에 대한 최대, 최고의 평가라고 할 수 있으나, 이러한 평가의 잣대는 '영웅의 일대기'에 부합하느냐 하지 않느냐에 따른 것일 뿐이다. 여기서 개별 작품 「유충렬전」은 사라지고 없는 것이다. 하지만 「유충렬전」에 대한 개별 작품론이 발표되고 그 성과가 축적되면서 「유충렬전」은 단지 영웅소설적인 작품에 그친 것이 아니라, 적지 않은 독자적 의미를 담고 있는 특징적인 작품으로 주목받게 되었다.

단순 유형 분류의 몇 가지 방식

고전소설 전체를 유형에 따라 분류하고자 할 때에는 모두 같은 기준으로 하는 것이 가장 이상적이다. 그런데 작품들을 같은 기준에 따라 분류하려면 우선은 작품에 대한 정확한 이해가 선행되어야 하며, 또한 제시된 모든 분류 기준에 이들 작품들이 어긋남이 없어야 한다. 그러나 이러한 일들은 그렇게 간단하지도 쉽지도 않다.

물론 간단하고 쉬운 방식으로 고전소설 전반을 유형 분류하는 방법이 없는 것은 아니다. 그리 찾기 어렵지 않은 기준, 또는 눈에 보이는 기준을 가지고 고전소설을 분류하는 것이 그것이다. 필자는 이를 단순 유형 분류라고 명명할 수 있다고 보는데(윤재민의 논의에 따르면, 이를 공시적 유형 분류라고 할 수 있다) 여기에는 다음과 같은 것들이 있을 수 있다.

표기에 따른 분류: 한글소설·한문소설

조선시대의 언어 구조는, 한문이 중심이 되었지만 한글 역시 꾸준히 사용되었던 이중 언어 구조였다. 우리의 고전소설 역시 당시의 이러한 언어 구조에서 자유롭지 못했기 때문에 두 가지의 표현 수단이 공존하고 있다.

본래 한글소설과 한문소설이 향유층에서 뚜렷한 차이를 보였으리라는 것은 쉽게 추측할 수 있다(물론 한글소설이라고 해서 향유층이 모두 같다는 것은 아니다). 그러나 표기 수단에 따른 분류는 너무나 포괄적이고 막연하다. 너구나 우리나라 고선소설의 경우, 표기 수단의 변화에 따른 소설사적 흐름이 감지되지도 않는다. 즉 한문소설 → 한글소설, 한글소설 → 한문소설의 등식이 성립되지 않는다는 것이다. 또한 이러한 분류가 개별 작품에 대한 심도 있는 이해를 바탕으로 이루어지는 것도 아니다.

결국 표기 수단에 따른 분류는 고전소설 전반에 대한 커다란 카테고리를 형성해줄 수 있다는 장점을 가지고는 있지만, 앞서 제시한 유형 분류의 장점을 제대로 살리지 못할 뿐만 아니라 단점도 고스란히 가지고 있다. 따라서 이러한 분류가 이루어졌을 때에는 반드시 하위 유형 분류가 뒤따라야 할 것이다.

작품 분량에 따른 분류: 단편·중편·장편

작품 분량을 기준으로 한 고전소설의 유형 분류는 이미 우리 선조 홍희복(洪羲福(1794~1859))에 의하여 이루어진 바 있다. 지금과 같이 단편·중편·장편으로 나눈 것은 아니지만, 그의 저작인 「제일기언」第一奇諺(1835년부터 1848년까지 13년여에 걸쳐 중국인 李汝珍(1763~1830)의 소설인 「鏡花緣」을 번역한 것이다)의 서문에 보이는 다음과 같은 언급에서 분량에 대한 분명한 인식을 바탕으로 당시 유행하였던 고전소설을 분류하고 있음을 알 수 있다.

「유씨삼대록」, 「미소명행」, 「조씨삼대록」, 「충효명감록」, 「옥원재합」, 「임화정연」, 「구래공충열기」, 「곽장양문록」, 「화산선계록」, 「명행정의록」, 「옥린몽」, 「벽허담」, 「완월회맹」, 「명주보월빙」, 모든 소설이 수삼십 종에 권질이 호대하여 혹 백 권이 넘으며, 소불하少不下 슈십 권에 이르고, 그 나머지 십여 권, 수삼 권씩 되는 류가 사오십 종에 지나니, 심지어 「숙향전」, 「풍운전」의 류가 가항街巷의 천한 말과 하류下流의 낮은 글씨로 판본에 개간開刊하여 시상市上에 매매하니…. (현대어, 띄어쓰기, 한자는 필자. 이하 같음)

홍희복은 1백 권이 넘는 작품에서부터 「숙향전」이나 「장풍운전」과 같이 한 권에 지나지 않는 작품까지를 분량에 따라 분류하고 있다. 이처럼 단순히 분량만을 기준으로 삼는다면, 유형 분류는 표기 수단을 기준으로 할 때와 마찬가지로 매우 단순해진다. 물론 어느 정도를 단편·중편·장편으로 볼 것인가 하는 잣대가 먼저 마련되어야 하겠지만, 일단은 상식적인 눈으로 판단할 수 있을 것이다. 이 경우 유형 분류 자체는 어렵지 않겠지만, 표기 수단에 따른 분류가 가지고 있는 것과 같은 동일한 문제점이 지적될 수 있다. 분량을 기준으로 한다는 것이 표기 수단만큼이나 포괄적일 뿐만 아니라, 우리 고전소설사가 단편 → 중편 → 장편으로 변화된 것도 아니기 때문이다.

따라서 이 분량에 따른 분류 역시 표기 수단에 따른 분류와 마찬가지로 고전소설 전반에 걸친 유형 분류로서의 가치를 가질 뿐, 하위 유형 분류가 필요한 점은 동일하다.

이상의 두 가지 분류 기준이 작품에 드러나는 외형적인 기준이라면, 아래의 것은 단순하지만 작품 내적인 기준으로 고전소설 전반을 분류하려 할 때 생각해볼 수 있는 사항들이다.

주인공의 생애를 다루는 정도에 따라: 부분기·일대기·누대기 중심 소설

우리 고전소설 대부분은 주인공의 탄생에서부터 죽음까지를 다루고 있다. 그러나 조선 초기의 소설들은 주인공의 일생 가운데 한 부분을 대상으로 하고 있다. 이러한 것은 김시습의 『금오신화』金鰲新話를 비롯한 초기의 전기소설傳奇小說 들에서 볼 수 있다. 「만복사저포기」萬福寺樗蒲記에서 주인공 양생梁生이 겪는 사건은 그의 젊은 시절 한때였다. 그러나 그 후의 작품들은 주인공의 일대기를 다루고 있다. 김만중의 「구운몽」九雲夢에서 양소유나, 조성기의 「창선감의록」彰善感義錄에서 화진은 모두 탄생 과정에서부터 서술되고, 일생이 문제된다(「홍길동전」에서도 주인공의 일대기를 다루고 있다. 그러나 이 작품의 원전 문제는 여전히 논란이 되는 실정이다).

그리고 이후 우리의 소설사에는 주인공과 그 자손까지를 문제삼는 누대기 소설이 등장하게 된다. 주인공뿐만 아니라, 그 자손들의 활약까지 그리는 것이다.「유씨삼대록」劉氏三代錄을 비롯한 적지 않은 작품들이 여기에 속한다. 이로 보아 고전소설사가 대체로 부분기部分記 중심 → 일대기一代記 중심 → 누대기累代記 중심으로 전개되고 있다는 데 동의할 수 있을 것이다. 이러한 분류는 역시 다소 포괄적이기는 하지만, 고전소설 전반의 특징과 소설사적 흐름을 알 수 있다는 장점을 가지고 있다. 그러나 여전히 하위 유형 분류의 필요성이 제기된다.

여기서 유의해야 할 생각은, 이들이 단편·중편·장편으로 분류한 것과 큰 차이가 없을 것이라고 여기는 것, 즉 부분기 중심은 단편, 일대기 중심은 중편, 누대기 중심은 장편으로 쉽게 판단하는 것이다. 물론 이러한 판단이 크게 틀리다고는 할 수 없다. 그러나「문장풍류삼대록」文章風流三代錄은 누대기이지만 단편 분량이고,「화산기봉」華山奇逢(13권 13책)과「한조삼성기봉」漢朝三姓奇逢(14권 14책)은 일대기 중심이지만 장편으로 되어 있다. 따라서 성급한 등식화는 오류에 빠지기 쉽다.

작품의 세계관을 중심으로: 신성소설·세속소설·중간 계열

작품에 드러나고 있는 세계관을 중심으로 신성소설, 세속소설, 중간 계열로 분류할 수 있다. 사실 이러한 분류는 위에서 보인 분류에 비해 훨씬 고차원적이다. 이러한 분류는 매우 단순해 보이지만, 작품에 대한 철저한 인식과 분석 없이는 쉽사리 할 수 없는 것이기 때문이다.

고전소설을 크게 신성神聖소설과 세속소설로 분류한 연구자는 이상택이다. 그의 소론에 따르면, 신성소설은 천상적 섭리攝理에 따르는 구조적 원리성을 바탕으로 하면서 그 위에 작가의 의도가 분식粉飾된 작품이며, 세속소설은 신성소설에서와 같은 구조적 원형성을 파괴하면서 새로 등장하는 민중 사회의 발랄한 생기와 개아적個我的인 고뇌나 갈등을 추적해간, 실로 인간 중심의 문학이라는 것이다. 쉽게 요약하자면, 천상의 원리나 지배에 따라 작품이 전개되는 '영웅소설' 계열의 작품은 신성소설이고, 종교적인 신이성이 제거되면서 물질적·현실적인 가치관 및 사회 현상이 중심이 되는 「춘향전」·「흥부전」을 비롯한 '박지원 작품'이 세속소설이다. 그리고 두 계열의 특징이 두루 나타나는 경우가 중간 계열이라고 할 수 있는데, 「낙천등운」落泉登雲을 예로 들 수 있다. 여기에는 이미 하위 유형 분류가 어느 정도 전제되어 있다. 이는 세속소설 속에 '판소리계 소설'과 '박지원의 작품'이 함께 자리하고 있다는 것에서 알 수 있다.

이상택도 자신의 이러한 제기가 고전소설의 유형 분류를 위한 기초 작업으로 이루어지고 있음을 밝히고 있다. 이러한 분류는 신성성神聖性과 세속성世俗性이라는 대립적인 두 문화 개념을 염두에 두고 있다. 사실 신성성과 세속성은 세계 문학에서도 문제되는 부분이다. 따라서 이 기준은 고전소설과 세계 문학의 유기적인 관련 아래 상호 조응照應하면서 연구할 수 있는 단서를 제공한다. 다만 그 후 다른 연구자에 의해서 계속 이어지는 성과가 없는 것이 아쉽다.

이 밖에도 문체에 따른 분류(구어체 소설, 문어체 소설 또는 문장체 소설, 판소리체 소설) 등이 있을 수 있다.

이상의 분류가 고전소설 전반에 걸친 유형 분류에는 유용한 면이 적지 않지만, 매우 포괄적이면서 일원적인 것임에는 틀림이 없다. 또한 분류의 기준이 계속 확대될 수 있는 여지가 있다. 1,000여 종 이상 되는 고전소설을 이런 방식으로 분류하였을 때, 우리는 고전소설의 실상을 좀더 미시적으로 이해하는 데에는 방해를 받는 것도 사실이다.

유형 분류와 역사적 장르종種

앞에서 살핀 유형 분류가 가지고 있는 문제점을 고려할 때, 좀더 세분화되고 미시적인 유형 분류를 여기에서 모색해볼 필요가 있다. 중요하게 인정될 수 있는 것이 역사적 장르종들이다. 물론 하나의 역사적 장르종으로 인정받았던 작품도, 연구가 심화되거나 진척됨에 따라 다른 역사적 장르종으로 그 귀속을 바꾸게 될 수도 있다. 또한 적지 않은 작품들의 독자성이 인정되면서 새로운 역사적 장르종으로 존재할 수도 있다. 예를 들어 윤재민은 최근의 유형 연구에서「몽유록」을 '전기소설'傳奇小說에, 적지 않은 작품들을 '기타'其他에 소속시키고 있다. 이는 작품에 대한 장르 귀속 문제가 쉽지 않다는 사실을 반증하는 것이다. 이처럼 역사적 장르종의 문제는 유형 분류에서 매우 유용하면서도 여전히 난점이 있는 것이 사실이다.

현재 연구자들이 규정한 고전소설의 역사적 장르종들이 있는데, 이는 고전소설의 한 작품을 읽은 다음 그 소설과 비슷한 작품들을 찾아내어 유형화하고 역사적인 의미를 찾고자 한 노력의 결과물이다. 이들은 대체로 일정한 시대, 일정한 작가군, 동일한 세계관과 지향을 기준으로 다른 유형과 변별된다. 이제 이들 몇몇에 대하여 살펴보자.

전기소설傳奇小說

전기소설은 김시습의『금오신화』를 비롯한 일군의 작품들을 지칭한다. 연구자에 따라서는『대동운부군옥』大東韻府群玉에 수록되어 있는『수이전』殊異傳의 일문인「최치원」崔致遠을 효시로 보기도 하고, 고려시대『삼국유사』에 실려 있는「조신몽」調信夢,「백월산양성성도기」白月山兩聖成道記 등을 전기소설로 간주하기도 한다. 논의의 방향이야 어쨌든, 전기소설이 우리 고전소설사의 맨 앞에 놓인다는 인식에는 차이가 없다.

전기소설은 우리나라 고전소설사의 시발점에 위치하고 있기 때문에 설화와의 변별성이 무엇인지가 논란이 된다. 전기소설은 인물과 환경이 구체적으로 묘사되고 서술되며, 시간의 본질이 성장과 변화·형성으로 표상될 뿐만 아니라, 내면적이고 고독한 인간상을 주인공의 미적 특질로 삼으면서 뚜렷한 목적의식을 가지고 창작되었다는 점에서 설화와 차이가 있다. 이때 문체의 차이는 더욱 두드러진다.

이들 작품은 '기이한 것을 전한다'는 뜻을 가진 '傳奇'라는 명칭에서 알 수 있듯이, 다소 비현실적이고 환상적인 내용으로 이루어진 것이 사실이다. 「만복사저포기」·「이생규장전」李生窺墻傳·「취유부벽정기」醉遊浮碧亭記에서 보이는 '귀신과의 만남', 「남염부주지」南炎浮洲志와 「용궁부연록」龍宮赴宴錄에서 드러나는 '다른 공간(세계)으로의 여행' 등이 예가 될 수 있다. 이런 이유로 '비현실성', '환상성' 등을 전기소설의 특질로 지적하기도 한다. 그러나 이러한 환상성과 비현실성은 임진왜란 이후 소설사에 등장하는 「주생전」周生傳·「최척전」崔陟傳·「위경천전」韋敬天傳에서는 찾아보기가 쉽지 않다. 이들 작품에서는 오히려 진지한 현실 반영의 모습이 나타난다. 따라서 '비현실성'과 '환상성'은 전기소설의 장르적 지표가 되기에는 문제가 없지 않다.

전기소설의 장르적 지표로는, 문체 및 서정과 서사의 결합 방식을 들 수 있다. 전기소설의 문체는 분위기를 중시하는 감각적이고 화려한 문어체의 한문으로, 종종 서정적 경사를 보여주며 시적 응결과 압축미를 드러내기도 한다. 전기소설은 문식文飾을 중시한다. 또한 서사를 축으로 하면서도 적지 않은 한시漢詩가 중요한 요소로 등장한다. 전기소설은 서정과 서사의 결합과 그에 따라 작품이 전개된다는 특징을 갖는 것이다. 이러한 지표 속에서 전기소설은 주인공의 욕망을 만남이라는 형식을 통하여 형상적으로 표현한다는 공통점을 가진다.

앞에서 약간 언급되기는 하였지만, 임진왜란 이후에 등장한 전기소설들은 기존의 전기소설이 보여주었던 양상과는 사뭇 다른 모습을 보여준다. 「주생전」은 애정의 삼각관계를 보여주면서, 자신의 욕망 성취를 위하여 상대 여성을 바꾸는 새로운 인간형의 주인공을 내세우고 있다. 「최척전」은 중국·일본·안남安南(베트남) 등으로 공간적 배경이 확대되는가 하면, 주인공뿐만 아니라 주변 인물에 대해서도 관심을 기울이고 있어서, 새로운 영역과 가능성을 개척한 작품으로 평가된다. 또한 「운영전」에서는 '특'이라 하는 적대적 인물의 등장이 눈에 띄며, 또한 몽유록적인 특징을 보이기도 한다.

이 작품들은 모두 기존의 전기소설과는 달리 분량이 적지 않으며, 서사적 편폭篇幅이 확대되고 소재가 확장되었다. 이는 전기소설이 새로운 변화를 보인 결과이면서, 동시에 우리 소설사가 점차 전기소설에서 이탈하는 움직임을 보여준 것이라고 할 수 있다.

몽유록夢遊錄

몽유록 유형은 '꿈 속에서 노닌다'는 의미의 몽유夢遊에서 알 수 있듯이, 주인공(夢遊者라고도 한다)이 꿈을 꾸는 동안 일어난 사건을 기록한 일군의 작품을 가리킨다. 연구자에 따라서는 교술 장르로 보기도 한다.

몽유록에서는 꿈에 빠져드는 입몽入夢과 꿈에서 깨어나는 각몽覺夢이 매우 특징적인 화소話素로 존재한다. 이 유형은 꿈 속의 사건을 기록하였다는 점에서 이른바 「구운몽」·「옥루몽」玉樓夢 등의 '몽자류'夢字類 작품과 대비되기도 한다. 이 둘 사이에는 몇 가지 차이가 있지만 우선 눈에 띄는 것은, 몽유록이 주인공 일생의 한 부분을 다루고 있는 반면 몽자류는 주인공 일생을 다 다루고 있다는 점이다. 이로 말미암아 작품의 구성이나 분량도 차이가 많이 난다.

몽유록이라는 명칭은 여기에 속하는 작품들 가운데 상당수가 이 용어를 제목으로 하고 있다는 공통점에 바탕을 두고 있다. 그런데 이들 작품은 제명에서의 공통점 외에 구조적으로도 거의 유사하다. 작품 사이에 약간의 차이는 있을 수 있지만, 이들 작품들은 대체로 다음과 같은 서술 구조로 되어 있다.

(1) 입몽入夢
(2) 인도引導 및 좌정坐定
(3) 토론討論
(4) 토론의 진정, 혹은 잔치의 배설排設
(5) 시연詩宴
(6) 시연의 정리
(7) 각몽覺夢

물론 모든 작품이 이러한 서술 구조를 가지고 있는 것은 아니지만, 이러한 서술 구조가 몽유록을 유형화하는 데 기준이 될 수도 있다. 참고로 제시하면 다음과 같다.

(1) 토론과 시연 중심의 몽유록의 서술 구조를 완전히 갖춘 유형
  -「원생몽유록」元生夢遊錄,「금생이문록」琴生異聞錄,「달천몽유록」達川夢遊錄
(2) 토론이 강조되어 시연이 약화됨으로써 몽유록의 서술 구조가 깨진 유형
  -「피생명몽록」皮生冥夢錄,「강도몽유록」江都夢遊錄,「몽결초한송」夢決楚漢訟,「사수몽유록」泗水夢遊錄,「금화사몽유록」金華寺夢遊錄
(3) 토론과 시연이 중심이 되나, 서술 방식이 예외적인 유형

- 「대관재몽유록」大觀齋夢遊錄, 「안빙몽유록」安憑夢遊錄

이러한 분류는 서술 구조를 바탕으로 토론과 시연에 중심을 둔 것이다. 그러나 꿈 속에서 보이는 주인공의 태도에 따라 주인공형(「대관재몽유록」), 참여자형(「원생몽유록」), 방관자형(「금화사몽유록」)으로, 내용에 중심을 두고 이념제시형(「대관재몽유록」)과 현실비판형(「원생몽유록」)으로 또는 이상형(「대관재몽유록」), 우의寓意형(「금화사몽유록」), 비분형(「원생몽유록」), 비판형(「강도몽유록」)으로 유형 분류를 할 수 있다.

이들 작품 가운데, 「원생몽유록」은 아직까지 작가가 임제林悌냐 원호元昊냐의 문제로 인하여 논란의 한가운데에 놓여 있다. 「금화사몽유록」은 1840년에 김제성金濟性에 의하여 「왕회전」王會傳으로 개작되기도 한다. 이는 조선 후기의 소설 환경과 청나라에 대한 지식인의 의식 변화에 따른 변개로 볼 수 있다. 또한 「왕회전」의 서문에는, 지금까지 창작 시기가 분명하지 않은 것으로 알려진 「금화사몽유록」이 1639년에 창작되었다고 기록되어 있다.

몽유록은 15세기를 기점으로 문학사에 등장한 이래, 정치 상황의 변화와 임·병 양란으로 달라진 현실에 대한 사대부 세력의 철저한 인식 등이 바탕이 되어 당대의 정치적·사회적 상황을 비판적 방향에서 검증해온 역사적 장르이다. 그 후 몽유록은 애국 계몽기에 이르기까지 꾸준하게 창작되었다.

영웅군담소설 英雄軍談小說

조선 후기에, 훌륭한 가문의 늙은 부부[中老夫婦]에게서 고귀한 혈통을 가지고 태어난 후, 현실에서 고난에 처하지만 결국 전쟁에서의 활약을 통하여 모든 난관을 극복하고 승리하는 주인공의 일대기를 그린 작품들이 많이 산출되었다. 이 작품들은 당시 사람들에게 꽤나 인기가 있었던 듯하다. 현존하는 작품 수도 만만치 않을 뿐만 아니라, 각 작품마다 가지고 있는 이본異本의 양도 대단하다는 사실에서 이를 알 수 있다. 이로 인하여 현존하는 고전소설 가운데 이들 유형의 작품들이 상업성과 밀접한 관계에 있다는 사실이 인정되고 있다.

현재 이러한 일군의 작품들은 연구자들에 의하여 영웅소설 또는 군담소설로 지칭되고 있다. 그런데 분명히 유념해야 할 점은 두 명칭이 의미하는 바가 각각 다르다는 사실이다. 영웅소설은 이른바 '영웅의 일대기' 구조에 바탕을 둔 용어이다. 반면에 군담소설은 작품의 소재인 '전쟁'을 염두에 둔 것이다.

'영웅의 일대기'에서는 특별히 '전쟁'에 관심을 기울이지는 않으며, '고난 극복 여부'가 훨씬 중요하게 작용한다. 그 결과 「숙향전」·「춘향전」 등도 영웅소설의 범주에 들게 된다. 이럴 경우, 심각하게 의문이 제기될 수 있는 것이 '영웅'의 성격이다. 영웅은 집단의 가치를 우선하여 실현하는 인물을 가리킨다. 그렇다면 개인의 행복을 추구하는 숙향이나 춘향과 같은 주인공을 영웅이라고 하기에는 다소 무리가 따른다고 볼 수 있다.

한편 작품의 소재인 '전쟁'의 존재 여부로 이름 붙인 군담소설 역시 작품의 외연이 상당히 넓어질 수 있는 위험이 있다. 예를 들어 대장편소설에서도 전쟁은 가문의 문제와 관련하여 매우 중요한 소재로 등장하곤 한다. 이 경우, 이들 작품도 군담소설로 분류할 수 있는지 의문이다. 이를 극복하기 위하여 서대석은 군담소설이라는 용어를 쓰면서도, 각 작품의 순차 구조에 바탕을 두고 유형 분류를 시도하고 있다. 그 결과 현재 학계에서는 '군담소설'이라고 하면 영웅소설 가운데 전쟁을 소재로 하는 작품까지를 포함하는 용어라는 사실에 암묵적으로 동의하고 있다고도 할 수 있다.

이렇게 볼 때, 현재 사용되고 있는 영웅소설과 군담소설은 대체로 작품을 공유하면서도, 서로 자기 영역에만 해당하는 각각의 작품들을 가지고 있음을 알 수 있다. 연구자의 입론을 따를 때, 「유충렬전」은 영웅소설이면서 군담소설일 수 있지만, 「춘향전」은 영웅소설일지는 몰라도 군담소설일 수는 없다. 그렇다면 이제 이 둘을 같이 고려할 수 있는 길을 모색해볼 필요가 있다. 즉, 영웅의 일대기 구조로 되어 있으면서 동시에 고난 극복의 수단으로 전쟁이 등장하는, 즉 영웅소설과 군담소설이 공유하는 작품군을 영웅군담소설이라고 할 수 있을 것이다.

영웅군담소설과 관련된 최고最古의 기록은 1794년 대마도 역관 오다 이쿠고로山田幾五郎가 우리나라의 소설 목록을 적은 「상서기문」象胥紀聞에 보인다. 여기에는 「장풍운전」張風雲傳, 「구운몽」, 「최현전」崔賢傳, 「장박전」張朴傳(張伯傳), 「임장군충렬전」林將軍忠烈傳, 「소대성전」蘇大成傳, 「소운전」蘇雲傳, 「최충전」崔忠傳, 「사씨전」泗氏傳(謝氏南征記), 「숙향전」淑香傳, 「옥교리」玉嬌梨, 「이백경전」李白慶傳, 「삼국지」 등 비교적 다양한 유형의 작품들이 열거되어 있다. 이 가운데 「장풍운전」, 「장박전」(「장백전」), 「소대성전」, 「최현전」이 영웅군담소설이다.

영웅군담소설의 정확한 출현 시기를 점칠 수는 없다. 그러나 「사씨남정기」·「구운몽」을 비롯한 대장편소설들이 17세기 말에서 18세기 초에 이미 존재하고 있었고, 18세기에 들어서면서 영웅군담소설과 같은 상업적 성격이 짙은 소설이 향유될 만한 기반이 활발하게 마련되었다는 정황을 알려주는 기록들이 있다. 이들이 대체로 18세기 말, 19세기 초에 나타나고 있다는 점, 그리고 영웅군담소설에 일정 부분 영향을 준 것으로 알려진 중국 소설 「설인귀정동」薛仁貴征東이 1736년에 출간되었다는 사실을 토대로 할 때, 영웅군담소설은 18세기 중반에 가서야 출현하였을 것으로 추정된다.

영웅군담소설은 주인공의 변화에 주목할 필요가 있다. 영웅군담소설에서 주인공의 변화는 크게 다음의 경우로 나눌 수 있다.

(1) 남성 주인공이 투쟁의 주체로 활약하는 반면, 여성 주인공의 역할은 거의 드러나지 않는 유형
(2) 남성 주인공이 투쟁의 주체로 활약하지만, 여성 주인공도 보조적인 역할을 하는 유형
(3) 여성 주인공이 투쟁의 주체로 등장하면서 남성 주인공과 동등하게 활약하거나, 남성 주인공을 압도하는 유형

(1)의 유형에는 「소대성전」・「유충렬전」・「조웅전」趙雄傳 등 영웅군담소설의 대표작이라고 할 수 있는 작품들이 포함된다. (2)의 유형에는 「권익중전」權益重傳・「유문성전」柳文成傳 등이 포함되며, (3)의 유형에는 「이대봉전」李大鳳傳을 비롯하여 「정수정전」鄭秀貞傳・「홍계월전」洪桂月傳과 같은 이른바 여성영웅군담소설의 작품들이 포함된다.

이들은 대체로 (1)에서 (3)의 방향으로 전개된 것으로 추정된다. 처음에 남성 중심의 영웅 군담이 등장하고, 이어서 점차 여성이 조금 활약하는 내용을 담았다가, 이것이 인기를 끌자 활약의 정도를 확대해나가다가 결국은 남성을 압도하는 모습으로 형상화하는 데에까지 이르렀다고 보는 것이 타당할 것이다. 여성영웅군담소설이 '음조영웅형'陰助英雄型 → '일시남복영웅형'一時男服英雄型 → '남장영웅형'男裝英雄型 → '남성지배영웅형'男性支配英雄型의 단계로 나아갔을 것으로 추정하는 논의도 이와 궤를 같이한다.

영웅군담소설에서 주목할 것은 주인공이 신이한 혈통을 가지고 태

어난다는 점이다. 영웅들의 혈통이 신이하다는 사실은 우리나라 건국 신화에서부터 확인된다. 영웅군담소설에서 주인공에게 신이한 혈통을 부여하는 장치는 '대대 명문거족의 배경'보다는 '태몽'胎夢이다.

영웅군담소설의 태몽은 대체로 다음의 경우에서 크게 다르지 않다.

> 비몽사몽간에 홍의동자 남천으로부터 침실에 완연히 들어와 부인을 향하여 재배하여 왈 "소자는 천상 익성으로 득죄하여 옥황상제께옵서 진세로 방출하심에 소행무처라 갈 바를 알지 못하여 두루 서성이다가 마침 남악산 신령이 귀택으로 지도하기로 이에 왔사오니 복원부인은 어여삐 여기사 용납하심을 바라나이다" 하며 품속으로 들거늘 놀라 깨어보니 일장춘몽이라.
>
> ―「장익성전」張翼星傳

이러한 태몽은 "나는 ○○인데 상제의 내침으로 갈 바를 모르다가 △△의 지시를 받고 왔다"로 요약할 수 있는데, 이것은 주인공이 천상의 존재임을 밝히는 데 매우 유용한 방식이다. 이러한 태몽이 작품 서두에 존재함으로써 독자들은 주인공이 결국 큰일을 해낼 것이라는 기대를 가지게 되며, 영웅군담소설은 독자들의 이러한 기대를 결코 저버리지 않는다. 주인공이 죽을 고비에 처할 정도의 심각한 고난을 극복하고 전쟁에서의 활약을 통하여 다시 세상에 우뚝 설 수 있었던 바탕에는, 태몽을 매개로 하여 확인된 신이한 혈통이 있었던 것이다.

대장편소설 大長篇小說

대장편소설은 조선 후기에 본격적으로 창작되기 시작한, 분량이 매우 긴 작품들을 가리킨다. 정병욱이 '낙선재본樂善齋本 소설'을 발견한 이래 주목을 받은 이들 작품군은 연구자에 따라 '가문소설', '연작형 소설', '장편대하소설', '장편소설' 등으로 불리고 있다.

이들 대장편소설작품군에 대해서는 먼저 국적 문제가 논란이 되었다. 과연 이 정도로 엄청난 분량의 작품들이 우리 소설사에서 가능했을 것인가에 대한 의문이 드는 것은 자연스러운 현상으로 보인다. 비교적 초창기의 연구자들은 작품 속에 드러나고 있는 풍속, 고사, 속담, 설화, 관제 등을 전거로 하여 자신들이 다루려는 작품이 우리 작품임을 밝히고자 하였다.

그러나 대장편소설의 번역, 번안설도 끊임없이 제기되었다. 번역, 번안설을 주장하는 사람은 연구자들이 국내창작설의 전거로 제시한 사항들에 대하여 "이러한 것은 번안가는 물론 번역가에 의해서 자의대로 첨가될 수 있으리라는 추측을 할 수 있다"라며 조심스러운 반론을 제기하고 있다.

대장편소설의 국적 문제는 홍희복洪羲福(1794~1859)이 중국 소설「경화연」鏡花緣을 번역한 「제일기언」第一奇諺 서문이 정규복에 의해 발굴·소개되면서 어느 정도 해결된다. 다만 대장편이기는 하지만 「무목왕정충록」武穆王精忠錄, 「재생연전」再生緣傳 등은 중국 소설의 번역이다. 결국 대장편소설은 대개 우리의 작품이지만, 그 가운데 일부는 번역 또는 번안 작품일 수도 있다고 요약할 수 있다.

대장편소설의 발생 시기는 옥소玉所 권섭權燮의 어머니 용인 이씨(1652~1712)가 대소설 「소현성록」蘇賢聖錄을 필사하였다는 기록이 발견됨으로써 윤곽이 드러나기 시작하였다. 물론 이를 바탕으로 이미 17세기 초에 이들 작품이 향유되었을 것으로 추정하기도 한다. 그러나 대장편소설을 필사하려면 시간적 여유가 없이는 불가능했으리라는 점을 고려할 때, 「소현성록」은 용인 이씨가 말년에 필사한 것으로 보는 것이 적절할 것이다. 그리고 우리의 소설사의 흐름으로 볼 때, 이와 같은 대장편소설은 어느 정도 국문 소설 창작의 바탕 위에서 이루어졌을 것으로 판단된다. 17세기 중반 이후 우리 소설사에는 「한강현전」韓康賢傳을 비롯하여 「사씨남정기」, 「창선감의록」, 「구운몽」 등의 작품이 출현한다. 그렇다면, 대장편소설의 발생은 빨라야 17세기 말에서 18세기 초로 추정할 수 있다.

대장편소설의 발생 배경에 대해서는 연구자들에 따라 견해가 다양하다. "가난한 시골 선비의 생계 수단"이었다거나, "사회사적으로는 당시에 있었던 가문의식의 팽창, 문학사적으로는 가문의식의 팽창에 따른 개인 문집의 활발한 발간과 가전家傳의 창작, 사상사적으로는 「소학」과 「여훈」女訓 교육서가 대량 생산된 당시의 유교 재건 교육을 배경으로, 일기 → 행장 → 가전 → 가문소설로 발전적 전개"를 보였다고도 하였다.

한편 "소설의 범람에 따른 위기의식 속에서 조선조 윤리의 대강인 충효忠孝라는 지도이념을 부각시키는 쪽으로 유도한 결과"라는 논의와 "소설 담당층의 확대에 따른 상업성"에 따른 것이라는 상반된 견해도 있다. 이와는 달리, "「사씨남정기」와 「창선감의록」과의 관련성과 함께 고전소설에 내재된 장편화 가능성과 당대 국문 문학 양식의 장편화 경향" 등을 들면서 고전소설사의 흐름과 당대 문학 향유의 분위기에서 발생 배경을 찾기도 하였다.

이들 작품의 작가들은 「소현성록」을 대소설大小說(이런 용어는 「명행정의록」 권6에서도 찾아볼 수 있다. '其餘 기이한 治獄은 大小說의 다 자세히 베풀지 아님은'. 또는 大說이라고도 한다)로 지칭한 권섭의 기록에서도 엿볼 수 있지만, 일단 자신의 작품이 일반 소설과는 다르다는 인식을 하고 있었던 것으로 보인다.

내 또 들으니 시서를 싫어하고 매양 소설을 좋아 보며 언언이 벼슬과 미녀를 일컬어 상래의 봉구황을 끊을 적이 없으니 이것이 또한 가하냐.

대장편소설 「성현공숙열기」에서 부정적 인물인 유린에 대해 "매양 소설을 좋아 보며"라고 질책하는 대목이다. 작가 자신이 바로 대장편소설을 쓰고 있으면서도 소설에 대해 이렇게 비판하는 것은, 자신의 소설이 일반 소설과 매우 다르다는 인식이 없이는 불가능하다. 이런 이유 때문인지 이 소설들은 당시의 수신서修身書 역할을 하기도 한다.

소현성록 보노라니 화씨 석씨 절행이라
열녀전을 들고 보니 반첩여班婕妤도 날과 같다.

위 가사에서는 「소현성록」과 「열녀전」을 동일시하고 있다. 「소현성록」의 화씨와 석씨는 온갖 고초 속에서도 부도婦道를 잃지 않고 의연하게 대처하는 인물이다. 사실 「소현성록」에서는 「열녀전」이나 「계녀서」대로 사는 여인과 그렇지 않은 여인의 대조적인 삶을 배치하고, 전자의 행복한 결말과 후자의 비극적인 결말을 대조시키고 있다. 「소현성록」은 독자들에게 「열녀전」이나 「계녀서」대로 사는 삶이 지극히 당연하고 옳다는 의식을 가지게 한 것이다. 이렇게 「소현성록」은 흥미와 교훈을 함께하는 교육서로서 「열녀전」과 동일한 역할을 수행하였다. 「유효공선행록」에서 주인공 유연이 '절대적인 효의 실천'을 강조한 것도 같은 맥락에서 이해할 수 있다.

대장편소설은 대체로 다음과 같은 특징을 갖는다.
첫째, 작품의 분량이 만만치 않다. 180권 180책의 작품(「완월회맹연」)도 있다.

둘째, 이 작품들은 「유효공선행록」→「유씨삼대록」, 「성현공숙열기」→「임씨삼대록」, 「쌍천기봉」→「이씨세대록」, 「보은기우록」→「명행정의록」, 「천수석」→「화산선계록」, 「명주보월빙」→「윤하정삼문취록」 등과 같이 전·속편의 연작 형태로 존재하는 경우가 많다. 이때 전·속편 작가의 동일성 여부는 논란이 되고 있다.

셋째, 대체로 가문의 융성함을 주제로 하기도 하지만, 영웅의 일대기를 그린 작품(「화산기봉」)도 있고, 국가 재건과 함께 남녀의 애정 문제를 진지하게 다룬 작품도 있다(「옥환기봉」). 이처럼 분량만큼이나 주제 면에서도 다양성을 가지고 있는 것이다.

넷째, 파생작 등의 다양한 방계 작품이 생겨났다. 「소현성록」의 일부 내용을 차용하여 전혀 새로운 작품으로 창작된 「영이록」靈異錄, 「옥환기봉」의 인물을 그대로 수용하면서도 내용을 완전히 뒤집은 「한조삼성기봉」 등이 그것이다.

다섯째, 대체로 작품 말미에 상층 인물을 작가로 설정하는 후기가 보인다. 물론 허구적인 인물인 경우가 대부분이지만, 이들 작품의 작가층을 상층부로 추정하는 근거가 되기도 한다.

판소리계 소설

판소리계 소설은 조선 후기의 흥행 예술이었던 판소리가 문자로 정착된 일군의 작품을 지칭한다. 본래 판소리 12마당은 「춘향가」·「적벽가」를 위시한 전승 5가를 비롯하여, 신재효에 의하여 사설이 전하고 있는 「변강쇠가」(일명 가루지기타령 또는 횡부가)와, 「배비장타령」·「옹고집타령」·「매화타령」·「무숙이타령」(일명 왈자타령)·「장끼타령」·「가짜신선타령」(정노식은 「숙영낭자전」을 포함시켰다)이다. 이들이 판소리로 연행되지 않고 사설로 정착된 것이 판소리계 소설이다. 최근에는 「무숙이타령」과

「매화타령」의 사설이 발견되었다.

　이들 작품들은 대체로 '(설화) → 판소리 → 소설'의 방향으로 진행되었지만, 「화용도」는 '소설 → 판소리 → 소설'로, 「숙영낭자전」은 '소설 → 판소리'로 되었다(연구자에 따라서는 「배비장전」을 포함시킨다).

　판소리가 소설화될 수 있었던 것은 두 양식이 가지고 있는 친연성 때문이다. 판소리가 음악적·연극적 요소가 있는 것은 사실이지만, 전체를 감싸고 있는 것은 서사敍事이다. 즉, 사설로만 읽으면 판소리는 그 하나로 완전히 독립된 서사 세계를 갖는 것이다. 이 점은 소설과 마찬가지지만, 문체나 어휘의 기법 면에서는 적지 않은 차이를 보인다. 판소리계 소설에서는 율문적 성격과 현장감을 살리는 직접 화법의 대화 형식, 전라도 사투리, 장면의 극대화 등을 쉽게 찾아볼 수 있다. 이는 판소리가 소설에 투영되면서 기존의 소설에서는 볼 수 없었던 판소리 기법이 새롭게 이루어낸 성과이다.

　판소리계 소설은 현재 두 가지의 형태로 나눌 수 있다. 하나는 지금도 판소리로 연행되면서 판소리계 소설로 존재하는 경우이고(전송 5가와 그 소설), 다른 하나는 판소리로서의 생명을 잃고 판소리계 소설로만 존재하는 경우이다.

　전자의 경우는 판소리의 인기에 힘입어 판소리계 소설도 생명력을 가지게 된 것으로 보인다. 이 소설들이 매우 다양한 이본을 가지고 있는 것도 이와 무관하지 않을 것이다. 물론 소설의 상업화와 밀접한 관련이 있음을 부정하는 것은 아니다. 그러나 소설의 상업화 역시 인기와 직접적인 상관 관계에 있는 것이다. 또한 연행 예술인 판소리는 일정한 공간과 시간 속에서 제한적으로 이루어질 수밖에 없으나, 독서물인 소설은 시공의 제한에서 자유롭다. 당시 독자들은 소설을 통해 판소리를 간접 체험하고자 한 것으로 보인다. 판소리계 소설 가운데서도 판소리의 영향을 대폭 수용한 작품(완판 84장본 「열녀춘향수절가」, 완판 71장본 「심청전」)이 대중적으로 호응을 얻고 있다는 사실이 이를 증명한다.

후자의 경우는 판소리의 인기가 시듦에 따라 사설로만 남게 된 것이다. 이들이 소리를 잃게 된 이유는 여러 가지가 있을 수 있지만, 대체로 성격적 결함을 가진 개인을 주인공으로 하고 있고, 그에 따라 미학적 기반이 골계미에 편향되어 있다는 점, 그리고 독자적인 사설의 개발이 이루어지지 않았다는 점 등을 들 수 있다. 이들은 소설로 정착되면서 나름대로 생명력을 가지게 되는데, 「옹고집전」이나 「장끼전」은 10여 종 이상의 이본을 가질 정도로 인기를 끌기도 하였다.

이 외에도 전(傳)이 소설화된 전계 소설(「강로전」·「남궁선생전」 등), 의인화 수법으로 동물을 주인공 삼아 인간세상을 그린 우화소설(「두껍전」·「서대주전」 등), 가정에서 일어나는 구성원 사이의 모순과 갈등을 다룬 가정소설(「사씨남정기」·「장화홍련전」 등), 현실의 이상적인 삶을 꿈을 통하여 펼쳐내는 몽자류 소설(「구운몽」·「옥루몽」 등), 송사(訟事) 사건의 발생과 해결이 소설작품의 발단과 결말에 대응되는 구조로 전개되는 송사소설(「서대주전」·「장화홍련전」 등) 등의 다양한 역사적 장르종이 있다. 우리는 이상의 예에서도 연구자의 기준에 따라 동일한 작품이 다른 역사적 장르종에 속하게 되는 경우를 찾을 수 있다.

● 임치균

| 참고 문헌 |

서대석, 「몽유록의 장르적 성격과 문학사적 의의」, 『한국학논집』 3, 1975.
조동일, 『한국소설의 이론』, 지식산업사, 1976.
정학성, 「몽유록의 역사의식과 유형적 특질」, 『관악어문연구』 2, 1977.
차용주, 『몽유록계 구조의 분석적 연구』, 창학사, 1979.
이상택, 『한국 고전소설의 탐구』, 중앙출판, 1981.
서대석, 『군담소설의 구조와 배경』, 이화여대출판부, 1985.
임치균, 「영웅소설 연구 –탄생과 투쟁을 중심으로」, 서울대 석사논문, 1985.
임동철, 「판소리계 소설의 형성과 전개 양상 연구」, 청주대 박사논문, 1990.
이수봉, 『한국 가문소설 연구』, 경인문화사, 1992.
최길용, 『조선조 연작소설 연구』, 아세아문화사, 1992.
김헌선, 「강릉매화타령 발견의 의의」, 『국어국문학』 109, 1993.
신재홍, 『한국 몽유소설 연구』, 계명문화사, 1994.
전용문, 「여성영웅소설의 문학사적 위치」, 『한국 서사문학사의 연구』, 중앙문화사, 1995.
김종철, 『판소리의 정서와 미학』, 역사비평사, 1996.
임치균, 『조선조 대장편소설 연구』, 태학사, 1996.
박희병, 『한국 전기소설의 미학』, 돌베개, 1997.
이헌홍, 『한국 송사소설 연구』, 삼지원, 1997.
전성운, 「장편 국문소설의 변모와 영웅소설의 형성」, 고려대 박사논문, 2000.
임치균, 「왕회전 연구」, 『한국 고소설의 자료와 해석』, 아세아문화사, 2001.
정규복·박재연 교주, 『제일기언』, 국학자료원, 2001.
윤재민, 「한국 한문소설의 유형론」, 『민족문화연구』 35, 2002.

4
한국 고전소설의 작자

조선시대에는 소설을 창작하거나 읽는 것이 부정적으로 인식되는 경향이 있었다. 소설을 창작하는 행위가 사회적으로 떳떳이 내세울 만한 일이 되지 못했던 것이다. 많은 작자들이 스스로를 작자로서 드러낸 경우가 거의 없는 것도 그 때문이다. 지금 알려져 있는 작자들의 대부분은 다른 사람들의 기록에 의해 밝혀진 경우이다.

이러한 실정에서 한국 고전소설의 작자 연구 및 소설사 고찰 작업은 어려울 수밖에 없다. 그렇다고 하여 작자와 관련된 연구를 멈출 수는 없다. 앞으로 작자를 밝힐 수 있는 실증적實證的 자료를 지속적으로 발굴해야 한다. 이와 아울러 독자에 대한 연구도 진행되어야 한다. 독자는 작품의 수동적 수용자에 그치지 않고 능동적 참여자로 존재하기도 하기 때문이다. 특히 고전소설의 독자는 필사 과정에서 이본을 파생시키기도 하므로 이런 경우에는 사실상 제2의 작자라고 할 수 있다.

이러한 점을 고려하여 여기에서는 이미 밝혀진 고전소설 작자들에 대해 살펴보고, 다음으로 고전소설의 하위 장르 혹은 하위 유형에 맞추어 주요 작자를 신분 계층별, 성별로 나누어 살펴보기로 한다.

■ 밝혀진 작자들

현재까지 알려진 고전소설의 작자와 현전하는 작품을 제시하면 다음과 같다.

김시습(1435~1493): 『금오신화』
채　수(1449~1515): 「설공찬전」
심　의(1475~　?　): 「대관재몽유록」
신광한(1484~1555): 『기재기이』
임　제(1549~1587): 「화사」, 「수성지」, 「원생몽유록」
조위한(1567~1649): 「최척전」
최　현(1563~1640): 「금생이문록」
권　필(1569~1612): 「주생전」
허　균(1569~1618): 「홍길동전」
윤계선(1577~1604): 「달천몽유록」
권　칙(1599~1667): 「안여식전」, 「강로전」
정태제(1612~1669): 「천군연의」
김만중(1637~1692): 「구운몽」, 「사씨남정기」
조성기(1638~1689): 「창선감의록」
홍세태(1653~1725): 「김영철전」

이정작(1678~1758) : 「옥린몽」
박지원(1737~1805) : 「허생전」, 「호질」, 「양반전」, 「마장전」, 「예덕선생전」 등
김소행(1765~1859) : 「삼한습유」
목태림(1782~1840) : 「종옥전」, 「춘향신설」
심능숙(1782~1840) : 「옥수기」
정기화(1786~1827) : 「천군본기」
서유영(1801~1874?) : 「육미당기」
남영로(1810~1857) : 「옥련몽」, 「옥루몽」
박태석(1835~ ?) : 「한당유사」
정태운(1849~1909) : 「난학몽」

또한 한문 단편 작자로서 이옥(1760~1812), 김려(1675~1728), 안석경(1718~1774) 등이 있으며, 이 밖에 「일락정기」를 지은 '만와' 晩窩, 「청백운」을 지은 '초료산주인' 鷦鷯山主人, 「절화기담」을 지은 '석천주인' 石泉主人, 「광한루기」를 지은 '수산' 水山, 「쌍선기」를 지은 '한은규' 등이 있으나, 현재까지 이들에 대한 실증적인 자료가 확보되어 있지 않은 실정이다. 이 중에 「일락정기」를 지은 '만와'라는 이는 이이순(1754~1832)일 것이라는 학설이 제기되어 있다.

비판적 지식인

한국 고전소설은 15세기경부터 본격적인 성장의 궤도에 올랐다. 이 당시를 대표하는 작자는 김시습인데, 그 뒤를 이어 신광한·허균·권

필·조위한·임제·김만중·조성기 등이 나타났다. 이들 사대부 문인들은, 소설을 제대로 평가하지 않던 당대의 사회적 통념에도 불구하고 소설 창작에 나섰다. 이런 소설 창작에 대해서는, 특정 개인의 견해나 시대적 분위기에 따라 부정적인 견해가 표출되는 등 어느 정도의 반작용도 있었지만, 소설에 대한 긍정적인 인식은 시대의 흐름에 따라 점점 확대되어 갔다.

   소설을 창작한 사대부 문인 작자들은 대체로 당대의 비판적 지식인이었다. 매월당梅月堂 김시습金時習(1435~1493)은 『금오신화』에 「이생규장전」, 「만복사저포기」, 「취유부벽정기」, 「용궁부연록」, 「남염부주지」 등 다섯 편의 단편들을 실었다. 이들 작품에는 많은 삽입 시가 실려 있고, 지상계地上界와 이계異界를 넘나드는 환상적 요소가 적지 않게 자리 잡고 있다. 이는 김시습이 당시의 문인층으로서 한시를 짓는 교양을 갖추고 있었고, 한편으로 현실에서 성취할 수 없었던 것을 허구적 세계에서 풀어내려 했음을 의미한다. 실제 김시습은 세조의 왕위 찬탈 과정을 반대한 생육신의 한 사람으로서 시대적 고민을 지닌 문인이었으며, 당시 어려운 농촌의 상황을 시로 그려내기도 하였다. 그의 이러한 비판적 성향이 작품 창작의 동기가 되었을 것으로 보인다.

   신광한申光漢(1484~1555)은 중종·명종 연간의 사림파에 속하는 명신名臣이자, 도덕과 문장이 성세창·정사룡 등과 더불어 당대 최고로 손꼽히는 인물이다. 그의 관직 활동은 크게 세 단계로 구별할 수 있는데, 첫째는 중종 5년 문과 을과에 합격하여 대사간·대사성 등 언관으로 활동하던 시기, 둘째는 조광조趙光祖를 비롯한 신진 사류가 축출된 기묘사화 때 기묘사림으로 몰려 여주에 칩거하면서 보낸 15년간의 우울한 중년기, 셋째는 재발탁되어 각종 판서를 역임하던 말년기 등으로 요약할 수 있다.

   신광한은 관직에서 물러난 칩거 시절에 『기재기이』를 집필하였는데, 가전·몽유록·전기소설 등 다양한 장르를 빌어 「안빙몽유록」·「서재야회록」·「최생우진기」·「하생기우전」 등 네 편의 소설을 실었다. 그는 이 작품들을 통해 당시 사림들이 권력층에게 박해를 받았던 정치 상황을 우의적으로 그려냈다.

허균許筠(1569~1618)은 당시 명망 있는 집안 출신이었다. 그는 비판적 지식인으로서 서얼 차별이라는 신분제의 모순을 간과하지 않았다. 『명종실록』을 보면, 당시 조정에서는 서얼에 대한 관직 허용 문제를 놓고 논란을 벌였다. 이러한 예민한 사안에 대해서 허균은 신분 차별을 철폐하려는 의식을 지닌 문제적 작자의 면모를 보였다.

그의 이러한 문제의식은 「유재론」遺才論 「호민론」豪民論을 통해 직접적으로 표출되기도 하였고, 또한 「홍길동전」을 통하여 형상화되기도 하였다. 그는 그 밖에 「남궁선생전」·「장산인전」·「장생전」·「손곡산인전」·「엄처사전」 등 한문 전傳도 지었는데, 이들 작품에 등장하는 인물들은 비범한 능력을 지녔으면서도 세상과 화합하지 못한다는 공통점을 지니고 있다. 이들은 현실적 제약을 초극하려는 의지를 드러내고 있는데, 여기에 현실을 강하게 비판하고 이상세계를 추구하는 작자 허균의 의식이 깃들인 것으로 볼 수 있다.

17세기 후반은 임·병 양난의 충격에 대처하는 시기였다. 많은 학자와 관료들은 외세의 침략 및 동아시아 국제 질서 재편의 와중에서 당면 문제를 해결하고자 노력하였으며, 그 과정에서 학문적·정치적으로 치열하게 대립하였다. 그 대립의 중심부에 있던 사람들 가운데 하나가 서포西浦 김만중金萬重(1637~1692)이었다. 그는 1665년 정시庭試에서 장원 급제하여 정계에 발을 들여놓은 후, 27년 동안 정치 활동을 하였다. 당시 정쟁이 격렬하였던 탓에 정치 활동 기간 동안 그는, 금성(1674년 1월~4월)·선천(1687년 9월~이듬해 11월)·남해(1689년 윤3월~1692년 4월) 등지에서 세 차례, 총 4년 6개월의 유배 생활을 하였으며, 마침내 남해 유배지에서 타계하였다. 그는 당대의 풍속과 정치 현실에 깊은 관심을 보였으며, 유불선儒彿仙을 통괄하는 사상적 면모를 보이기도 하였는데, 이러한 것이 「사씨남정기」와 「구운몽」에 잘 형상화되어 있다.

18세기 후반에 출현한 작자로는 연암燕巖 박지원朴趾源(1737~1805)을 꼽을 수 있다. 그의 생애는 크게 3기로 나누어볼 수 있다. 제1기는 35세(1771)까지로 과거에 응시하기를 그만둘 때까지의 문장 수학기다. 이 기간에 연암은 문장 공부에 힘쓰며 과거에 응하기도 했지만 정신적으로 갈등과 좌절에 휩싸였다. 제2기는 과거를 폐한 후 1786년 벼슬에 나가기 전까지, 즉 열하 여행을 전후한 시기로, 은둔하여 실학사상을 확립해 가던 시기인데, 이 기간 동안에 연암은 그동안의 갈등과 좌절을 극복하고, 속세에서 물러나 실학에 몰두하였다. 제3기는 벼슬 생활을 하던 환로기宦路期인데, 이 기간에 연암은 과거의 비판적 생활에서 벗어나 벼슬길에 나가서 자신의 정치적 이상을 실천하며 풍류스럽게 살아보려고 했다.

연암이 청년기(20~30세)에 지은 작품인 「마장전」, 「예덕선생전」, 「민옹전」, 「양반전」, 「김신선전」, 「광문자전」, 「우상전」이 「방경각외전」에 실려 있다. 그의 아들 종채가 쓴 『과정록』에 따르면, 연암은 "세상의 교우 관계가 오로지 권세와 이익만을 좇아 염량취산炎涼聚散하는 세태가 꼴불견인 것을 증오해서 …… 기록하고 풍자한 것"이라고 창작 동기를 밝히고 있다. 그가 중국을 여행하고 돌아온 뒤에 쓴 「허생전」과 「호질」이 『열하일기』에 실려 있는데, 이들 작품도 연암의 비판적인 시각이 풍자적으로 구현된 것이라 할 수 있다.

김시습이나 허균, 신광한, 김만중, 박지원 등은 당대 사회의 불합리한 점을 체득하면서 이를 작품으로 형상화한 작자들이다. 김시습 이래 조선 초기에 형성된 이러한 전통은 조선 후기 박지원 등에 이르기까지 이어졌는데, 비판적 지식인으로서의 사대부 문인들이 작자층의 일원으로 자리잡고 있는 이 현상은 한국 고전소설사에서 볼 수 있는 한 단면이다.

▪ 직업적 작자층, 그리고 몰락 양반층

소설은 18세기 이후 대량으로 창작되고 향유되기 시작했다. 문학사회학의 측면에서 보면 이 시기는 소설작품의 대량 유통기에 해당한다. 소설의 창작과 향유가 특수한 개인이나 특정 집단의 현상이 아니라, 사회 전체의 일반적인 현상으로 대두되었던 것이다. 다수의 일반 독자층이 형성되기 시작했고, 이들을 대상으로 한 소설 창작이 성행하였다. 소설작품이 대량으로 유통되었다는 것은 소설이 여가 활용의 주요 대상으로 부상하였음을 의미하며, 또한 그렇게 여가를 활용할 수 있을 만큼 경제적인 뒷받침이 이루어졌음을 뜻한다.

예전에 소수의 독자를 위해 소설이 창작되었다면, 이 시기에 이르러서는 시장에서 팔리는 상품의 성격을 띠고 소설이 출현하게 된다. 그만큼 소설을 빌려 보거나 사 볼 수 있는 독자층이 두텁게 형성되었던 것이다. 많은 수의 독자층이 형성됨에 따라 이에 부응하여 세책방貰冊房 및 방각본坊刻本을 통해 많은 소설작품이 유통되기에 이른다. 세책방이란 소설을 돈을 받고 빌려주는 곳이며, 방각본이란 시장에서 팔 목적으로 만든 목판 인쇄본이다.

세책집(또는 세책가)이 언제부터 생겼는지, 무엇을 어떻게 빌려주었는지, 그 실상을 구체적으로 알 수는 없다. 채제공蔡濟恭(1720~1799)의 「여사서서」女四書序에는 1740년 무렵 서울에 세책집이 '패설'稗說을 빌려주며 성업 중이었다고 기록되어 있다. 이덕무의 「사소절」에는 1775년 무렵의 세책 상황을 전하면서, '언번전기'諺飜傳奇를 빌려 보는 일이 극성스럽다고 하였다. 세책집이 책의 유통은 물론이고 책을 선별하여 필사하며, 그러한 과정에서 기존 소설을 개작하거나 심지어 새로 소설을 창작하기도 하였을 것임은 짐작하기 어렵지 않다.

소설작품이 목판으로 인쇄될 정도로 인기를 끌게 된 시기 역시 18세기이다. 세책집을 통해 독자층을 넓게 확보하고 있는 소설 유통 시장에 보다 상업적인 성격을 띤 방각본 소설이 출현하기에 이른 것이다. 이미 존재하던 소설작품이 방각본으로 간행되는 중에 여러 이본이 나오게 되었는데, 그에 관여한 자들을 개작자로 취급할 수 있을 것이다. 또한 이러한 개작자들이 새로운 작품도 썼을 것으로 짐작된다. 이러한 작자들은 상업성에 부응하였던 전문적인 작자층으로 상정할 수 있다.

이처럼 소설작품은 세책방과 방각본을 통해 일반인에게 퍼져 나갈 수 있었다. 소설을 대여하거나 대량으로 출판·판매하여 이익을 얻는 직업의 등장은 조선 후기의 새로운 경제 현상의 하나다. 이전 시기와는 달리 소설 창작과 유통이 영리의 대상이 된 것이다. 이는 창작을 일종의 직업으로 삼은 사람, 즉 직업 작자의 출현을 의미한다. 특히 작자를 알 수 없는 작품들, 그것도 비슷한 유형의 작품들이 대량으로 등장했다는 사실은 앞에서 본 바와 같은 비판적 지식인들의 창작과는 다른 직업적 창작이 이루어졌음을 뜻한다. 오늘날에도 많은 수의 외국문학작품을 번역하던 사람들이 작품을 쓰게 되었다는 이야기, 무협지를 읽다가 무협소설을 창작하게 되었다는 이야기를 듣는다. 마찬가지로 조선시대에도 소설을 필사하거나 혹은 방각본으로 만들던 사람들 가운데 서사 세계와 장면 서술에 익숙해져 소설을 창작하게 된 사람들이 존재했을 것은 짐작하기 어렵지 않다.

그렇다면 이 직업적 작자들은 어떤 계층에 속했을까? 조선 후기에 들어서서 신분 변동이 급격하게 일어나 상층과 하층 모두에게 계층 분해 현상이 일어났던 것은 잘 알려진 사실이다. 평민층의 경우, 양반으로 신분 상승을 성취한 자들과 토지를 상실한 소작농, 농촌의 임노동자賃勞動者, 유랑민 등으로 분화되었다. 양반층 역시 상층의 세도 집권 세력, 벌열층閥閱層과, 관직에는 나아가지 못했지만 경제적 기반은 그런대로 유지한 양반층과, 정치적·경제적 기반을 모두 상실한 몰락 양반층으로 분화되었다. 이 가운데 몰락 양반이 영웅소설의 작자일 가능성이 높다.

몰락 양반을 영웅소설의 작자로 보는 큰 근거로 경제적 이유를 들 수 있다. 경제적으로 궁핍한 상황에 있었던 몰락 양반층에게 소설 창작은 일종의 생계 수단이 될 수 있었다. 더욱이 몰락 양반층은 소설을 창작할 수 있을 정도의 문학적 소양과 지식을 갖추고 있었다. 이들은 신분상·의식상 양반이었지만 경제적 압박 때문에 소설 창작을 생계의 수단으로 삼았을 것으로 판단된다. 상품 경제의 발달은 소설 창작과 유통의 확대를 가져왔고, 이에 문학적 소양을 지닌 몰락 양반들이 소설 창작에 가세하였을 것이고 이에 따라 몰락 양반층이 직업적 작자들의 주종을 이루었을 것으로 보인다.

소설 창작의 기본적인 동인을 경제적 이유에서 찾는다면 이 논리는 자연스럽게 몰락 양반층 작자가 자신의 의식뿐 아니라 독자층이나 소설의 상품화에 나선 상인의 요구까지 반영하지 않을 수 없다는 논리로 이어진다. 이 견해는 몰락 양반의 소설 창작 동인을 경제적 이유에서 찾은 것인데, 조선 후기 소설의 발흥이 소설의 상품화와 관련이 있음을 고려한다면 타당성을 확보할 수 있다.

한편 영웅소설의 작품세계를 볼 때, 몰락 양반층이 작자였을 가능성이 높다. 방각본으로 출판된 영웅소설의 경우, 소설작품을 쓸 정도의 지식은 갖추었으나, 그렇다고 지식 정도가 그리 고급 차원이라 할 수는 없으며, 또한 작품세계나 정서가 평민층에 가깝다. 그 작자의 경험적 현실이 평민의 현실과 비슷한 편이다. 몰락 양반은 몰락한 자신의 처지, 몰락 과정에서 겪은 경험을 바탕으로 소설의 주제를 마련하고, 소설 창작에 임했다고 할 수 있다.

예컨대 「유충렬전」, 「조웅전」 등의 영웅소설의 작자 의식은 몰락 양반층의 의식을 보여준다. 이들 작품의 주인공들은 모두 상층의 귀족들인데, 당쟁으로 말미암아 세력을 잃는다. 주인공들은 여러 가지 고난을 극복하고 정적을 물리친 뒤, 과거의 지위와 권력을 회복한다. 따라서 작품세계의 주인공과 작자를 동일시한다는 생각에서 본다면, 이 계열의 작품들은 몰락 양반들의 실세失勢 회복의식回復意識의 소산이라고 할 수 있다. 또한 「유충렬전」과 「조웅전」과 같은 창작 영웅소설의 주인공들은 현실 질서의 틀 안에서 자신의 욕망을 성취하려는 유형으로, 인물이 표방한 이념보다는 욕망의 성취 자체가 부각되는 성향이 있다. 이러한 작자 의식은 창작 영웅소설의 작자층이 몰락 양반층이었을 가능성을 높여준다.

이는 「홍길동전」, 「최고운전」 등의 초기 영웅소설의 작자 의식과 비교할 만하다. 이들 영웅소설에는 역사적 실존 인물이 주인공으로 설정되어 투쟁의 과정을 통해 현실 질서의 질곡을 극복하고자 하는 모습으로 형상화된다. 이는 허균과 같은 비판적 지식인이 작자로 자리잡고 있는 것과 무관하지 않다. 그러나 18세기 이후 영웅소설이 독서물로 자리잡아가면서 직업적 작자층으로 부상하게 된 몰락 양반 작자들은, 현실의 모순점을 문제삼기보다는 현실의 질서에 순응하면서 자신들의 욕망 성취를 영웅의 일대기에 맞게 그려내고자 했을 것으로 보인다.

　이러한 견해가 영웅소설 일반, 나아가 고전소설 일반에 두루 통용될 수 있는 것은 아니지만 작품의 구성과 인물 성격 및 지향 의식과 작자 의식의 상관관계의 측면에서 볼 때 어느 정도의 타당성을 지니고 있다. 그러나 모든 익명의 고전소설을 다 몰락 양반의 작품으로 볼 수는 없고, 영웅소설처럼 상업적 성격이 강한 작품들의 경우에 그 개연성이 높을 뿐이다.

　직업적인 작자층이 영웅소설 외에도 가정소설, 세태소설, 애정소설, 그리고 대하소설에 이르기까지 다양한 종류의 소설 창작에 참여했을 것은 짐작하기 어렵지 않다. 다만 실증적인 자료가 턱없이 부족한지라, 앞으로 이에 대한 실증적 자료가 나올 것을 기대해본다.

판소리계 소설의 작자

　판소리계 소설에는 「춘향전」, 「심청전」, 「흥부전」, 「배비장전」, 「옹고집전」, 「변강쇠가」, 「토끼전」, 「장끼전」, 「매화타령」, 「숙영낭자전」 등 여러 작품이 있다. 그런데 이들 판소리계 소설은 이본異本이 아주 많다. 그만큼 원작자 외에도 드러나지 않는 많은 개작자改作者가 존재하였을 것은 짐작하기 어렵지 않다. 물론 이 점은 판소리계 소설만이 아니라 일반적인 고전소설의 경우에도 해당된다.

　그러나 판소리계 소설의 경우는 판소리의 사설이 정착되고 변이되는 과정을 거친 까닭에 여타의 소설들에 비해서 구비문학口碑文學의 성격이 강하다. 그만큼 개작자의 역할이 크다고 할 수 있는데, 그런 개작자에 따라 판소리 사설이 다양한 편차를 보여준다.

판소리의 경우 작자는 이야기의 원작자만으로 한정되지 않으며, 현장에서 변용하고 해석하는 연창자演唱者도 작자의 한 범주로 이해될 수 있다. 판소리는 광대와 고수 두 사람이 공연하도록 되어 있는데, 판소리 사설은 광대 한 사람의 공연 방식에 따라 세세한 장면과 국면이 달라질 수도 있다.

판소리 연행에서는 핵심 인물이 광대인 까닭에, 판소리 작자는 광대층일 가능성이 높다. 판소리계 소설 역시 판소리의 사설이 정착되어 소설이 되었기 때문에 판소리계 소설의 작자층 역시 광대와 재인 같은 민중층의 범주에서 크게 벗어나지 않는다고 할 수 있다.

한편 전문적으로 판소리를 윤색한 자도 넓은 의미에서 작자로 볼 수 있는데, 그러한 계층으로 중인층의 신재효申在孝(1812~1884)를 들 수 있다. 신재효는 경기도 양주 출신인데 나중에 전라도 고창의 아전으로 정착하여, 그동안 모은 재산으로 재능 있는 광대를 발굴하여 후원하면서 판소리 공연, 판소리 이론 정립, 판소리 교육 등을 병행하였다.

그는 명창 김세종을 비롯하여 여창女唱 진채선, 허금파 등을 양성하였다. 그 과정에서 창자의 성별이나 나이에 따라, 예컨대 「춘향가」를 남창男唱, 동창童唱으로 나누어 판소리 사설을 개작하기도 하였다. 그의 개작 사설이 현존하기 때문에 그는 판소리의 개작자, 혹은 작가로서의 확고한 위상을 지니고 있다. 이렇듯 개작자에 의해 만들어진 판소리 이본은 자연스럽게 소설로 정착하게 마련인바, 이렇게 해서 나온 판소리계 소설 이본 중에는 개작자에 의해 만들어진 것도 있으리라는 것을 짐작하기 어렵지 않다.

이처럼 판소리나 판소리계 소설의 작자층은 주로 광대였으며, 이에 중인층이 가세하였다. 이러한 현상은 18세기 중엽까지 일반적이었던 것으로 보인다. 유진한柳振漢(1712~1792)이 400구의 칠언시로 된, 이른바「만화본 춘향가」를 지었는데, 그의 아들의 전언에 따르면 당시 선비들이 "어찌하여 상민들이 즐기는 타령가(판소리)를 읊었느냐며 조롱하였다"고 하였다. 이 진술을 통해 당시 양반들은 판소리에 대해 배척적인 태도를 보였고 민중층에서는 판소리를 즐기고 있었음을 알 수 있는바, 판소리 사설의 작자 및 개작자는 평민이나 창우 집단 등 민중층의 범주에서 크게 벗어나지 않았을 것으로 추정된다.

한편 엄밀한 의미에서 판소리나 판소리계 소설에 들지는 않으나 판소리나 판소리계 소설을 대상으로 지어진 한시나 한문소설도 있다. 이들 작품의 작가는 대체로 양반이다. 1754년에 장편 한시「만화본 춘향가」를 지은 유진한, 1804년에 한문소설「춘향신설」을 지은 목태림睦台林, 19세기에 한문소설「광한루기」를 지은 수산水山이라는 호를 가진 인물 등이 대표적인 저술자다. 유진한은 당시 충청도 목천 지방의 문인이었으며, 목태림은 종7품 계공랑啓功朗을 지냈지만 양반이었다.

한편「광한루기」는 수산이라는 작자 외에 '운림초객'과 '소엄주인'이라는 자들이 비평을 가하고 있어, 수산·운림초객·소엄주인을 모두 넓은 의미의 작자로 볼 수 있다. 이들은 19세기 서울 지역 도시 문화의 분위기에서 당시 널리 연행되거나 읽히던 판소리나 판소리계 소설과는 구별하여 품격이 높은 작품을 저술하고자 하는 의도를 지니고「광한루기」를 지었다. 이 작품은 김성탄이 논평을 가한「서상기」의 체제를 모방하여 널리 전하고 있던「춘향전」을 한문소설로 개작한 것인데, 작자가 문장의 묘미에 대한 적극적인 의식을 지니고 저술한 것이다. 이러한 작자 의식은 민중층의 의식과 정서와는 어느 정도 거리가 있다.

이처럼 판소리 혹은 판소리계 소설은 한시나 한문소설로 개작되는 원천이었다. 이들 한시나 한문소설이 판소리, 판소리계 소설이 지니는 특성에서 많이 탈피한 점을 고려한다면, 이들 작품은 분명 판소리계 소설의 범주에 들지 않는다. 그러나 넓게 보아 이들 한시나 한문소설을 판소리계 소설의 이본으로 본다면, 양반층에서 판소리계 소설 개작에 참여하였다고 할 수 있을 것이다. 요컨대 당시 판소리나 판소리계 소설들은 광대 및 재인 집단층을 주요 작자 및 개작자층으로 하고 있었으며, 그것이 문화적으로 한자를 향유하는 계층으로까지 확대되어갔고 그런 중에 또 다시 개작자들이 나왔음을 알 수 있다.

판소리 혹은 판소리계 소설에 쓰인 중국 고사, 어려운 한자 등을 미루어볼 때, 작자층 혹은 개작자층을 광대 재인 집단으로만 한정하기가 어렵다는 주장이 여전히 설득력을 지니고 있다. 특히 방각본의 출현 이후에는 판소리계 소설의 개작자가 몰락 양반 출신의 전문 작자일 가능성이 그만큼 높다.

대하소설의 작자

작자와 관련하여 주목해야 할 일군의 소설들이 대하소설大河小說의 경우이다. 낙선재에 대표적으로 수장되어 있는 이 일군의 소설들은 그간에 국적 문제, 작자 문제로 논란이 거듭되어 왔다. 번역 내지는 번안일 것이라는 주장과 국내 창작설이 첨예하게 맞서 왔는데, 명백하게 중국 소설의 번역 또는 번안식을 제외하고는 여러 정황상 우리 작자의 창작으로 보아야 한다는 주장이 설득력을 얻고 있다.

그렇다면 이들 대하소설의 작자는 구체적으로 누구일까? 낙선재본 소설의 마지막 독자 가운데 한 명인 윤백영 노인은 낙선재본 소설의 작가를 가난한 시골 선비라고 증언한 바 있다. 오랫동안 이 증언이 널리 통용되었으나 근래의 연구 성과를 보면 작가층이 여기에 국한되지 않음을 알 수 있다.

「옥수기」玉樹記의 발문은 그 단서를 보여준다. 심능숙沈能淑(1782~1840)은 한문으로 「옥수기」를 지었는데, 이것을 국문으로 번역하고 한글본의 발문을 쓴 이가 남윤원이다. 당시 민응식이 「옥수기」를 번역해줄 것을 남윤원에게 부탁하였는데, 남윤원은 번역한 뒤에 「옥수기」의 후속편을 이어 지으면 「임화정연」이나 「명행정의록」과 같은 소설이 될 수 있지만 나이가 들어 후편을 짓지 못한다고 진술하였다.

남윤원의 진술을 토대로 소설 창작의 한 단면을 제시할 수 있다. 심능숙과 민응식은 외조부와 외손자의 관계로 모두 상층 사대부에 속하는 인물들이었던바, 대하소설의 작자들을 포함한 향유층이 상층 사대부층이었다고 할 수 있다. 19세기에는 심능숙 외에 「육미당기」六美堂記를 지은 서유영徐有英(1801~1874?), 「옥련몽」・「옥루몽」을 지은 남영로南永魯(1810~1857) 역시 상층 사대부의 일원이었다. 그리고 민응식이 남윤원에게 번역을 맡긴 것으로 보아, 일단 남윤원은 상층 사대부층의 주변 인물로서 직업적인 번역가였을 것이라고 추정해볼 수 있다. 남윤원은 또한 번역한 뒤에 후속편을 지을 수 있음을 시사하고 있는데 그렇다면 직업적인 번역가들이 작품 창작에도 나섰을 것임을 짐작하기 어렵지 않다.

이상의 현상은 「옥수기」에 국한된 것이 아니라 19세기 대하소설 일반의 창작 정황과 관련된 것으로 보인다. 남윤원이 언급했던 「임화정연」林花鄭延과 「명행정의록」의 작자층에도 다음과 같이 적용될 수 있을 것이다. 하나는, 「임화정연」・「명행정의록」의 연작은 「옥수기」처럼 처음에 상층 사대부에 의해 한문본으로 지어졌다가 벌열 주변의 직업적인 번역가에 의해 국문으로 번역되었을 것이라는 추정이 가능하다. 또 하나는, 직업적인 번역가가 대하소설의 작자로 위상을 굳히게 되었을 것이라는 추정도 가능하다. 어떻든 대하소설의 경우, 한편으로 상층 사대부들이 작자층으로 자리를 잡고 있었으며, 한편으로는 직업적 번역가이면서 직업적 창작 작자들이 존재했을 것으로 보인다.

18세기 후반의 소설 향유 상황이 유만주俞晩柱(1755~1788)의 일기인 『흠영』欽英에 잘 기록되어 있다. 여기에는 소설론이나 소설 향유 상황과 관련된 내용이 적지 않은데, 한글소설이 수천 종 수만 권에 이른다고 한 것이나, 그 가운데는 대작자가 쓴 것과 같은 작품도 많다고 한 진술은 특기할 만하다.

이 『흠영』을 통해서 18세기 후반에 소설이 많은 인기를 끌었음을 분명하게 알 수 있으며, '대작자'의 출현은 이러한 사실을 더욱 뒷받침해 준다. 작자 논의와 관련하여 '대작자'라면 아마도 문식과 학식이 있는 상층 귀족층의 작자이거나, 혹은 이들과 밀접한 관계를 유지하고 있는 전문적 작자층이라 추정해볼 수 있다.

이러한 추정은 대하소설의 작품세계 및 작자 의식과 관련지을 수 있다. 「명주보월빙」·「윤하정삼문취록」 등을 비롯한 상당수 대하소설들은 상층 귀족의 사회적 영달과 부귀, 이미 있어온 국가 및 사회 체제의 당위성 강조 등, 상층 사대부들의 의식 세계를 지향하고 있다. 「소현성록」·「소문록」·「옥수기」의 작품세계 역시 일정하게 상층 사대부의 세계를 지향하고 있으며, 또한 「임화정연」 역시 임문·화문·정문·연문 등 중심적인 네 가문의 연대를 통한 신흥 상층 사대부의 세계가 서사 전개의 중심축을 이루고 있다. 이렇듯 작품세계가 벌열의 세계를 지향하고 있는 점은 그만큼 이들 작품의 향유층으로 벌열층이 자리잡고 있음을 보여주는 것이라고 할 수 있다.

한편 벼슬길이 열리지 못한 채 대하소설의 작자가 된 이들도 있었다. 그 예로 「난학몽」鸞鶴夢을 지은 정태운鄭泰運(1849~1909)과 같은 작자를 들 수 있다. 그의 생애는 50세를 전후로 하여 경기 강화에서의 삶과 안성군 죽산에서의 삶으로 대별되는데, 강화에서는 주로 수학과 칩거의 삶을 살았고, 죽산으로 이사한 뒤에는 서당 훈장을 하며 이곳저곳을 떠돌았다. 그가 교유한 사람들은 대개가 서당을 옮겨 다니며 만난 훈장, 주변의 이름 없는 문인, 하급 관료들인 진사·참봉 정도의 인물들이다.

여성 작자와 공동 창작

18세기에 들어서서 규방 여성이 대하소설의 작자로 등장하였다. 상층 사대부층의 남성뿐 아니라 규방 여성들도 대하소설의 작자로 자리잡기 시작한 것이다.

「완월회맹연」玩月會盟宴은 180권 180책의 낙선재본과 180권 93책의 서울대본이 현존하는 최대 거질巨帙의 작품인데, 이 작품은 안겸제의 모친인 이씨 부인(1694~1743)이 궁중으로 흘려 넣어 명성을 떨치기 위해 지었다고 한다. 이씨 부인은 대사간을 지낸 이언경의 딸로, 아들 안겸제는 대사헌·감사 등을 지낸 인물이었다. 말하자면 사대부가의 여성이 나름대로 작자적 자의식을 지니고 대하소설 창작에 임했다고 할 수 있다.

「옥원재합기연」玉鴛再合奇緣은 이름이 밝혀지지 않았지만 역시 규방 여성이 지은 것으로 알려져 있다(작자가 「완월회맹연」을 지은 전주 이씨라고 추정하는 사람도 있다). 이 여성은 이 작품만이 아니라 「십봉기연」, 「비시명감」, 「신옥기린」, 「명행록」도 지었다고 한다. 필사 시기로 추정하면 이 작자는 대체로 18세기 중엽에 활동한 인물이라고 할 수 있다.

규방 여성이 대하소설을 창작하게 된 배경은 일차적으로 문예 욕구를 충족하기 위한 것이라 할 수 있다. 국문소설은 가사와 함께 여성의 문예 충족의 주요한 대상이었다. 규방 여성은 파노라마적인 현실 반영, 주인공의 파란만장한 운명, 다양한 성격의 인물들, 복합적인 구성, 자신의 가치관 및 세계관 등을 표현하기 위하여, 그리고 여성 독자들을 사로잡기 위하여 대하소설을 지었던 것이다.

한편 대하소설에 대한 기록들을 보면, 여성을 포함한 다수의 작자가 공동으로 작품 창작에 임했음을 추정할 수 있다. 다음은 이유원李裕元(1814~1888)의 『임하필기』林下筆記에 실려 있는 내용이다.

> 이원교(이광사)의 자녀 남매가 언서고담을 지어 「소씨명행록」이라 했는데 집안에 일이 생겨 한쪽 켠에 치워 두었다. 원교의 꿈에 한 여자가 나타나 자신이 소씨라고 하면서 해명하기를 "어찌하여 사람을 죽을 곳에 빠뜨려 놓고 원한을 풀어주지 않습니까?" 하였다. 잠에서 깨어 크게 놀라 후편을 이어서 지었는데, 형제와 숙질이 함께 앉아서 도와주었다. 제삿날인데도 밤이 깊은 줄 모르고 있다가 제사를 자못 늦게 모시게 되었으니 문자의 묘미가 신의 경지에 든다는 것이 이러한 것인가?

위 기록은 「소씨명행록」의 저자를 이광사로 보느냐 그 자녀로 보느냐 하는 논란을 낳고는 있지만, 원교圓嶠 이광사李匡師(1705~1777)의 자녀들이 짓다가 그만두었던 「소씨명행록」을 다른 가족들과 힘을 합해 완성했다는 사실을 전하고 있다. 여기서 확인할 수 있는 것은 소설 창작에 여러 사람이 함께 참여하고 있다는 점, 그 가운데는 여성도 포함되어 있다는 점이다.

18세기에 출현한 것으로 추정되는 「소문록」의 작품 내용 중에도 공동 창작의 단서가 있다. '이엄'이 「정소양문록」(「정소삼대록」)을, '조겸'이 「소문록」을 썼고, 두 책을 합해서 「정소양문록」이라 했는데, 이를 원씨 집안의 자제들이 보니 내용에 거짓이 많았다고 한다. 특히 윤씨 부인의 행적과 관련하여 잘못된 부분이 많아서, '취제'와 '홍연'이 정보를 제공하여 작자가 소씨 가문의 일생 사적을 펴서 전파하고, 이를 다시 기록하여 「소문록」이 되었다고 한다. 「소문록」이 나오기까지 작품 창작에 관여한 이들이 작중 인물로 되어 사실로 받아들이기 어렵지만, 이러한 내용은 당시의 공동 창작 관행을 시사하는 것이라고 추정할 수 있다.

 이러한 공동 창작의 경향은 이보다 앞선 시기의 작품에서도 확인된다. 17세기 후반에 출현한 「소현성록」, 「소씨삼대록」 연작의 말미 기록에 "송나라 인종이 소현성의 도덕을 공경하고 사모하여 후세에 전하기 위해 '조중'과 '여이간'을 시켜 기록하게 하니, 이들이 소씨 가의 일기를 바탕으로 소현성의 행적은 본전 「소현성록」으로, 자손들의 행적은 별전 「소씨삼대록」으로 지었다"는 내용이 있다. 물론 이를 사실 그대로 받아들일 수는 없지만, 당시의 소설 창작과 관련된 정보를 일정 부분 담고 있을 가능성이 높다. '조중'과 '여이간'이 작중에서 상층 귀족에 속하는 인물인 점을 고려한다면, 실제 상층 귀족이 이 연작을 지었을 것으로 추정할 수 있다.

 작품 말미의 기록에서 제시하고 있는 창작 동기는 작중 인물의 행적 또는 가문이 탁월하고 훌륭해서 황제가 당시의 문인에게 명을 내려 기록했거나(「소현성록」·「명주보월빙」), 다른 사람이 기록한 것을 보고 왜곡된 것을 바로잡기 위한 것이다(「쌍천기봉」·「소문록」). 창작에 관여한 인물들이 「소현성록」이나 「명주보월빙」의 경우에는 상층 사대부층, 「쌍천기봉」의 경우는 남성 주인공보다 지체가 낮은 기실의 후예로 설정되어 있고, 「소문록」의 경우에는 지체가 낮은 여성들도 참여한 것으로 되어 있는데, 뒤로 올수록 작자층 자체의 계층이 낮아지는 것을 볼 수 있다. 이는 대하소설의 작자층이 상층 사대부 남성에 국한되어 있는 것이 아니라, 여성 그리고 그 주변의 전문적인 작자들로 확대되고 있음을 보여주는 것이라 할 수 있다.

또한 사대부 부녀자들이 여러 편의 대하소설을 필사하는 과정에서 소설 구성의 원리나 장면 묘사의 기술을 터득했을 것으로 짐작되며, 그러한 것들이 축적되어 여성 작자가 출현했을 것은 짐작하기 어렵지 않다. 한국 고전소설의 독자층 항목에서 자세히 언급된 것으로서, 이들 여성이 여가를 즐기기 위하여 연의소설이나 대하소설을 읽었으며, 또한 그 작품들을 필사하여 가문의 구성원들에게 유물로 남겨주었다는 사실은 이미 확인된 바다. 사대부층의 부녀자들이 연의소설이나 대하소설을 필사하는 것이 당대의 문화 현상의 하나였는데, 이러한 문화적 풍토에서 대하소설의 여성 작자가 탄생하였다고 볼 수 있다.

● 조광국

참고 문헌

김종철, 「19C 중반기 장편영웅소설의 한 양상」, 『한국학보』 40, 1985.
서대석, 『군담소설의 구조와 배경』, 이화여대출판부, 1985.
김균태, 『이옥의 문학이론과 작품세계의 연구』, 창학사, 1986.
이상택, 「조선조 대하소설의 작가층에 대한 연구」, 『고전문학연구』 3, 한국고전문학회, 1986.
임형택, 「17세기 규방소설의 성립과 창선감의록」, 『동방학지』 57, 연세대학교, 1988.
소재영, 『기재기이 연구』, 고려대출판부, 1990.
이수봉, 「가문소설 연구의 현황」, 『개신어문연구』 7, 충북대학교, 1990.
장효현, 「장편 가문소설의 성립과 존재양태」, 『정신문화연구』 44, 정신문화연구원, 1991.
정창권, 「〈난학몽〉 연구」, 고려대 대학원 석사논문, 1995.
임치균, 『조선조 대장편소설 연구』, 태학사, 1996.
박영희, 「장편가문소설의 향유집단 연구」, 이수봉 공저, 『한국가문소설연구논총 Ⅲ』, 경인문화사, 1999.
정병설, 「조선후기 장편소설사의 전개」, 이수봉 공저, 『한국가문소설연구논총 Ⅲ』, 경인문화사, 1999.
이승복, 『고전소설과 가문의식』, 월인, 2000.
박일용, 「영웅소설 하위 유형의 이념 지향과 미학적 특징」, 『국문학연구』 7, 국문학회, 2002.
류준경, 「〈광한루기〉의 문화론적 지향과 그 의미」, 『국문학연구』 9, 국문학회, 2003.
이상택, 『한국 고전소설의 이론 Ⅱ』, 새문사, 2003.
정병헌, 『판소리와 한국문화』, 역락, 2003.
조광국, 「〈청백운〉 한문본 연구」, 『고소설연구』 18, 한국고소설학회, 2004.

5
한국 고전소설의 독자

■ 문제적 갈래 소설과 독자의 긴밀함

소설이라는 갈래는 미래에 어떤 모습을 하게 될까? 이와 관련하여 서로 다른 두 가지 주장이 그럴듯하게 유포된 적이 있다. 하나는 소설보다도 긴박하고 흥미진진한 현실 앞에서 소설은 전과 같은 지위를 더 이상 유지하기 힘들 것이라는 예단이었고, 다른 하나는 팽창으로 치닫기만 하는 소설이 마침내는 다른 갈래를 집어삼키는 포식자로 군림할 것이므로 갈래 구분조차 무의미해질 것이라는 주장이었다. 소설의 미래에 대하여 각각 위축과 확산이라는 서로 다른 방향을 제시했지만, 어느 쪽이든 급변하는 문학 주변의 시대상을 감안할 때 그 타당성을 인정하는 이들이 적지 않았다.

그런데 현재까지의 정황으로 미루어 보면 두 가지 주장 어느 쪽이든 가까운 장래에 실현되기는 힘들어 보인다. 아직은 소설의 지위에 심각한 변화가 초래되었다고 말할 단서를 찾기 어렵기 때문이다. 문학 전반에 도래한 외부 환경의 변화에도 불구하고 소설은 여전히 그 필요성을 인정받고 있는 것이다. 그 배후에서 소설 독자들이 일정한 몫을 담당하고 있음을 유념할 필요가 있다. 독자들은, 소설이 구태여 권장도서 목록에 오르지 않음은 물론, 독서를 방해하는 여러 가지 난관이 있어도 기꺼이 작품을 읽는다. 이러한 체험을 통하여 그들은 문화적 욕구를 일정 부분 충족시켰고, 소설은 가장 대중적인 문학 갈래로서 성장을 지속할 수 있었던 것이다.

그렇다고 해서 소설이 문학에서 상당한 비중을 차지하는 이제까지의 상황이 언제까지고 계속되리라는 낙관적 전망 또한 경계해야 함은 물론이다. 독자의 시선을 소설책에 붙잡아두는 일은 점점 어려운 일이 되어가고 있기 때문이다. 새로운 문화 체험의 장은 점증하고 그 각각이 독자를 유혹하는 강도 또한 점차 거세질 것으로 예상된다. 예컨대 단일 영화 작품의 관객 수가 1000만 명을 상회하는 현실은 결코 소설 독자층의 변동과 무관하지 않다.

기실 소설의 장래를 두고 빚어진 예측과 현상 사이의 거리도 소설에 대한 독서 대중의 향배向背를 명확하게 가늠하기 힘든 데서 기인한다. 그러기에 독자들의 의식과 소설을 대하는 태도의 변화, 대중의 성향 등에 따라서 성급한 혹은 빗나간 예측이라도 얼마든지 현실에서 재현될 가능성이 높은 것이다.

소설과 독자의 관계가 긴밀함은 고전소설이라고 해서 예외가 아니다. 그래서 고전소설을 둘러싸고 빚어진 논란의 한가운데에는 대체로 독자 문제가 자리하고 있다. 「설공찬전」이 씌어질 당시처럼 소설 창작을 문제삼아 작가 채수蔡壽를 극형에 처해야 한다는 등의 극단적인 주장을 제외하면, 대개의 시비는 독자 혹은 소설 독서로 인하여 생긴 것이다.

그 중에서 한 예를 들면, 조선 중기의 성리학자 기대승은, 선조 임금이 "장비張飛의 고함에 만군萬軍이 달아났다고 한 말은 정사正史에는 보이지 아니하는데 『삼국지연의』三國志衍義에 있다고 들었다"라며 소설 내용을 언급하자, 불편함을 표명하면서 다음과 같이 자신이 지닌 소설관을 피력한다.

『전등신화』는 놀라우리만큼 저속하고 외설적인 책인데도 교서관이 재료를 사사로이 지급하여 각판刻板하기까지 하였으니, 식자들은 모두 이를 마음 아파합니다. 그 판본을 제거하려고도 하였으나 그대로 오늘에 이르렀습니다. 일반 여염 사이에서는 다투어 서로 인쇄하여 보고 있으며 그 내용에는 남녀의 음행淫行과 상도常道에 벗어나는 괴상하고 신기한 말들이 또한 많이 있습니다. 『삼국지연의』는 괴상하고 탄망誕妄함이 이와 같은데도 인출印出하기까지 하였으니, 당시 사람들이 어찌 무식한 것이 아니겠습니까.

— 『조선왕조실록』 선조 2년 6월 20일

소설작품을 매도罵倒하면서 작품과 독자의 연결을 차단하려는 이러한 생각은 그 후로도 계속 이어져 나오는데, 소설 부정론자들은 대체로 소설이 독자에게 악영향을 끼친다는 사실을 강하게 내세웠다.

그렇다고 해서 소설의 확산이라는 커다란 흐름이 달라진 것은 아니다. 작품 수의 증가, 독자층의 확대, 그리고 갈래의 대중화 등 제반 현상은 시간이 흐를수록 더욱 뚜렷해졌다. 여기에는 작가나 소설책 제작에 직접 관여했던 이들 외에도 특히 열독자熱讀者들이 적지 않은 기여를 하였다. 이들은 필사 등을 통해 적극적으로 국내작을 섭렵하는 데 만족하지 않고, 중국 소설의 수입이나 번역 등을 통해서까지도 자신들의 독서욕을 충족시켰는데, 그 같은 열의에 불편해진 반대론자들이 독서 행위가 사회적으로 물의를 일으킨다는 이유를 내세워 한동안 거세게 반박했음은 물론이다. 그럼에도 불구하고 독자에 대한 교화敎化를 구실로 내세운 소설 옹호론 또한 면면히 이어졌다.

이처럼 작품과 독자가 만나는 지점에 대한 관심이 높고 의견이 분분했다는 사실을 통해서도 소설문학에서 차지하는 독자들의 비중이 어느 정도인가를 확인할 수 있다. 이 장에서는 흩어져 있는 고전소설 독자에 대한 관련 자료를 중심으로, 그들의 유형성을 확인하고 시대별 경향을 개략적으로 살펴보고자 한다. 그에 앞서 고전소설 독자들에 대하여 이해의 시선을 보낼 필요가 있다.

▪ 옛날의 소설 독자를 이해하려면

현대인들에게 고전소설은 다분히 낯선 측면이 있다. 따라서 당대에 소설을 읽었을 독자들의 독서 행위 또한 선뜻 수긍하기 어려운 것이 사실이다. 하지만 작품에 대한 철저한 분석과 함께 병행되어야 할 것은 과거와 현재의 문화적 차이를 인정하며 그들을 이해하는 일이다.

신소설에 나타난 소설 독자의 모습을 먼저 보기로 하자.

어느 날 밤에 길동이가 혼자 앉아서 매우 재미있게 배운 「금방울전」을 보다가 열 시나 된 때에 홀연히 요란하게 대문을 두드리는 소리가 나는 고로 …….
　　　　　　　　　　　　　　　　　　　　　　　　－ 신소설 「만인계」

(서판서가-인용자) 담배 한 대를 피워 물고 한구히 앉았노라니 안으로서

> 옥을 부수는 듯한 책 보는 소리가 은은히 들리거늘 "무슨 이야기책을 저리 재미있게 보노" 하고 귀를 기울여 듣다가 …….   - 신소설「구의산」상권

1910년대 씌어진 신소설에서 발췌한 내용이다. 당시 소설 독자의 모습이 작품에 고스란히 나타나 있는데, 다른 소설에서도 비슷한 예들이 더러 발견된다. 이는 세태를 반영한 것이면서 동시에 소설 독서 행위를 독자들에게 각인시키려는 작가의 의도가 개입한 것으로 추정된다. 어느 경우이든 신소설의 등장 이후에도 고전소설이 적지 않은 독자를 확보하고 있었음을 알게 해주는 사례들이다. 이것은 흔히 신소설의 등장 이후에 고전소설이 자취를 감추는 문학사에서의 대체적인 기술 내용과는 다른 당대의 현실이다. 노인들을 대상으로 한 근래의 조사(조도현, 1995)에서도 1930~40년대 고전소설과 관련된 기억을 뚜렷이 확인할 수 있다. 또 1960~70년대까지 고전소설은 일상에서 어렵지 않게 목격되었다.

하지만 정작 고전소설의 황금기라고 해야 할 18세기와 19세기의 독자에 대해서는 단편적인 몇 가지 자료에 의존해야 하는 형편이다. 따라서 작품의 표기 수단과 독자의 상관성, 독서 행태, 독서인들의 성향, 유통 지역 등 독자 사회학적 측면에서 실상을 알기 어려운 것들이 적지 않다. 물론 자료가 있다고 하더라도 그것이 당시의 모든 사실을 말해주는 것이 아니라는 점도 유의해야 한다.

자료 자체의 취약함을 고려하면서 시간의 한계를 뛰어넘어 당시의 상황을 재구성해야 하는 상황에서는 다소 전향적인 자세를 취하는 것이 필요하다. 현대 문화에 대한 우리의 정보량과 비교할 때 과거에 대한 그것이 절대적으로 열세에 놓일 수밖에 없다는 현실을 감안하면 더욱 그러하다. 정보량의 불균형은 오해와 편견으로 이어지기 때문이다. 그

러한 문제점을 줄이기 위하여 과거 고전소설 독자의 모습을 받아들이는 과정에서 유의할 점을 몇 가지 열거해보기로 한다.

첫째, 고전소설이 읽히던 당시는 작가와 독자의 처지, 소설책 제작과 유통 등 작품 주변의 제반 여건이 오늘날과 판이했다.

> 이윽고 진지를 고하거늘 내 짐짓 "솔가지 불 켜 올리라" 한대 "상등 양반이면 촉燭을 아니 가져왔느냐." 내 답하되, "진실로 가져왔으되 어제 다 진盡하였노라." 객客 왈 "솔불이 내워 괴로운지라 내 행중의 촉을 내어 켜라" 한대 납촉蠟燭을 밝히니 빛이 황홀하더라. ─『요로원야화기』

위의 인용문에 나타난 '황홀'이라는 표현을 통하여 밀랍으로 만든 초 한 자루가 얼마나 당시 사람들에게 귀하게 여겨졌던가를 알 수 있다. 고전소설이 읽히던 과거의 독서 환경은 매우 열악했던 것이다. 책을 만드는 데 필요한 종이가 무엇보다 귀한 물품이었으며, 고급의 활판 인쇄 기술이 있었지만 소설 출판에 이용될 만큼 활용도가 높지 않았다. 따라서 서양의 인쇄기술이 받아들여지기 전에 산출된 대다수의 작품은 필사본 또는 목판본의 형태로 전하는데, 이들은 작품 내용이 고정되기 어렵다는 특징을 지닌다. 동일한 작품명을 지니면서 내용을 약간 달리하는 이본들이 많이 분포하는 이유는 그래서이다.

이본의 존재는 저작권의 개념이 흐릿했던 것과도 연관된다. 소설 창작이 폄하되던 사회적 분위기에서는 작자의 활동에 많은 제약이 따랐다. 그래서 자신의 이름을 적극적으로 내세울 수 없었으리라 짐작되지만, 20세기 전에는 작가의 이름을 작품에 명기하는 일조차 관행으로 성립되지 않았다.

뿐만 아니라 한글을 깨우친 대중들의 숫자가 오늘날에 비해 상대적으로 적었으며, 책이 귀했던 만큼 그것을 접하는 기회조차 신분이나 경제적 여력 등의 조건에 좌우되었다. 또한 상품의 유통 경로가 그리 발달된 상태가 아니었기 때문에 소설 확산에도 많은 제약이 따랐다. 결국 소설 갈래가 아무리 특정 계층의 전유물이 아니었다고 하지만 모든 사람들이 쉽게 소설을 접할 수 있던 것은 아니다. 자연스레 초기의 소설들은 유한 계층을 중심으로 확산될 수밖에 없는 조건에 놓였던 것이다.

둘째, 독자들의 소설 독서 행위를 엿볼 수 있는 자료가 충분치 않다. 소설 독서는 작품과 독자가 있는 한 어디서나 가능하다. 그 총량은 이론상 독자의 수에 작품의 수를 곱한 것을 최대치로 상정할 만큼 무수히 많은 것이다. 하지만 개개의 경우를 모두 파악하기는 불가능하며 전해지는 자료에 의존할 수밖에 없는 형편이다. 그나마 전해지는 것이 드물기에 다양성을 확인하기 어려우며, 개별 자료 모두가 실상을 충분히 반영하고 있는 것도 아니다. 즉, 희소성 때문에 가치를 인정받고 있는 독자 관련 기록이 과연 어느 정도 대표성을 지니는지 의심하지 않을 수 없는 것이다. 일부 자료는 그저 기록을 남기는 것이 가능했던 개별 독자의 주관적 성향만을 반영하고 있을 가능성도 크며, 그런 이유 때문에 현재는 독자 관련 논의가 제한적인 의미밖에 가질 수 없다는 점을 확인할 필요가 있다.

최근에 소개된 자료를 예로 들면, 「세책장부」(정명기, 2003)는 세책가에서 보유하고 있었던 작품 목록의 일단과 대출해간 사람들의 신분 계층, 책 대신 맡겨둔 전당 품목 등이 기록되어 있어 독자 연구에 매우 귀중한 자료이다. 하지만 발견된 자료가 당시 세책가의 모습 전체를 대변할 수 있는가는 의문이며, 1905년 이전에 작성되었을 것이라는 그 시기 역시 무한정 과거로 소급될 수 있는 것이 아니어서, 18세기의 세책가와 얼마나 같고 다른지 확언할 수 없다. 뿐만 아니라 대출자로 기록된 이들이 과연 실제 소설 독자인지에 대해서도 더 이상의 논의가 어렵다.

셋째, 고전소설이 우리 일상에서 더 이상 예전과 같은 역할을 하고 있지 않다는 점도 독자에 대한 충실한 이해를 가로막는 걸림돌이다. 작품들의 성향도 달라졌지만 그것을 둘러싼 제반 환경 또한 변했기 때문이다. 구체적인 사례로 다음 두 가지를 들어볼 수 있다.

하나는 독서 방식의 차이이다. 제반 환경이 열악했음은 앞서 이미 지적한 바 있지만 그와 관련해서 책을 읽는 방식이 오늘날과 달랐다는 점을 유의할 필요가 있다. 즉, 읽기 방식은 오늘날과 같은 묵독보다는 낭독형이 많았던 것이다. 이처럼 소리내는 독서는 자연히 그 연장선에서 귀로 듣는 작품 감상을 가능하게 하기 때문에 소설 읽기가 개인적으로 고립된 시공에서 이루어지기보다는 여러 사람들의 참여 아래 행해지는 경우가 많았다. 이는 소설책이 귀했다는 점, 노안이나 문맹 등의 이유로 책을 직접 대하기 어려운 이들에게까지 감상의 기회를 줄 수 있다는 점 등에서 당시로서는 이론의 여지가 없는 독서 방식이었다. 과거 서양에서는 심지어 책을 소리내어 읽지 않았다 해서 이를 문제삼은 사례도 찾을 수 있다.

다른 하나는 독자를 포함하여 소설의 창작과 수용의 전 과정에 참여한 이들 저마다의 역할 경계가 명확하지 않았다는 점이다. 즉, 독자는 소설을 읽겠다는 단순한 이유로 작품을 필사하기도 하고 때로는 나름의 생각을 덧붙임으로써 다양한 역할을 동시에 수행해낸 경우가 적지 않다. 독자가 때로는 작자의 역할을 일부 맡기도 하고, 인쇄업자와 유사한 역할을 하기도 했던 것이다. 그런 점에서 본다면 과거의 고전소설 독자들 가운데 일부는 오늘날 인터넷에 접속하여 읽기와 쓰기를 동시에 수행하는 네티즌과 흡사한 면이 있다.

이 같은 점들을 염두에 두면서 다음 절에서는 계층별 독자의 성향에 대해 살펴보기로 한다.

■ 계층별 독자의 유형

작품의 선택은 개개 독자 고유의 권한이지만 동시에 다양한 외부적 요인이 변수로 작용한 결과이기도 하다. 따라서 독자를 유형화하는 일은 개별 독자가 갖는 특성이나 세계관을 사상捨象하는 우를 범할 수 있으며, 독자가 지닌 다양한 모습을 사장시켜버릴 염려가 크다. 하지만 고전소설의 경우처럼 자료가 부족할 뿐 아니라 실체에 접근하는 것은 더더욱 불가능한 경우에는 달리 대안을 찾기 어렵다. 계층을 염두에 두고 독자의 유형을 나누는 일은 그래서 선택된 차선책임을 미리 밝힌다.

소설의 독자는 특정 계층에 국한되지 않는다. 그렇다고 해도 모든 작품이 모든 독자에게 제약 없이 전달되는 것 또한 아니다. 이때 작품과 독자의 접촉을 방해하는 요인들로는 소설에 대한 독자의 관심 유무, 소설책을 읽을 수 있는 문자 해득력 구비 여부, 책을 구매할 수 있는 경제적 여건, 독서 시간을 확보할 수 있는 여가의 유무 등을 우선 꼽을 수 있다. 그런데 전통 사회에서 이러한 장애물들로부터 비교적 자유로울 수 있었던 집단으로 가장 먼저 떠오르는 것은 왕궁에 살고 있던 이들이다.

고전소설이 읽히던 시대에 지배 세력은 대체로 소설에 대해 호의적이시 않았다. 하지만 소실 반대론자 가운데 일부도 한때는 소설 독자였다는 점을 상기하면 지배 세력의 중심에 있던 궁중에서 소설이 주목받았다는 사실이 모순 관계에 있는 것은 아니다. 실제로 세조는 『태평광기』太平廣記에 대해 관심을 표명하였고, 연산군은 소설류를 탐독했던 것으로 전해지고 있다. 군주로서 이들의 독서는 제한적일 수밖에 없었겠지만, 궁중에 기거하는 여인들은 독자층의 주요 세력을 형성하고 있었다. 다음과 같은 기록을 통해서도 그 점을 추정할 수 있다.

> 고종 21년을 전후하여 문사 이종태라는 이가 황제의 명을 받아 문사 수십 명을 동원하여 오랫동안 중국 소설을 번역한 것이 근 백 종에 가까웠고, 또 창경궁 안에 있는 낙선재(왕비의 도서실)에는 한글로 된 서적이 지금 4천 여 책이나 있는바, 그 중에는 번역소설이 대부분이고 더러는 국문학의 귀중본도 끼여 있었다.   - 이병기·백철, 『국문학전사』國文學全史, 182쪽

고종 연간에 소설작품의 생산이 왕의 명령으로 궁에서 이루어졌음을 알 수 있는 자료이다. 그런데, 윤용구가 고종의 말이라며 인용한 다음 기록에 의하면, 고종은 소설에 대해 그리 호의적이지 않았음을 알 수 있다.

> 우리나라 문자가 한문·언문 두 길이 있고, 중국의 정사는 당초에 언서로 기록한 것이 없고 다만 패잡소설만 있어 거짓으로 참을 어지럽혀 도리어 의리에 해로우니, 짐이 항상 겸연하여 하노라. - 윤용구, 『강감정사』綱鑑正史 서문

그렇다면 앞서의 소설 번역 명령은 왕의 속내와는 상관 없이 이루어진 일이라 판단되는데, 구태여 왕명이 시행된 것은 왕의 지근거리에 있는 누군가의 요구가 있었기 때문이 아닌가 추측할 수 있다. 실체를 드러내지는 않았지만, 궁중 내 독자의 존재를 가늠할 수 있는 부분이다.

이 밖에도 18세기 영조 연간에 완산 이씨가 제작한 「중국소설회모본」中國小說繪模本이나 안겸제安兼濟의 모친이 완월을 지어 "궁중에 흘려

넣어 명성을 널리 떨치고자"(조재삼, 『송남잡지』) 했다는 기록 등은 궁중과 소설의 상관성을 추정할 수 있는 중요한 자료이다. 그리고 무엇보다도 궁중 도서관에 소장되어 있던 소설책의 상당수가 현재까지 전해지고 있다는 점은 궁중 내에 적지 않은 소설 독자가 있었음을 확실하게 증언하고 있다.

그런데 궁중에 소설 독자가 있었다고 한들 폐쇄적인 공간에서 이루어지는 소설 독서란 그 의의가 제한적일 수밖에 없다. 바깥 사회에서 궁중 내부와 교류하면서 활발히 독서 활동을 펼친 이들이 있으니, 다름아닌 사대부가의 여성 독자들이다. 이들은 소설 독자의 주류로 지목할 수 있다. 우선, 「구운몽」과 「창선감의록」의 창작 동기를 기술한 자료에서 그 모습들을 확인할 수 있다.

> 패설에 구운몽이라는 것이 있는데, 서포가 지은 것이다. …… 대부인의 근심을 위로하고 풀고자 한 것이다. － 이재, 「삼관기」三官記

> 내 선조 졸수공 행장에 이르기를, "대부인은 고금사적을 두루 꿰뚫고 계셨으며, 만년에는 또 누워서 소설 듣기를 좋아하시어 이로써 잠을 막고 근심을 풀 거리로 삼으셨다. 공께서 스스로 소설을 여러 편을 지어 드렸는데 세상에 전하는 「창선감의록」, 「장승상전」이 그것이다.
> － 조재삼, 『송남잡지』宋南雜識

작가의 직접 진술은 아니지만 사대부가의 여성들이 소설을 즐겨 읽었음을 알기에는 충분한 내용을 담고 있다. 이들이 얼마나 소설을 애호했는가는 조태억이 「언서서주연의발」諺書西周演義跋에 기록한 내용을 통해서도 확인된다. 여기에는 조태억의 모친이 「서주연의」를 베꼈는데 그

가운데 한 책을 잃어버렸다가 되찾는 과정이 소상하게 적혀 있다. 또 다른 자료에는 권섭權燮(1671~1759)의 모친 용인 이씨가 자신이 직접 필사한 소설을 손자 손녀에게 나누어주었다는 기록도 전한다.

이처럼 사대부가 여성들이 소설을 즐겨 수용한 배경에는 여성을 중심으로 한 한글 보급, 여성들의 문예적 욕구, 그리고 여가의 확보 등이 자리하고 있다(이상택, 2003). 이때 이들에 의해서 수용된 소설은 대체로 국문 장편소설이었는데, 그들 가운데는 독자로서의 지위에 만족하지 않고 안겸제의 모친처럼 작품을 직접 창작한 인물들도 다수 있었을 것으로 추정된다.

상류층 여성들에게서 볼 수 있던 소설 탐독 현상은 시간이 흐를수록 계층적 범위가 확산되었다. 유교 이념을 주요하게 다룬 장편소설이지만 그것이 다른 계층에게 작품 거부 사유가 되는 것은 아니기에 유한한 생활을 하던 다른 계층의 여성들에게까지 소설이 받아들여졌던 것이다. 다만 이때의 유교적 이념은 그 자체가 목적이라기보다 하나의 수단으로 독자에게는 별다른 의미로 전해졌다고 해야 하겠다.

사대부가의 여성 독서는 또 하나의 의미 있는 사실과 연결지어 생각해볼 필요가 있다. 미성년 독자의 존재가 그것이다. 가정 문화의 중심에 있었던 여성들의 소설 애호가 결과적으로 미성년 독자들의 소설 독서로 자연스레 이어졌을 것이기 때문이다. 아동 문학이 별도로 존재하지 않던 시대적 정황을 감안하면 이들 역시 중요한 독자로 자리매김할 수 있다.

가까이는 월탄 박종화(1900~1981)와 육당 최남선에게서 유년 시절의 소설 애독에 관한 기록을 발견할 수 있다. 월탄은 이렇게 회고했다.

나는 밤마다 서당에서 돌아온 뒤에 촛불 아래서 국문을 깨쳤다. 이리하여

> 나는 우리나라의 고대소설을 어른 모르게 밤중이면 이불 속에서 읽었다.
> – 박종화, 『월탄회고록』

육당 최남선(1890~1957)도 더 이상 읽을 만한 언문 소설책이 없자 청나라 사람이 경영하는 책가게로 달려갔다고 전한다.

대표적인 소설 반대론자였던 이덕무 역시 "내가 어렸을 때[幼時] 십여 종의 소설을 보았는데, 모두 남녀 간의 풍정과 여항의 속담을 엮은 것으로서 눈이 솔깃해진 적도 있었다"(『영처잡고』)라고 하였는데, 이들 외에도 어린 나이에 글씨 연습을 위해서 혹은 집안 어른을 위해서 소설을 베끼거나 읽었다는 기록을 남긴 이들은 적지 않다.

여성 문화에서 소설이 차지하는 비중이 남성들에 비해 상대적으로 컸던 만큼 여성 독자의 제반 면모에 대해 우선 살펴보았다. 그렇다고 해서 남성 독자들의 역할이 미미했던 것은 아니다. 남성들 역시 사대부를 중심으로 소설을 읽은 이들이 적지 않으며, 한 걸음 더 나아가 소설 창작과 번역에 관여한 이들이 많다. 허균·권필·김만중 등이 그 대표적인 예이며, 다음과 같은 작품 서문에서도 소설 독자로서의 남성들의 모습을 확인할 수 있다.

> 세상에 소설이라 이르는 것은 말이 모두 비리鄙俚하고 일 또한 황탄荒誕하여 모두 기담궤학奇談詭謔에 그친다. 그러나 그 중 소위 남정기, 감의록 등 여러 편을 들어보면 감동할 만한 뜻이 있다. – 만와옹, 「일락정기」 서문

> 긴긴 밤 잠이 오지 않던 차 이웃집에 패관언서가 많다는 말을 듣고 서너 종을 빌려와 사람을 부려 읽게 하고 들어보았다. – 서유영, 「육미당기」 서

내 일찍 실학하여 과업을 이루지 못하고 훤당을 모셔 한가한 때 많으므로
세간에 전파하는 바 언문소설을 거의 다 열람하니.　　- 홍희복,「제일기언」

그런데 남성들의 소설 문학 향유가 이처럼 기록 수단을 지니고 있었던 이들로만 국한되지는 않았다. 서민층 남성들에게까지 소설 문학은 확산되어 갔는데, 장소를 바꿔가며「숙향전」·「소대성전」·「심청전」·「설인귀전」등을 구송했다는 전기수傳奇叟의 주위에 사람들이 많이 모여들었다는 기록에서 그 같은 일반 서민 독자의 존재를 확인할 수 있다. 연암 박지원도 중국에서 사람들에 둘러싸인 이가『수호전』을 구송하는 것과 우리나라 시장 바닥에서「임장군전」을 구송하는 것이 비슷하더라는 기록을 남긴 바 있다. 다음 인용문은 그러한 상황에서 빚어진 우발적 사건을 기록하고 있다.

옛날에 어떤 남자가 종로의 담배 가게에서 어떤 사람이 패사稗史 읽는 것을 듣다가 영웅이 가장 실의하는 대목에 이르러서는 갑자기 눈을 부릅뜨고 입에 거품을 물고서는 담배 써는 칼로 패사 읽는 사람을 찔러 죽였다.

　　　　　　　　　　　　　　　　　　　　　　- 이덕무,『아정유고』

그런데 이 같은 사건은 현실에서의 욕구 불만을 해소하고 대리 충족을 얻고자 했던 사람들이 현실 이외의 다른 것으로 눈을 돌리는 과정에서 충분히 재현될 수 있다는 점에서 일회적 사건으로만 치부할 수 없다. 즉 우리는 위의 사건에서 현실과 작품세계를 혼동하는 초보적 독자의 모습을 확인함으로써 소설이 대중화의 길로 들어서던 단계였음을 알 수 있으며, 작품세계에 대한 동경과 열망이 특히 강했을 독자들의 참여가 있었음을 짐작할 수 있다.

이 외에도 중인들은 『전등신화』를 많이 읽었으며, 『오륜전비』 같은 작품은 번역되어 역관들의 중국어 학습 교재로 쓰이기도 하였다. 그 밖에 판소리의 향유와 전파에 관여한 중인들의 모습 등을 종합하면 이들 또한 고전소설 독자의 한 유형으로 분류할 수 있을 것이다.

이상에서 살펴보았듯이 고전소설의 독자는 조선시대에 상하, 남녀, 노소에 관계없이 고르게 분포하고 있었다고 해야 하겠다. 다음 절에서는 시대적 추이에 대하여 살펴보기로 한다.

시대별 변화의 양상

독자라는 단어는 작품이 있은 연후에야 가능한 표현이다. 그러기에 고전소설의 출현을 나말여초 시기로 본다면 소설 독자의 등장 역시 이 때부터일 것이다. 하지만 여기서는 전해지는 자료가 비교적 많은 내용을 담고 있고 그 각각이 연관되어 있어, 뚜렷하게 독자의 모습을 추정할 수 있는 15세기부터의 독자층 변화에 대하여 간략히 살펴보기로 한다.

15, 16세기에는 소설 독서가 일반화되었다고 하기 어렵다. 중국 소설을 제외하고는 몇 편의 한문소설만이 확인되기 때문이다. 자연히 독자층도 대부분 학자 문인에 속하는 일부 남성들이 중심이었다. 대표적인 이가 『금오신화』의 작자 김시습이다. 그는 『전등신화』를 읽고 「제전등신화후題剪燈新話後」라는 시를 남겼는데, 담긴 내용을 보면 그의 소설 읽기가 매우 세밀했음을 알 수 있다. 조선 중기의 유명한 도학자 이황李滉(1501~1570)에게서도 그가 소설 독자였을 가능성을 찾을 수 있다. 다음 기록을 보면 그가 『금오신화』를 읽었을 것으로 보이기 때문이다.

매월(김시습)은 다름아닌 하나의 이인異人이니, 숨은 것을 캐고 괴이한 일을 행하는 무리에 가까운 것은 그가 살던 세상이 그래서이다. 마침내 그 높은 절개를 이루었으나 그가 유양양에게 보낸 편지나 『금오신화』 따위를 보면 아마도 원대한 식견이 있다고 말하기는 어렵다.   - 이황, 『퇴계선생문집』

소설에 대한 부정적 견해에 기초하여 피력한 의견이지만 사대부 남성들이 얼마나 소설을 가까이했는지를 알기엔 충분하다. 그러나 이 시기는 표기문자 면에서나 작품 수에 있어서 소설이 널리 확산될 조건을 갖추지 않아 독자층을 형성할 만한 단계에 이르렀다고 하기는 어렵다.

17세기의 자료에서는 소설의 양적 증가와 함께 독자의 존재도 점차 부상한다. 이를 알려주는 대표적인 자료가 『신독재수택본전기집』이다. 여기에는 조선 중기 예학의 태두라 할 사계沙溪 김장생金長生(1548~1631)의 아들이며 김만중의 종조부로서, 예학의 정립과 보급에 큰 역할을 담당했던 신독재愼獨齋 김집金集(1574~1656)의 수기手記가 담겨 있는데, 그 내용은 다음과 같다.

내가 본래 학문을 좋아하나 잡기雜記는 더욱 좋아한다. 이 책을 빌려와 세세히 살펴보니 누구로부터 전사傳寫되었는지는 알 수 없으나, 혹 불필요한 글이 덧붙기도 하고 잘못 쓰이거나 빠진 글자가 많아 문리가 통하지 않았다. …… 문리를 모르는 사람이 끊어진 구절의 상하를 잇는 데 어려울까 염려하여, 통하기 어렵거나 확실치 않은 곳에는 점을 찍어 후에 읽을 사람을 기다리게 했으니 아마도 유익하지 않겠는가? 묘해 12월 10일(兎臘月旬) 신독재 주인 쓰다(愼獨齋 主人 書).

이 전기집에는 「만복사저포기」·「유소랑전」·「주생전」·「상사동전객기」·「왕경룡전」·「왕시봉기우기」·「이생규장전」·「최문헌전」·「옥당춘전」 등 여러 작품이 수록되어 있는데, 예학자가 소설 독자였다는 사실 말고도 여러 작품이 한데 묶인 형태로 발견되었다는 점을 특히 주목할 필요가 있다.

비슷한 경우로, 이문건李文楗(1494~1567)의 『묵재일기』默齋日記 이면에서 발견된 소설도 있다. 16세기 말 혹은 17세기 초에 이루어졌을 것으로 추정되는 이 자료에는 「설공찬전」, 「왕시전」, 「왕시봉전」, 「비군전」, 「주생전」 등이 들어 있다(이복규, 1998). 효종비 인선왕후(1618~1674)가 딸 숙명공주에게 보낸 한글 편지에서도 여러 작품명이 발견된다.

녹의인뎐은 고텨 보내려 ᄒ니 깃거ᄒ노라
하븍니쟝군뎐 간다 감역집의 벗긴 ᄎᆡᆨ ᄎᆞ자 드르올제 가져오나라
슈호뎐으란 ᄂᆡ일 드러와서 네 출혀 보내여라

이상에서 열거한 이 시기 자료의 특성은 여러 작품들이 특정한 개인과 연관되거나 한데 모여 있다는 사실이다. 이는 소설 독서가 일회적이지 않았음을 의미한다. 따라서 이들을 본격적인 의미의 소설 독자라 부르기에 부족함이 없다.

특히 인선왕후의 편지에서 보듯이, 궁중과 사가 사이에 소설책을 주고받았다는 사실은, 앞에서 이미 예로 들었던 김만중과 조성기, 권섭 등의 관련 기록과 함께 상층 사대부가의 여성들을 중심으로 소설 읽기가 유행하고 있었음을 재확인시켜 준다. 이 같은 여성 독자의 존재가 한글소설의 활발한 창작을 이끌어냈을 것이기에 독자의 역할은 이전 시기보다 커졌다고 할 수 있다. 이런 변화는 전 시대의 모습에 더하여진 것으로 누적의 의미가 강하다. 즉 새로운 독자층의 부상이 이전에 존재했을

독자의 소멸을 의미하는 것은 아니다.

　18세기의 소설사에서 학자들이 가장 주목하는 것은 세책가이다. 하지만 그 배후에는 소설 독자의 독서열이 자리하고 있다는 점에서 세책가 못지않게 독자들의 소설 열독 현상이 커다란 의미를 지닌다. 상중에 소설을 읽다가 시숙에게 책망을 들은 사대부가 여인처럼 소설에 탐닉하는 독자들이 많아졌기에 세책가가 탄생할 수 있었고 동시에 사회적으로 물의도 빚은 것인데, 다음 자료를 통해 당시의 정황이 어떠했는지 짐작할 수 있다.

　　집안일을 내버려두거나 여자가 할 일을 게을리하며 더욱이 돈을 주고 빌려
　　보는 데 빠져들어서 가산을 기울인 사람도 있다.　　　　 - 이덕무, 「사소절」

　　요즘 세상에 부녀자들이 서로 다투어가며 일로 삼는 것은 오직 패설 읽는
　　것이다. 패설은 날로 달로 늘어 그 종류가 수백 수천에 이른다. 쾌가에서는
　　이를 깨끗이 베껴 빌려주고는 값을 거두어 이익을 취한다. 아녀자들은 식견
　　도 없이 비녀나 팔찌를 팔거나 또는 빚을 얻어서라도 다투어 빌려와서는 긴
　　날의 소일거리로 삼는다. 　　　　　　　　　　　　　　- 채제공, 「여사서서」

　　한글소설을 열 줄만 내리 읽어도 그 뜻이 막히는데, 부녀들이 말하는 것을
　　들으니 한글소설을 잘 읽는 사람은 10여 행을 비록 일시에 읽지는 못한다
　　하더라도 눈으로 한번 죽 보아 이해하여 줄줄 읽어 내려간다고 한다.
　　　　　　　　　　　　　　　　　　　　　　　　　　　　- 유만주, 『흠영』

　위의 인용문들은, 기록한 이의 소설관에 따라 긍정과 부정의 방향을 달리하고 있지만 당대의 일부 여성들의 소설 열독이 초래한 현상을 담

고 있다는 공통점을 지닌다. 그런데 소설 애독자로 여성들만 있었던 것은 아니다. 시기가 다소 늦기는 하지만 영의정까지 지낸 이상황李相璜(1763~1841)은 신본 패설을 읽기 좋아하여 수천 권을 소장하고 있었고, 경화세족들을 중국 소설의 주된 독자로 지목한 연구(강명관, 1999)도 있다.

하지만 열독자의 존재가 일부 확인된다고 해서 곧바로 사회 전반의 분위기가 그에 편승했다고 단정할 수는 없다. 일부 독자의 독서열이 세책가의 흥성을 이끌기는 하였지만, 그것이 전 계층으로 확산되기에는 아직 주변 여건이 충분히 성숙되었다고 하기 어렵기 때문이다. 따라서 이 시기는 일부 열성적인 여성 독자들이 지역적으로 극히 제한된 세책가를 통하여 장편소설 중심으로 작품을 수용한 점을 특징으로 지적할 수 있으며, 본격적인 소설의 성행은 19세기부터인 것으로 판단된다.

19세기 독자 문제와 관련하여 가장 주목할 것은 방각본 소설이다. 방각본으로 소설이 출판되었다는 사실은 상업적 이윤 확보가 가능해졌음을 의미하고, 그것은 곧 다수의 독자를 전제하기 때문이다. 그렇게 출판된 방각본 소설은 다시 독자 수의 증가를 불러오고, 이는 소설의 대중화로 이어졌을 것이다. 따라서 소설의 상업적 출판은 소설사뿐 아니라 경제사나 문화사적인 측면에서도 그 의의가 매우 크다.

그런데 이렇게 출판된 소설들은 이전 시기에 세책가를 중심으로 유행했던 장편소설들과는 분량이나 언어, 구성, 내용 등에서 차이를 보인다. 독자의 입장에서도 이러한 차이가 인지되어 양자를 분류하는 관행이 있었을 것으로 예상되는데, 1975년 경북 북부 지역의 여성 독자들을 대상으로 한 조사에서 진류傳類와 녹류錄類의 구분이 확인된다(이원주, 1975). 이때의 진류는 상민들이나 보는 책이고, 녹류는 주로 장편을 일컫는데, 상스럽지 않으며 배울 것이 많은 녹류를 보라는 교육을 받았다는 내용 등이 조사 결과로 소개되어 있다.

그러나 방각본 출판이 기존의 장편소설 독자와는 전혀 다른 새로운 독자를 겨냥했다고 보거나, 방각본 독자와 세책본 독자를 서로 다른 성향의 인물들로 끝내 가르는 것은 독자론에서 보면 방각본 출판이 갖는 문화적 의미를 왜곡할 수도 있다는 생각이다. 작품의 제반 성향이 다르기에 독자들이 어느 쪽으로든 편향된 선택을 했을 가능성은 있지만, 양자가 평행선을 달렸다고만 보기는 어렵다.

방각본 출판은 소설의 대중화 과정에서 자연스레 기획되었으며, 출판된 작품들이 영웅소설이나 판소리계 소설 위주로 짜여진 것은 그 당시의 여건으로서는 최선의 선택이었을 것이기 때문이다. 따라서 소설에 대한 사회 인식, 독자의 처지, 출판 환경 등을 감안하면 방각본과 특정 성향의 독자를 고정시키는 것이 실상에 부합하는가는 좀더 고구될 필요가 있다. 18세기부터 흥성했던 세책본과 19세기에 성행한 방각본을 마냥 대척점에 놓은 일은 어쩌면 1993년 100만 관객을 모은 영화〈서편제〉와 1,000만 관객을 모은 영화〈실미도〉를 관객 수로 단순 비교하는 것과 같은 것인지도 모른다.

독자의 역할

지금까지 서술된 내용을 요약하면 다음과 같다.

(1) 고전소설사에서 독자는 매우 중요한 비중을 차지한다.
(2) 그럼에도 불구하고 관련 자료가 충분하게 전하지 않기 때문에 고전소설 독자에 대해 올바르게 이해하기 위해서는 당시의 독서 환경이나 오늘날

의 통념 등에 대하여 재고할 필요가 있다.

(3) 고전소설 독자 가운데는 상류층 여성의 역할이 특히 주목된다. 하지만 시대의 흐름에 따라 소설 읽기는 전 계층으로 확산되어 갔으며, 남성 독자는 물론 일반 서민 독자의 모습도 자료를 통하여 확인할 수 있다.

(4) 시대별로 보면, 초기에는 소설 독자가 학자 문인 등 일부 남성에 국한되었다. 그러던 것이 17세기에 와서 작품 수가 늘어나고 본격적인 의미에서 소설 독자라 이름 붙일 수 있는 인물들의 존재를 확인할 수 있다. 이후, 18세기에는 세책가와 함께 소설 열독자가 부상하는데, 특히 유한 계층의 여성들이 장편소설의 수용자로 주목된다. 19세기에는 방각본 출판을 통해 소설이 이미 대중화 단계에 들어섰음을 확인할 수 있다.

끝으로, 중의적 의미에서 독자의 역할과 연관된 두 가지 문제에 대해서 간략히 언급하고 글을 맺기로 한다.

먼저, 고전소설과 그 독자들을 이해하기 위해서는 각자가 독자 역할을 잠시라도 자임해보도록 권한다. "이야기를 좋아하면 가난하게 산다"는 어른들의 책망에도 불구하고, 이야기꾼을 졸라대던 아이들이 있었기에 설화가 면면히 이어져왔듯이, 소설 역시 밤을 새워가며 소설책을 손에서 놓기 아쉬워했던 독자들에게 상당한 빚을 지고 있다. 그런데 작품은 남고 독자는 사라진 지금, 대부분의 고전소설은 동화나 교과서와 연관된 범위 안에서만 독서물로 자리하고 있다.

그러다보니 전문가에 의한 작품의 분석 결과만이 요약 소개되거나 교훈적 의미만 강조되는 결과를 낳고 있다. 고전소설이 가지고 있는 제반 특징이 충분히 전달되지 못하고 있는 것이다. 그래서는 집안 어른들의 눈을 피해가며 육체적 고통이 따르는 책읽기를 기꺼이 감내했던 독자들을 이해하기 힘들다. 최소한 자발적 독서라는 공통 분모 정도는 필요한 것이 아닐까? 이는 물론 시간을 돌려 과거 고전소설의 영화를 오늘날 재현하자는 의미는 아니다. 궁극적으로는 다양한 문화의 간접 체험과 소설사 변천의 흐름에 대한 이해를 통하여 폭넓은 시야를 확보하기 위해서다.

다음, 고전소설의 독자에 대하여 개략적으로 검토하였지만 여전히 의문으로 남는 것은 독자가 소설사의 발달에 어떻게 그리고 얼마나 기여해왔는가에 대한 구체적인 확신이다. 그 역할이 결코 적지 않았을 것임에도 불구하고 관련 자료의 부족이나 작가와 작품에 대한 조명 등을 이유로 독자에 대한 관심은 매우 적은 편이다. 하지만, 보다 근원적으로는 독자에 대한 불신도 주요인으로 배후에 자리하고 있다.

흔히 독서 행위는 의도적으로 자신을 드러내고자 하는 독자 몇몇을 제외하면 대부분의 독자가 지니는 익명성으로 인하여 집단의 차원에서 논의된다. 그런데 집단에 대해서는 "집단의 일원이 되면 바로 바보가 된다"는 말에서 보듯이 부정적 선입견이 강하게 작용하는 경우가 많다. 개별 독서 행위의 총합으로서의 집단적 독서 행위도 과연 폄하의 대상인가?

오늘날 심심치 않게 목격할 수 있는 것이 전문가와 비전문가 사이의 설전이다. 그런 곳에서 간혹 집단의 일원으로 자리매김된 비전문가의 지식에 대한 전문가의 의구심을 목격할 수 있다. 수용자의 역할에 대한 회의도 동시에 확인할 수 있다. 하지만 대중의 역할에 대해 긍정과 부정의 견해가 공존하는 것이 현실이고, 영화를 예로 들면 감독과 작품, 마케팅, 기획자, 관객이 각각 어느 정도의 비중을 차지하는가에 대한 정답은 자명하게 나와 있는 것이 아니다.

● 이주영

| 참고 문헌 |

이병기·백철, 『국문학전사』, 신구문화사, 1957.
정병욱, 「조선 말기 소설의 유형적 특징」, 『문화비평』 1, 1969.
김동욱, 「이조소설의 작자와 독자에 대하여」, 『장암지헌영선생화갑기념논총』, 호서문화사, 1971.
이원주, 「고전소설 독자의 성향」, 『한국학논집』 3, 계명대 한국학연구소, 1975.
최철, 「이조소설 독자에 관한 연구」, 『연세어문학』 6, 연세대 국문과, 1975.
大谷森繁, 『조선후기 소설독자 연구』, 고려대 민족문화연구소, 1985.
김경미, 「수용미학과 고소설 독자연구」, 『고소설의 저작과 전파』, 한국고소설연구회 편, 아세아문화사, 1994.
김종철, 「장편소설의 독자층과 그 성격」, 『고소설의 저작과 전파』, 한국고소설연구회 편, 아세아문화사, 1994.
장효현, 「장편 가문소설의 성립과 존재양태」, 『고소설의 저작과 전파』, 한국고소설연구회 편, 아세아문화사, 1994.
류탁일 편, 『한국 고소설 비평 자료집성』, 아세아문화사, 1994.
임종국, 『한국인의 생활과 풍속』(하), 아세아문화사, 1995.
조도현, 「국문소설 유통의 현대적 양상」, 『한국 서사문학사의 연구 5』, 사재동 편, 중앙문화사, 1995.
박희병, 「흠영의 성격과 내용」, 『흠영』 1, 규장각, 1997.
정병설, 「조선후기 장편소설사의 전개」, 『한국 고전소설과 서사문학』(상), 간행위원회 편, 집문당, 1998.
이복규, 『초기국문 국문본소설』, 박이정, 1998.
강명관, 『조선시대 문학예술의 생성 공간』, 소명출판, 1999.
안병희, 「왕실자료의 필사본에 대한 국어학적 검토」, 『장서각』 창간호, 한국정신문화연구원, 1999.
이상택, 『한국 고전소설의 이론 I』, 새문사, 2003.
정명기, 「세책본 소설의 유통양상」, 『고소설연구』 16, 한국고소설학회, 2003.

6
한국 고전소설의 주제

▬「춘향전」의 주제를 둘러싼 논란

「춘향전」의 주제를 무엇이라고 말할 수 있을까? 물론 가장 전통적인 답변은 '열烈'이다. 대표적인 이본의 하나로 『열녀 춘향 수절가』라는 책이 있을 정도이니, 이에 대해 다른 말은 필요치 않다. 하지만 '열'이라고만 하기에는 그렇게 말할 수 없게 하는 많은 다른 요소들이 있어서 문제가 된다. 작품은 이도령과 춘향의 신분을 뛰어넘는 사랑을 통하여 '사랑의 고취'를 보여줄 뿐만 아니라, 변사또에 대한 춘향의 저항에서 '상층 권력에 대한 하층의 저항'을 읽게 한다. 아울러 결말부에 정경부인이 되는 춘향의 신분 상승에서 '하층의 신분 상승 의지'를 엿볼 수 있다.

「춘향전」의 주제로 한편에서 유교 덕목인 '열'을 거론하는 반면, 다른 한편에서는 유교에 기반을 둔 당대의 사회 질서나 신분 질서에 대한 저항을 말하기도 한다. 한마디로 「춘향전」의 주제 논의는 혼란스럽기 그지없다.

　이러한 혼란은 결국 작품의 주제가 둘이라는 주장을 낳았다. 조동일은 「갈등에서 본 춘향전의 주제」라는 글에서, 「춘향전」에는 겉으로 드러난 주제와 함께 속에 감추어진 주제도 있다고 하면서, 겉으로 드러난 주제를 '표면적 주제'라고 하고 속에 감추어진 주제를 '이면적 주제'라고 하였다. 「춘향전」은 기생 춘향과 기생 아닌 춘향의 갈등으로 이루어진 구조인데, 기생이라는 현실적 조건과 여기서 벗어나고자 하는 춘향의 갈등을 통하여, 표면적 주제로는 '열녀의 교훈'이 드러나 있고, 이면적 주제로는 '신분적 제약에서 벗어나 인간적 해방을 이루자'는 주장이 나타나 있다고 보았다. 그리고 두 주제는 대립적으로 공존하지만 표면적 주제는 낡은 관념이고 이면적 주제는 새로운 사상이므로, 작품의 가치는 후자에 입각하여 평가되어야 한다고 보았다.

　이러한 이원적 주제설은 종전에 '불통일', '불합리', '모순', '이율적 二律的 행동 체계' 등으로 설명된 「춘향전」의 특징을 주제적 차원에서 체계화함으로써, 작품 이해에 새로운 방향을 제시하였다. 하지만 한 작품이 두 개의 서로 상반된 주제를 지닐 수 있다는 주장은 여전히 쉽게 받아들여지지 않는다. 설사 「춘향전」이 적층積層 문학인 판소리가 소설화한 형태라고 해도, 또 그 때문에 '부분의 독자성'이라는 장면의 특징을 지니고 있다 하더라도, 작품의 핵심인 주제가 둘이라는 것은 여전히 받아들이기 어렵다. 그것을 수용하는 사람이 개인이고 그 텍스트가 낱권인 이상, 한 사람이 한 텍스트에서 두 가지 주제를 받아들일 수는 없기 때문이다.

　주제가 하나인가 둘인가 하는 물음은 「춘향전」의 주제 논의에서 중요한 논란거리다. 하지만 이 논쟁의 전제로 먼저 좋은 소설은 반드시 분명한 주제를 가지고 있으며, 일관성 있는 서사 전개를 펼쳐야 하는가 하는 물음에 답할 필요가 있다. 만일 이 물음에 그렇다고 답한다면, 주제가 둘인 작품은 높은 평가를 받을 수 없다. 주제의 혼란을 보여주기 때문이다. 소설은 '말하기' 중심의 사상서나 윤리서가 아니며, 따라서 '보여주기'가 그 못지않게 중요하다. 따라서 주제의 선명성으로 작품 가치를 전단專斷하기는 어렵다. 그 좋은 예가 「춘향전」인 셈이다. 「춘향전」의 주제가 하나건 둘이건 이 작품이 주제적 선명성이 부족한 것은 분명하다. 그렇다고 해서 이 작품의 가치를 낮게 평가할 수는 없다.

근년에 있었던 남북 이산가족 상봉 행사에 북한 측이 준비한 창극 「춘향전」을 보고 많은 이산가족들이 눈물을 쏟았다. 이산가족 상봉이라면 「심청전」이 더 적합할 듯하지만, 「춘향전」으로도 충분한 감동을 줄 수 있었던 것이다. 「춘향전」은 주제의 선명성이 약해 보이지만, 수용자에게는 또 다른 감동을 주고 있음을 알 수 있다. 구체적으로 말해 「춘향전」의 주제를 '열'로 보건, '사랑'으로 보건, '인간 해방'으로 보건, 그것은 이본에 따라 또 독자의 처지와 사상에 따라 다르게 읽히는 것이다. 「춘향전」은 그만큼 다면적이고 다층적인 접근이 필요한 작품인 것이다.

「춘향전」에서 요구되는 다면적이고 다층적인 접근을 주제에 한정하여 말하면 대개 둘 정도로 나누어볼 수 있다. 하나는 유교적 지배 질서로 들어가려는 움직임이고, 다른 하나는 거기로부터 빠져나오려는 움직임이다. '열'은 전자에 해당되며, '인간 해방' 등은 후자에 해당된다. 다시 말해 전자는 구심적 운동, 후자는 원심적 운동이라고 할 수 있는데, 「춘향전」의 주제가 보여주는 구심적이면서 동시에 원심적인 운동은 고전소설 전체의 주제를 설명하는 틀로도 유용한 듯하다. 이는 고전소설 특히 조선조 소설이 그것을 배태한 조선사회의 강한 유교 이념적 자장에 끌리고 있음을 뜻한다. 조선사회와 소설의 강한 이념성은 인접 중국이나 일본과도 확연히 구별될 정도라는 점에서, 이 점은 주목을 요한다.

「창선감의록」과 주제적 구심성

고전소설의 주제를 논할 때, 유교 이념의 강화 경향을 보이는 것을 구심적 주제라고 하고, 그로부터 일탈하려는 경향을 보이는 것을 원심적 주제라고 하면, 고전소설작품은 거의 구심적 주제와 원심적 주제의 일직선상에 위치지울 수 있다. 물론 조선시대를 통틀어 유교 이념에 정면 도전한 사상이나 문학작품은 없다고 해도 과언이 아니니, 원심적 주제라 해서 완전한 일탈과 저항을 뜻하지는 않는다. 말하자면 구심성과 원심성은 상대적인 것이다.

구심적 주제의 작품으로는「진대방전」처럼 윤리소설이라고 부를 수 있는 작품을 먼저 생각할 수 있겠지만, 높은 인기를 누렸으면서도 유학자들에게 호평을 얻었던「창선감의록」·「사씨남정기」등이 실질적인 구심적 주제의 대표작이라 말할 수 있을 것이다. 여기서는 조성기趙聖期(1638~1689)의 작품으로도 전해지는「창선감의록」을 통해 주제적 구심성의 실상을 살펴보기로 한다.

화욱에게는 심씨, 요씨, 정씨의 세 부인이 있는데 여기에는 또한 각각 춘, 빙선, 진이라는 자식이 있다. 그런데 화춘은 아버지에게 인정을 받지 못하고 화진은 인정을 받아, 화춘 모자가 화진을 질투한다. 화욱과 두 부인이 죽자, 심씨는 아들 화춘과 더불어 본격적으로 화진 남매를 구박한다. 한편 화진의 정혼자 남채봉은 부모를 잃고 아버지의 친구인 윤시랑의 집에 의탁하는데, 거기서 윤소저·진소저와 친하게 지낸다. 그런데 권신 엄숭의 가자假子 조문화가 진소저에게 혼인을 강박해오자 진소저는 부모님을 멀리 보낸 다음 도망친다.

이 사이 화진은 장원 급제하고, 화춘은 부인 임씨를 내치고 간악한 첩 조씨를 정실로 삼는다. 간신들이 더욱 날뛰어 화진은 유배를 가는데,

화춘은 자기 죄가 알려질까봐 간신 엄숭에게 아부하기 위해 윤소저를 엄숭의 아들 엄세번과 결혼시킬 모략을 세운다. 이 사실을 안 윤소저의 쌍둥이 남동생 윤여옥이 누나를 대신하여 여장을 하고 엄숭의 집에 들어갔다가 오히려 엄숭의 딸 월화와 혼약을 맺는다. 화진은 유배에서 풀려나 외적의 침입을 격퇴하는 공을 세우고, 헤어진 친족과 만난다. 정혼한 사람들이 결혼을 하고, 악인들은 징계를 받거나 개과천선하며, 화진은 천자를 잘 보필하고 일가와 후손이 번창한다.

위의 줄거리에서 볼 수 있는 바와 같이「창선감의록」은 유교 윤리를 강화하는 데 초점이 놓여 있다. 친어머니 친형제가 아닌 어머니 심씨와 이복형 화춘의 모진 박해를 주인공 화진이 묵묵히 참고 이겨내는 데서 유교적 효와 형제애를 볼 수 있고, 정혼자가 아닌 권력자의 청혼에 대해 죽음을 두려워하지 않고 맞서는 데서 여성들의 열烈을 읽을 수 있으며, 조정에서는 간신과 맞서고 밖에서는 외적과 맞서는 데서 충忠을 엿볼 수 있다. 다시 말해서「창선감의록」은 충·효·열이라는 대표적 유교 덕목을 권장하는, 제목처럼 바르고 떳떳한 일을 펴고 본받게 하는 작품(創善感義錄)인 것이다.

한편 작품의 구조적 차원에서 보면, 작품 초반에 잃었던 가정적·사회적·국가적 질서가 후반에서 모두 회복된다는 점에서 유교적 사회 질서, 다른 말로 유교의 예적禮的 질서의 회복을 주제로 삼고 있다고 할 수도 있는데, 사실 유교적 덕목이나 유교적 질서라는 관점에서 접근한다면 거의 모든 고전소설이「창선감의록」과 별반 다를 바 없다. 오히려「창선감의록」의 주제적 구심성은 작품의 미세한 부분에서 더욱 잘 드러난다고 할 수 있다.「창선감의록」은 임형택 등에 의해 이미, 인물들의 언어 행동이 본받음직하고 세련되어 있으며 또한 문체도 점잖고 세련된 문어체로 되어 있다고 지적되고 있다.

귀양가는 아버지를 따라가다가 도중에 도적을 만나 부모를 잃고 어린 여자의 몸으로 몸종과 의탁할 곳을 찾던 남채봉은 진채경의 집을 발견하고 몸종을 보내 자신들을 받아들일 수 있는지 묻는다. 몸종에게 전후 사정을 들은 진채경의 어머니 오씨 부인은 "재변을 만나 유리流離하여 굶주리고 추우며 가련타 하기로 노신老身이 듣고 측은히 여겨 교자를 보내어 맞노라"라는 말을 전하게 한다. 이에 옆에 있던 진채경이 어머니에게, 이 말은 불쌍하니 동정을 베풀겠다는 뜻으로, 곧고 바른 여자라면 필시 비굴하게 느껴 오지 않으려 할 것이라고 아뢴다.

　　오씨 부인은 딸의 말을 듣고 깨달아 다음과 같은 말을 전하게 한다. "시비侍婢를 인하여 대강 들으니 소저小姐 유리하여 액화를 만났다 하니 놀랍고 슬픈지라. 그윽이 생각건대 노상에서 창졸간倉卒間 상례喪禮를 분변分辨키 어려울 듯한 고로 노신의 모녀 바야흐로 소저를 위하여 친히 상복喪服을 다스리리니 오직 바라건대 잠깐 더러운 집에 굴屈하여 성복成服을 지낸 연후 서서히 고향으로 돌아감을 도모하라."

　　이처럼 상대의 불의의 환란을 조문하고 누추한 집으로 들어오라고 청함으로써, 전후의 의미는 완전히 달라지고 유교적 예법에 맞게 바뀌고 있는 것이다.

　　또한 윤여옥과 간신 엄숭의 딸 월화가 인연을 맺는 장면을 보면 「창선감의록」이 왜 소설을 무시·배척하는 유학자들에게 높은 평가를 받아 왔는지 알 수 있다. 윤여옥은 권신 엄숭의 아들 엄세번이 쌍둥이 누나 윤소저에게 혼인을 강요하자 누나 대신 여장女裝하고 엄숭 집으로 들어간다. 여기서 윤여옥은 엄세빈에게 이 핑계 저 핑계를 대며 결혼을 미루는데, 이렇게 하는 동안 엄숭의 딸 월화와 동거하게 된다.

　　그러던 어느 날 윤여옥은 월화에게 자신이 남자임을 밝히고, 결연은 하늘의 뜻이라고 하면서 동침을 요구한다. 그런데 월화가 예의에 어긋난다며 거절하자 "일어나 앉으며 안타까워 길게 탄식하며 이르기를 '내가 이렇게 함이 즐거워서가 아니라, 그윽이 신명神明에게 부끄럽고 오늘밤 이 행동이 내 평생의 한이 되리로다' 하며 드디어 물러나와 딴 자리에" 눕는다. 윤여옥은 활달한 성격의 인물이지만 결정적인 순간에는 '부끄러움'을 알고 자제할 수 있는 인물로 그려져 있는 것이다. 활달한 성격의 인물이 강한 자제력과 예의를 준수하는 태도를 보인다는 것은 원심적 주제의 작품들과는 구별되는 특징이다. 「창선감의록」이 얼마나 유교적 이념에 가까운가를 잘 보여주는 부분인 것이다.

이런 구심적 주제의 작품들은 대체로 작가가 유학자인 경우가 많고, 적어도 영웅·군담 소설이나 판소리계 소설들과는 차별되는, 당대의 문화적 위상으로는 소설류에서 비교적 높은 지위를 점하는 작품군이다. 여기에는 상층 여성들에 의해 창작되고 읽힌 일군의 장편소설들이 포함되는데, 「완월회맹연」·「옥원재합기연」·「유효공선행록」·「유씨삼대록」 등 이른바 대장편소설 또는 낙선재본 소설이 그것이다.

■ 「홍길동전」과 주제적 원심성

「창선감의록」이 구심성의 한 극단에 위치한다면, 「홍길동전」은 반대편 극단에 위치하는 작품이다. 「창선감의록」이 중국을 배경으로 삼고 있는데 반해 「홍길동전」은 그 배경을 조선으로 둠으로써 사실성寫實性에 한발 근접해 있음을 알 수 있다. 「창선감의록」의 주인공 화진도 조선식으로 말하면 서자庶子지만 이 작품은 일부일처제一夫一妻制의 조선식 법제와 무관하게 일부다처一夫多妻를 그리고 있으므로 그 배경에서부터 현실 문제와는 비껴 있음을 알 수 있다. 반면 「홍길동전」은 처음부터 홍길동을 천비賤婢 소생의 서자라고 말하고, 그를 주인공으로 삼아 서자 문제를 정면으로 거론함으로써 조선의 사회 질서와 대결을 예고한다.

혈연을 중요하게 생각하는 부계제父系制의 조선사회에서 엄연히 아버지의 피를 이어받았으면서도 아버지의 피를 한 방울도 인정받지 못하는 차별 받는 서자가 어떻게 존재할 수 있을까? 그것이 「홍길동전」의 문제의식이다. 그런데 서자 홍길동은 예사 인물이 아니다. 도술과 용력이 출중하다. 아버지의 피를 이어받았으면서도 아들로 대접받지 못하고, 뛰어난 능력을 지녔는데도 쓰이지 못하는 현실, 여기 「홍길동전」의 현실적 문제의식이 있는 것이다.

모순된 현실에 대하여 불만이 가득한 홍길동이 갈 수 있는 길은 세 갈래다. 하나는 현실의 모순을 깰 수 있는 방안을 모색하고 전파하는 것이고, 둘은 현실 모순에 물리력으로 저항하는 일이며, 셋은 모순된 현실에서 도피하는 것이다. 박지원의 「허생전」에 나오는 허생도 높은 학문 수준에다 정확한 현실인식까지 갖춘 선비였으나 조선의 모순적 현실에 유효한 대안을 제시하지 못했으니, 별반 배움이 없는 홍길동에게 첫째 번을 기대하기는 어려운 노릇이다. 그래서 홍길동은 저항의 길로 도적을 택하였다. 종교 권력의 상징인 해인사와 국가 권력의 상징인 함경도 감영을 탈취하는 대범한 반란을 저지르지만, 그는 결국 왕에게 자수하여 병조판서를 제수받는 것으로 저항을 종결짓고 현실에 타협하고 만다.

현대의 논자들은 홍길동의 투항을 작품의 한계로 보기도 하지만, 한계라는 말은 부당하다. 조선시대에 그 이상은 도저히 넘을 수 없는 선이기 때문이다. 그러므로 「홍길동전」은 병조판서를 제수받은 홍길동을 나라 밖으로 보낸다. 홍길동으로 하여금 제3의 길이 있음을 알림과 동시에, 홍길동에게 있어서 병조판서는 그가 바라는 바가 아님을 말해준다.

이는 조선사회의 모순이 도저히 용납될 수 없는 단계에 와 있음을 말해주는 것이기도 하다.

조선을 떠난 홍길동은 거부巨富 백룡의 딸을 납치한 요괴와 싸워 이겨 백룡의 딸을 처로 얻으며, 다시 율도국 왕과 전쟁을 벌여 승리하여 율도왕이 된다. 홍길동은 이 땅에서 가능성을 찾을 수 없었기에 새로운 유토피아로 향하였던 것이다. 아니 홍길동은 새로운 땅을 찾아간 것이 아니라, 그곳으로 내몰렸던 것이다.

물론 도적 홍길동은 자수하였을 뿐만 아니라 임금의 친국親鞫을 당할 때도 끝내 임금의 뜻을 거역하지 않아, 충忠이라는 유교 덕목에서 자유롭지 못함을 보여준다. 하지만 임금이 친히 국문하는 자리에서 자기 행위의 정당성을 주장하고 또 병조판서의 제수를 요구하여 마침내 이를 얻는 부분을 보면, 반역이라고는 할 수 없어도 불충해 보인다.「홍길동전」의 주제는 '인격의 실현', '인간적 가치 회복', '공명주의적 이상의 실현' 등 여러 가지로 주장되고 있지만, 그 모두가 유교적 예교와 어긋나는 것이라는 점에서는 공통적이다.

「홍길동전」처럼 원심성을 강하게 보이는 고전소설은 거의 없다. 그러나 정도의 차이는 있지만 영웅소설이나 판소리계 소설 등은 앞서 논급한「창선감의록」류의 장편소설에 비해 상대적으로 강한 원심성을 보인다. 먼저 영웅소설 가운데 가장 많이 읽힌 작품의 하나인「유충렬전」을 보자. 작품의 말미에 유충렬이 외적으로부터 나라를 구한 다음, 황제를 만나 전일 황제가 자기 아버지를 귀양 보낸 처사를 공박하는 장면이 있다. 유충렬의 꾸지람을 들은 황제는 할 말이 없어 우두커니 앉아 있고, 태자는 버선발로 내려와 천하를 반으로 나눌 것을 약속한다. 황제라는 지존至尊을 이처럼 무기력하고 우스꽝스럽게 만든 장면은 다분히 유교적 예법으로부터의 일탈이라 할 수 있다.

또한 전혀 다른 성격이라고도 볼 수 있지만, 「최치원」의 내용 역시 원심적이라고 할 수 있다. 신라의 뛰어난 인재인 최치원을 죽이려고 백방으로 노력하던 중국 황제가 최치원을 회유하며 "천하 땅이 다 짐朕의 땅이요, 경卿도 짐의 신하라. 대국에 있으며 짐을 도움이 엇더하뇨"라고 하니, 최치원이 갑자기 구름 위로 훌쩍 올라앉으며 "이곳도 폐하의 땅이니잇가"라고 응수하는데, 이런 반중화적反中華的·자주적 발언도 유교적 질서에서 보면 일탈이라 하지 않을 수 없다. 또한 「춘향전」에 나오는 다음 장면은 유교적 질서를 한낱 웃음거리로 만들고 있다. 이도령이 방자에게 춘향을 불러달라고 애걸하는 부분이다.

"어서 바삐 불러다오." 방자놈 여쭈오되, "도령님 그러시오. 반상분의班常分義 내버리고 형우제공兄友弟恭 하옵시다." 도련님 욕심의 계관하여, "그랴주마." "그리하면 나보담 손아래니 호형하소." 이도령 그 말 듣고, "이 애 이것은 웃음거리로다. 을축갑자 엇더하니." 방자놈 도로 날여, "반심을 못 버리고 외입이란 무엇이오. 싫거든 그만두오." 도련님 기가 막혀 참말이지 난중하다. 이런 줄을 알았다면 모년이나 하여 볼 걸, "천하천지 몹쓸 놈아. 이다지도 조르느냐." 방자놈 뿌리치며, "다시는 말을 마오." 이도령 급한 마음 죽으면 대수냐. "방자야." "네." "형님." 방자놈 돌아서며 "우애, 내 아오냐." 이도령 무안하나, "인제 어서 불러다오." "그리하오."

이처럼 유교 이념이나 그 질서로부터 벗어나려는 경향을 보이는 일군의 작품들은 설사 표면적으로는 '충, 효, 열' 등의 유교 덕목이나 '가문 창달', '국가 질서 회복' 등을 주제로 내세운 것처럼 보여도 실제로는 그 자장에 온전히 편입되지 못하는 것들이다. 그 단적인 증거가 이들에게 집중적으로 가해진 유학자들의 멸시와 배척이다. 일부 독자들은 고전소설을 「창선감의록」·「소현성록」·「사씨남정기」처럼 제목의 끝 글자가 '록錄·기記' 등으로 끝나는 이른바 녹책錄冊과, 「홍길동전」·「춘향전」·「조웅전」 등 대개 '전傳'으로 끝나는 전책傳冊으로 나누어 후자를 더욱 무시하고 배척했는데, 여기서도 후자의 주제적 원심성을 읽을 수 있다. 단적으로 말해 이들은 지배 질서에 직접 반기를 들 수는 없으니 겉으로는 지배 이념이나 질서에 순응하는 듯하지만, 이면에서는 원심적 경향을 강하게 나타내는 것이다. 따라서 이들 작품의 주제는 실질적으로 그 이면에 있다고 할 수 있다.

「구운몽」, 제3의 길

구심적 주제와 원심적 주제는 모두 유교 이념과 관계된 것으로, 유학자의 구두선口頭禪이라고 할 수 있는 '존천리멸인욕' 存天理滅人欲의 관점에서 본다면, 이념과 욕망의 대립 관계로 볼 수 있다. 그리고 그것을 좀더 사회적·구조적 차원에서 본다면 전자는 예교 질서의 심화로, 후자는 예교 질서에서의 이탈로 말할 수 있다. 조선사회가 철저한 유교 사회이고 그것도 성리학 중심의 예교 사회였기에 소설도 그 자장에서 벗어나기 어려워 유교적 이념의 축을 통해 고전소설의 주제를 설명하는 것이 용이하지만, 그렇다고 모든 고전소설의 주제를 이 축으로만 설명할 수는 없다. 그 대표적인 작품이 「구운몽」이다.

「창선감의록」의 배경이 중국이고, 「홍길동전」의 배경이 조선인 것에 반해, 「구운몽」의 배경은 아예 현실을 떠나 있다. 「구운몽」의 배경은 남악 형산이다. 이곳은 현존하는 공간이면서 동시에 초월적인 곳이다. 형산은 중국에 실제 있는 산이지만, 작품에 나오는 형산은 실존하는 산이라기보다는 초월적·환상적 공간이다. 신승神僧 육관대사六觀大師가 도량을 열어 사람을 가르치며 귀신을 제도하고, 형산의 선녀 위부인이 여덟 선녀仙女를 거느리고 이루 기록치 못할 신령한 자취와 기이한 일을 베풀고, 육관대사가 큰 법을 강론할 때는 동정호의 용왕이 백의노인白衣老人이 되어 법석法席에 참여하는 공간이다.

이 공간에는 유교 덕목도, 거기에 기반을 둔 사회 질서도 없다. 충성을 바칠 임금과 국가도 없고, 효를 다할 부모도 없으며, 가족도 부부도 없으니 열烈도 무의미하다. 자신을 찾아가는 성찰적 삶이 전부이다. 그 성찰이 한순간의 욕망에 의해 흔들릴 때, 욕망의 세계, 색色의 세계를 찾아가는 반성적 계기가 주어진다.

주인공 성진은 용궁을 찾아갔다가 얻어 마신 술로 한순간의 취기를 이기지 못하여 위부인의 수하 선녀들과 희롱을 하고 그 바람에 세상으로 내쳐진다. 성신은 양소유로 세상에 태어나자마자 그곳의 사회 질서에 구속된다. 당나라의 신민이 되었으며, 양처사의 아들이 된 것이다.

하지만 그의 현세적 삶은 유교적 예교에 별 구애받지 않는 듯하다. 그의 삶에서 진지성이라든가 엄숙성 같은 것은 찾아보기 어렵다. 인생을 마치 소풍 나온 어린이마냥 둘러보고 있으며, 게임을 즐기듯 하나하나 예정된 것처럼 팔선녀를 부인으로 받아들인다. 시련이 있다면 부마되기를 거부하다 옥에 갇힌 일인데, 이 역시 황제의 총애에서 비롯된 것으로 위기라기보다는 오히려 그의 출세의 상징처럼 보인다. 세상은 모두 그를 위해 준비된 듯, 때맞추어 토번이 침략하고 국난 극복의 일등공신이 되면서 부귀영화는 극에 달한다.

최고의 부귀영화를 누리던 그가 생일을 맞아 종남산에 올라가 잔치를 벌이다가 역대 영웅들의 황폐한 무덤을 보면서 문득 인생의 무상함을 느끼고 비회에 잠긴다. 양소유는 처첩 8명과 인간세계의 무상과 허무를 논하면서 장차 불도佛道를 닦아 영생을 구하고자 하는데, 이때 꿈이 깨면서 성진(양소유)은 육관대사 앞에 오게 된다.

성진은 양소유로서의 경험을 말하며, 마땅히 인간세상에 윤회하는 벌을 받을 것을 하룻밤 꿈으로 대신하게 한 것에 대해 스승에게 사례하지만, 육관대사는 다음과 같은 유명한 말을 남긴다.

"네 홍이 일어 갔다가 홍이 다하여 돌아왔으니 내가 무슨 간섭함이 있으리오. 네 또 이르되 인간세상에 윤회할 것을 꿈을 꾸었다 하니, 이는 인간세상과 꿈을 다르다 함이니 네 오히려 꿈을 채 깨지 못하였도다. 장주莊周가 꿈에 나비가 되었다가 나비가 장주 되니, 어디가 가짜인지 어디가 진짜인지 분변치 못하나니, 이제 성진과 소유가 어디가 꿈이요 어디가 꿈이 아니뇨."

육관대사의 이 훈계에서는 인식 대상으로서의 현실과 꿈이 전혀 별개가 아님을 일깨우고 있다. 육관대사는 성진이 아직도 현실과 꿈이라는 인식 대상에 의해 인식 주체가 좌우되고 있다고 꾸짖으면서, 문제는 대상이 아니라 주체라는 가르침을 내리고 있는 것이다.

「구운몽」은 작품의 대부분을 양소유의 재자가인적才子佳人的이며 화려한 삶을 보여주는 데 치중하면서, 성진의 각몽覺夢 과정을 통해서는 그런 현세의 부귀한 삶이 일장춘몽一場春夢에 불과하다는 깨달음을 제시하고 있다. 또한 육관대사의 말을 통해서는 이것마저 부정하고 외부 환경에 의해 흔들리지 않는 자기 발견이라는 고도의 깨달음을 제시하고 있다. 「서포연보」에는 김만중이 선천 유배지에서 「구운몽」을 지어 어머니에게 보낸 경과가 적혀 있는데, "또 책을 지어 보냈는데 소일거리로 삼게 하고자 함이었다. 그 뜻은 일체의 부귀와 변화가 도무지 몽환夢幻이라는 것이었으니, 또한 자신의 뜻을 넓혀서 자신의 슬픔을 달래기 위함이기도 했다"라고 한다. 인생을 꿈으로 봄으로써 현재의 슬픔을 딛고 서며, 이를 통해 자신을 재발견하여 새 출발의 전기로 삼고자 했던 것이다.

「구운몽」의 서두에 성진이 양소유로 태어나는 순간 성진이 내지르는 외마디는 작품의 주제와 관련하여 아주 시사적이다. "나를 구하라"(救我 救我)는 성진의 이 외침은 양소유라는 갓난아기의 "응아 응아"로밖에 들리지 않지만, '자신을 구하고 찾으라'는 주문은 '거듭 남'의 순간을 자기 갱신으로 제시하는 「구운몽」의 주제를 압축적으로 드러낸다고 볼 수 있다.

「구운몽」은 유교적 현실을 포함한 제반 현실의 초극超克을 보여주는 작품이다. 이 경향의 작품들은 대체로 초월계를 지향하며, 대개 불교적 혹은 도교적 색채가 강하다. 장편으로는 「명주보월빙」과 같은 작품을 들 수 있겠고, 단편으로는 「전우치전」 등이 있다.

한국 고전소설의 주제적 특징

지금까지 고전소설의 주제를 주로 유교 이념과의 거리라는 관점에서 다루어보았다. 고전소설의 대부분을 차지하는 조선조 소설이 유교 이념과 긴밀한 연관을 갖고 있기 때문이다. 소설이 문학사의 중심 장르로 떠오르기 시작한 조선 후기는, 중국과 일본 등에서도 마찬가지 현상이 나타났는데, 이 시기 동아시아 소설의 특징 역시 공히 이념적 색채가 농후해진다는 것이다. 하지만 그 이념성의 정도를 가지고 말한다면 조선의 경우는 좀 특별하다고 판단된다. 그 대표적 예로 천군소설天君小說

을 들 수 있다.

지금까지 천군소설은 대략 8편 남짓 알려져 있다. 김우옹金宇顒(1540~1603)의「천군전」天君傳, 임제林悌(1549~1587)의「수성지」愁城誌, 황중윤黃中允(1577~1648)의「천군기」天君紀, 정태제鄭泰齊(1612~1669)의「천군연의」天君演義, 임영林泳(1649~1696)의「의승기」義勝記, 이옥李鈺(1760~1807)의「남령전」南靈傳, 정기화鄭琦和(1786~1827)의「천군본기」天君本紀, 유치구柳致球(1793~1854)의「천군실록」天君實錄 등이 그것이다. 대체로 마음이 임금이 되어 그 아래 사단칠정四端七情 등 많은 신하를 거느리고 성정性情을 다스리는 사건을 다루고 있다.

먼저 최초의 천군소설인「천군전」의 줄거리를 보자. 유인국有人國 건원제乾元帝의 장남이 나라를 맡게 되니 백성들이 그를 천군이라 부르는데, 천군은 태재太宰 경敬과 백규百揆 의義에게 국사를 맡겨 나라를 잘 다스린다. 나라가 평안하자 천군이 미행微行을 즐기게 되고, 두 태재가 간언을 하지만 오히려 공자公子 해懈와 공손公孫 오傲에 의해 쫓겨난다.

천군이 이처럼 정사를 잘 돌보지 못하자 이때를 틈타 요적妖賊 화독華督(춘추시대의 인물로 악행을 많이 저질렀는데, 여기서는 탐심으로 이해된다) 등이 난을 일으켜 흉해胸海를 점령하고, 결국 천군의 나라는 류척柳跖(춘추시대의 유명한 도적. 盜跖을 부르는 다른 이름)에게 점령당하고 만다. 비로소 공자公子 량良이 시詩로 천군을 깨우치는데, 천군은 태재 경을 다시 부르고, 대장군 극기克己와 원수 공자 지志를 시켜 적을 제압한다. 천군의 나라가 다시 평안해진다.

줄거리에서 알 수 있듯이, 이 작품은 유학의 심성론心性論을 서사적으로 옮긴 것과 진배없다. 실제로 이 작품은 김우옹의 스승인 조식이「신명사도」神命舍圖를 그린 다음, 제자에게 이것을 이야기로 풀어내게 한 것이다. 인간의 마음을 나라에 비유한 그림을 보고, 그것을 서사적으로 서술한 것이 이 작품인 것이다. 다시 말해서 당대 유학의 으뜸 학자가 제자에게 짓게 한 '이야기로 풀어본 심성론'인 셈이다. 심성론을 위한 이야기지, 이야기를 위한 심성론은 아니다.

　강한 이념성에 의해 지배되는 서사는 '강한 계몽의 서사'다. 한국 고전소설의 주제적 특징은 한마디로 '계몽성'이라고 할 수 있으며, 그 계몽성은 다른 사상의 침범과 침투를 용납하지 않는다는 점에서 '배타적 계몽성'이라 할 수 있다.

● 정병설

| 참고 문헌 |

- 참고 논저

조동일, 「춘향전 주제의 새로운 고찰」, 『우리 문학과의 만남』, 홍성사, 1978.
서대석, 「허균 문학의 연구사적 비판」, 『허균 연구』, 새문사, 1981.
김광순, 『천군소설 연구』, 형설출판사, 1982.
이상택, 「구운몽과 춘향전, 그 대칭 위상」, 『김만중 연구』, 새문사, 1983.
박희병, 「춘향전의 역사적 성격 분석」, 『전환기의 동아시아 문학』, 창작과비평사, 1985.
임형택, 「17세기 규방소설의 성립과 창선감의록」, 『동방학지』 57, 1988.
정병설, 「18~19세기 일본인의 조선소설 공부와 조선관」, 『한국문화』 35, 서울대 한국문화연구소, 2005.

- 참고 자료

『구운몽』, 정병욱·이승욱 교주, 민중서관, 1972.
『춘향전 비교연구』, 김동욱·김태준·설성경 공저, 남원고사본 춘향전 역주, 삼영사, 1979.
『(옛그림과 함께 읽는 이고본) 춘향전』, 성현경 풀고옮김, 열림원, 2001.
『창선감의록』, 이래종 역주, 고려대 민족문화연구소, 2003.

7
한국 고전소설의 모티프, 그 환상적 성격

고전소설 모티프의 환상적 성격

　과거와 현재를 막론하고 모든 소설들은 무수히 많은 다른 텍스트들과 서로 교섭하면서 창작된다. 한 작가의 독창적인 창조성을 강조하는 소설조차도 이런 원론적인 전제에서 벗어나지 못한다. 특히 독창성과 유형성을 동시에 지니고 있는 고전소설은 창작 당시에 존재했던 여타의 텍스트들과 대단히 밀접한 영향 관계를 지니고 있음을 부인할 수 없다.

　이때, 소설과 교섭되는 텍스트의 성격이 한정되는 것은 아니다. 이 텍스트에는 당시에 널리 존재했던 소설부터 시작해서 『자치통감』資治通鑑과 같은 역사서와 『논어』論語 등의 경서류가 모두 포함된다. 또 우리 고전소설의 대부분이 중국을 배경으로 창작되었기 때문에 중국 소설의 직·간접적인 영향을 받았음도 무시할 수 없다. 따라서 한 편의 소설을 구성하는 모티프들은 대단히 다양한 형성 경로를 지니고 있으며, 이에 따라 그 성격 또한 다양하다.

고전소설은 대개 환상적 허구를 통한 우회적 방법으로 현실을 환기시킨다. 천상적 질서와 지상적 질서를 병치시켜 놓았기 때문에 현실 공간을 읽을 때도 실제로 살고 있는 현실세계가 직선적으로 환기되지는 않는다. 영웅소설인 「소대성전」에서, 소대성이 나무를 베고 외양간을 고치며 연명을 하는 장면은 이 소설을 읽는 대중들의 실제 현실일 수 있다. 그러나 주인공 소대성은 이미 천상에서 내려온 비범한 존재라는 것을 독자들은 알고 있으며, 고난에 빠진 소대성의 모습 역시 태연하다.

이와 같이 고전소설의 현실은 그 근저에 항상 환상성이 매개되어 있다. 따라서 독자들은 소설적 공간과 실제 현실을 혼동하지 않는다. 그들이 대리 만족의 즐거움을 누린다면 그것은 어디까지나 소설적 공간 속에서만 가능한 일이다. 소설과 현실 사이의 엄연한 거리를 유지할 수 있기 때문에 독자들은 소설 밖으로 나오면 참담한 현실을 다시 느끼게 된다. 이 인식론적 구조를 두고 환상적 허구를 통한 리얼리즘의 실현이라고 할 수 있을 것이다.

고전소설의 시간적·공간적 배경이 대개 중국으로 설정된 것에서도 이러한 효과를 찾아볼 수 있다. 소설을 읽는 독자들에게 중국은 상상의 세계나 다름없었을 것이다. 특히 가정·가문 소설의 주인공들이 살고 있는 집 안 구조만 해도 독자들이 살았던 실제의 집 안과는 다르다. 주인공들의 활동 공간은 넓고 화려한 중국의 정원에 더 가깝게 설정되어 있다. 그러니 소설을 읽는 것 자체가 상상의 공간을 유영하는 것이나 마찬가지였을 것이다.

따라서 고전소설을 구성하는 모티프의 가장 중요한 특질은 환상성이라고 할 수 있을 것이다. 고전소설은 현실과 초현실의 부단한 교섭 속에서 서사가 진행된다. 때로는 괴상하다고 생각되는 초현실적인 환상적 모티프들이 고전소설에서는 대단히 중요한 기능을 수행한다. 이것은 고전소설의 미숙성을 드러내는 것이 아니다. 여기에는 고전소설의 독특한 미학적 원리이자 정신사적 함의가 내포되어 있다. 현실성과 환상성은 일반적인 문예 미학에서 끊임없이 제기되어온 문제이기도 하다. 환상성이 제거된 것처럼 보이는 현대의 소설에서도 환상성은 항상 현실성과 길항 작용을 하고 있고, 어떤 경우에는 환상성이 서사를 지배하기도 한다.

예언적 모티프

고전소설은 지상과 천상의 이원 구도 속에서 서사가 진행되는 만큼 지상에서 벌어질 일들이 미리 예고되는 경우가 허다하다. 주인공의 운명이 도인이나 도승과 같은 이인異人에 의해 직접 예언되거나 신이한 모티프들을 통해 간접적으로 암시되기도 한다. 이런 장면에서 가장 대표적으로 등장하는 모티프로 적강謫降(신선이 인간세상에 내려오거나 사람으로 태어남), 신물信物, 꿈 등을 들 수가 있다.

적강 모티프는, 『금오신화』나 「최척전」崔陟傳과 같은 17세기 이전의 한문소설을 제외한다면, 고전소설의 주인공이 대체로 하늘의 존재로서 지상에 내려오는 형식으로 설정된다. 하늘나라에서 옥황상제에게 죄를 지어 지상으로 내려와 인간으로 태어난다는 것이다. 가령 「유충렬전」에서는 주인공인 유충렬이 청룡을 다스리는 하늘의 선관으로, 무도한 익성翼星과 다투다가 지상으로 추방된다. 주인공이 적강한 존재라는 사실은 현실에서는 대개 태몽을 통해서 암시된다. 따라서 주인공의 출생 과정은 대단히 신비스러운 장면을 연출한다. 영웅 신화의 보편적 구조라고 할 수 있는 '영웅의 일대기'가 주인공의 신이한 출생 과정을 담고 있는 것을 감안하면, 소설의 적강 모티프는 신화에서 비롯된 서사의 원형 가운데 하나라고 할 것이다.

영웅소설은 주인공 부친의 가계에 대한 간략한 서술과 함께 늦도록 자식이 없어서 한탄하는 장면으로 시작된다. 곧바로 주인공의 적강이 제시되는 것은 아니다. 주인공의 부모는 절이나 명산을 찾아 기자치성祈子致誠, 즉 자식을 바라는 기도를 올린다. 이후에 잉태, 태몽, 출산의 서사 과정이 이어진다.

주인공이 적강한 존재라는 사실은 일차적으로 그 신분의 비범함을 의미하지만, 장차 벌어질 내용을 예고하는 구실을 하기도 한다. 「유충렬전」에서 유충렬의 적대자인 정한담은 익성의 적강이다. 유충렬이 익성과 싸운 죄로 적강한 만큼 천상에서의 대결이 지상에서 그대로 이어질 것임을 뜻한다.

적강 모티프의 예언 기능은 주인공의 혼인과 관련되었을 때 확연히 드러난다. 적강은 주인공과 짝이 되는 여성 주인공에게도 적용되게 마련이다. 「구운몽」에서 양소유와 혼인을 하는 8명의 여성 역시 모두 적강한 존재다. 양소유와 서로 수작을 했다는 이유로 죄를 입은 것이다. 남자 주인공뿐만 아니라 그와 짝이 되는 여성 역시 예사로운 존재가 아님을 강조하는 구실을 하며, 이들의 인연은 천정연天定緣(하늘이 정한 인연)이라는 필연적인 의미를 띠게 하는 역할을 한다고 볼 수 있다.

그러나 적강 모티프는 아무래도 주인공의 신분의 특수성이나 혈통의 고귀함을 나타내는 기능을 더 많이 지니고 있다. 우리 고전소설은 남녀의 만남과 혼인에 대단히 높은 비중을 두고 있다. 정치적·사회적 사건도 반드시 주인공 남녀의 만남과 결부되어 진행된다. 따라서 천정연을 강조하기 위한 다른 모티프를 모색해야 한다. 그것이 바로 신물信物

이다.

아무리 하늘이 정한 인연이 있다고는 하지만 그 인연이 누구에게 있는지를 알기는 어렵다. 눈 앞에 두고도 알아보지 못하는 경우가 대부분이다. 신물은 이러한 경우에 천정연의 징표로 작용한다. 짝을 잃어버린 어떤 물건을 각자 지니고 있는데, 그것을 서로 맞추어보니 신기하게도 짝이 맞아들어간다는 것이다. 우연한 인연을 단번에 기막힌 필연으로 바꾸는 효과적인 장치이다.

신물은 출생 시에 주어지는 경우도 있으며, 후천적으로 습득된 것일 수도 있다. 후천적으로 습득된 경우는 「옥란기연」玉蘭奇緣의 장추성과 소선주의 신물인 '옥란'玉蘭(옥으로 만든 난초)처럼 어떤 도사가 주고 간 것일 수도 있고, 「창선감의록」의 화진과 윤소저의 신물인 '청옥비녀'처럼 집안의 가보일 수도 있다. 어느 것이나 서사적 기능은 동일하지만 습득 과정이 신비할수록 신물 자체가 지니는 의미는 더욱더 부각된다고 할 수 있다.

이러한 신물로 주로 사용되는 소품은 가락지나 비녀와 같은 장신구, 옥란이나 옥연玉硯(옥으로 만든 벼루 혹은 연적)과 같은 장식품 등이다. 남녀의 혼사를 대단히 중요한 사건으로 다루고 있는 만큼 신물이 소설의 제목이 되는 경우가 허다하다. 장편소설인 「옥란기연」, 「옥원재합기연」玉鴛再合奇緣 등이 이런 경우에 해당한다.

예언적 모티프의 가장 대표적인 것으로는 꿈을 들 수가 있다. 적강 역시 태몽이라는 꿈의 형식을 빌려 알려진다. 적강이나 신물이 신분과 인연에 국한된 기능을 한다면 꿈은 구체적인 일들을 때때로 암시하고 예언하는 적극적인 구실을 한다. 설정된 꿈이 한결같이 정확하게 앞날을 예언하고 있기 때문에 작품 속에서 꿈을 꾸는 당사자나 그것을 읽는 독자 모두 꿈을 허구로 인식하지 않는다. 「소대성전」에서 이승상은 청룡이 나타나는 꿈을 꾸고 소대성을 만나게 되었고, 「조웅전」에서는 위기의 순간마다 그것을 예고하는 다양한 꿈이 등장한다. 조웅의 모친인 왕부인의 꿈에 죽은 조승상이 현현하여 닥칠 위기를 알려주거나 잃어버린 자식의 행방을 지시하기도 한다.

꿈은 때때로 이런 예언적 기능과 함께 실재 현실과 겹쳐 문제를 일으키고 해결하는 더욱 적극적인 기능을 수행하기도 한다. 「옥원재합기연」에서 천하의 소인배인 이원외는 꿈에서 지옥에 끌려가 모진 형벌을 받고 선친을 만나 꾸지람을 듣기도 한다. 그런데 꿈을 깨고 나서 보니 온몸에 매를 맞아 멍이 들어 있었다. 이로 인해 이원외는 자기의 잘못을 뉘우친다. 이것은 예언만 하는 것과는 달리 꿈이 실재 현실로 그대로 이어진 경우다. 또 「유충렬전」에서 유충렬의 모친이 태몽을 꾸며 출산하는 과정에서 선녀를 만나 선과仙果를 얻은 것처럼 꿈 속에서 얻은 신이한 물건이 실재하는 것으로 설정되기도 한다. 꿈이 현실이 되는 순간이다.

천상과 지상의 끊임없는 교섭을 서사화하기 위해서는 그 교섭을 매개하는 어떤 현실적 수단을 강구하게 마련이다. 신화에서 하늘의 신이 지상에 내려오는 매개물로 흔히 나무와 같은 상징물이 사용되듯이, 소설에서도 어떤 장치가 필요하다는 말이다. 또 소설인 만큼 현실과 개연성이 있는 장치라면 더욱 효과적일 것이다. 현대인들도 꿈의 예언 기능을 완전히 무시하지 못할 정도이니, 꿈은 예나 지금이나 신비한 것이다.

이인異人과 귀신의 출현

적강한 존재로 설정된 주인공에게는 그 천상의 신분에 걸맞는 조력자助力者가 있게 마련이다.「홍길동전」같은 소설에서는 주인공이 스스로 고난과 위기를 극복하기도 하지만, 천상과 지상의 이원론二元論 구도가 확고한 소설에서는 도사나 이승異僧과 같은 이인이 등장하여 주인공을 도와준다. 이인은 주인공의 운명을 직접 예고하며, 위기의 순간에 신비한 도술을 발휘하여 주인공을 구출하는 역할을 한다.

이인 모티프는 초기의 한문소설에서부터 확인된다.「최척전」의 '장육불' 丈六佛을 한 예로 들 수 있다.「최척전」에서 장육불은 옥영의 위기 상황마다 나타나 앞으로 좋을 날이 올 것이니 희망을 갖고 살라는 예언을 수시로 한다. 이 장육불 덕분에 옥영은 자살 충동을 극복하고 좋은 결말을 맞이한다. 그런가 하면 17세기의 한글소설인「창선감의록」에서는 청원대사가 남해 관음의 계시를 받아, 죽은 남부인을 살리고 훗날을 도모할 수 있게 도와준다.「사씨남정기」에서는 사정옥에게 관음찬을 부탁한 묘혜대사가 사정옥의 위기에 적극적으로 개입한다.

재미있는 사실은「최척전」의 장육불보다는「사씨남정기」나「창선감의록」의 대사가 훨씬 더 적극적인 기능을 한다는 점이다.「최척전」에서 장육불은 주인공의 현실적 고난을 직접 해결해주는 존재가 아니다. 가끔 꿈에 나타나 조언을 하거나 간단한 예언을 해주는 정도다. 사실 옥영은 전에도 이미 여러 차례 자결을 시도했다가 주위 사람의 협조로 구원되곤 했었다. 그러나「사씨남정기」등에서는 이인이 현실 공간에서 활동하며 주인공을 직접적으로 도와주는 적극적인 역할을 한다. 적강 모티프가 초기의 한문소설보다는 한글 영웅소설에서 전형적인 모티프로 등장하는 것과 맥락을 같이한다고 하겠다.

「소대성전」이나「조웅전」과 같은 본격적인 영웅소설에서는 이들 이인의 역할이 보다 극대화된다.「소대성전」에서는 소대성의 부친이 자식이 없음을 걱정하다가 한 스님을 만나 시주를 후하게 한다. 이것은 기자치성의 의미를 지니는 것인데, 이후 그 스님은 소대성의 위기마다 나타나 도움을 주는 조력자가 된다.「조웅전」에서는 월경대사를 비롯한 여러 명의 이인들이 나타나 조웅을 직접 도와준다. 월경대사는 조웅의 부친이 생존했을 때 시주를 한 인물로, 위기를 예고하여 피신할 수 있게 하며, 철관도사는 병법과 무술을 가르쳐 전쟁에서 이길 수 있게 해준다. 뿐만 아니라 이상한 노인과 황장군의 혼령이 나타나 신이한 칼과 갑옷 등을 주기도 한다. 천상과 지상의 이원적 구도가 확대되는 소설일수록 조력자로서 이인의 역할은 더욱 극대화되는 양상을 보여준다고 할 수 있다.

이인 모티프는 상층 사대부와 친연성이 있는 대하소설에서도 적극적으로 수용된다. 초기의 대하소설인「소현성록」에는 도승이 등장하여 주인공들의 운명과 전생의 내력을 점치기도 한다.「현씨양웅쌍린기」연작의 일광대사나「임화정연」연작의 현열도사, 월관도사 등은 전편과 후편에서 지속적으로 작용하기도 한다. 특히「임화정연」의 월관도사는 현열도사의 제자로서 원래 여성 주인공 정연양의 시비였는데, 우여곡절 끝에 도관으로 들어가 도인이 된 사람이다.

그러나 주인공을 도와주는 이인만 존재하는 것은 아니다. 때로는 각종 도술을 부려 악인을 도와주는 이인들도 설정된다.「현씨양웅쌍린기」에서 형아를 도와주는 월청법사,「옥수기」에서 간신 양방을 도와주는 요승 계효와 같은 존재가 이에 해당한다. 악인이 이러한 이인의 도움을 받는 경우, 주인공과의 대결 양상이 훨씬 더 치열하게 설정된다. 악인의 힘 또한 크게 증가했기 때문이다.

이인 모티프와 달리 주인공이 귀신과 교섭하는 이른바 인귀교환人鬼交歡 모티프 역시 빼놓을 수 없는 중요한 모티프다. 사람과 귀신이 교섭하는 이야기는 오히려 소설이 탄생하기 훨씬 전의 서사문학에서 더 자주 확인된다. 전대의 서사문학에서는 초월적 세계에 대한 경이로움과 그것을 대하는 인간의 상대적 왜소함을 드러내기 위해서 이 모티프가 주로 사용되었다. 그러나 『금오신화』와 같은 소설에서는 인귀교환 모티프를 통해서 한층 날카로운 현실의식을 드러낸다. 「만복사저포기」에서는 고독한 주인공이 귀신과 만나 사랑을 나누는 이야기가 설정되어 있다. 현실에서는 해결할 수 없을 정도의 지독한 고독이었기에 비록 귀신과의 만남이었지만 주인공은 그 순간만큼은 행복하다. 주인공을 계속 고독한 처지로 설정하는 것과 비교해서 주인공의 절실함이 더 잘 표현되었다. 귀신이라도 만나서 사랑을 나누었으면 하는 간절한 바람이 드러나 있는 것이다. 따라서 인귀교환이라는 대단히 환상적이고 허구적인 모티프를 이용하여 주제의 현실성을 역설적으로 획득했다 하겠다.

그런가 하면 「구운몽」에서는 이와는 다른 방식으로 인귀교환 모티프가 사용된다. 양소유에게 속은 것이 억울한 정경패가 가춘운을 귀신으로 꾸며서 양소유를 골려준다. 양소유는 사람과 귀신이 다를 바가 없다고 하면서 귀신을 애타게 그리워한다. 이와 유사한 이야기는 19세기에 창작된 장편소설인 「옥수기」의 가유진과 설강운이 서로 인연을 맺는 대목에서도 설정된다. 비록 희화적 장면으로 처리되어 있지만 『금오신화』의 인귀교환 모티프가 그대로 계승된 경우라고 하겠다.

이러한 인귀교환 모티프는 이인 모티프와 더불어 초월적 세계에 대한 조선시대 소설의 관심이 얼마나 지대했는가를 엿볼 수 있게 해준다. 현대의 시각에서 본다면 지극히 환상적이고 허구적인 설정이라고 하겠지만, 조선시대 사람들에게는 그러한 세계 역시 삶의 한 부분이었음을 대변하는 것이다. 물론 당시의 사람들도 이러한 환상적 세계가 정말로 존재한다고 믿지는 않았을 것이다. 이것을 통해 현실의 고통을 극복하고 새로운 희망을 가질 수 있는 계기를 마련하였다고 볼 수 있다.

연애와 혼사장애

　서사 양식에서 남녀간 애정의 문제는 다른 어떤 이야기보다도 자주 그리고 오랫동안 다루어진 소재라고 할 수 있다. 물론 이 문제가 조선시대 소설만큼이나 조심스럽게 취급된 경우도 찾아보기 힘들 것이다. 영웅소설과 같이 소설사의 주류를 이루는 국문소설에서 혼전에 남녀가 만나 애정을 나누는 과정은 좀처럼 설정되지 않는다. 여기에서는 부모에 의한 정혼의 방식으로 남녀의 만남이 이루어지는 것이 일반적인 모습이며, 애정은 의무 혹은 천정연이란 논리에 가려진다. 당시의 소설이 주자학적 현실 원칙 속에서 자유로울 수 없었다는 것이 그 이유일 것이다.

　그러나 실상을 들여다보면, 혼인을 둘러싼 남녀의 문제는 가장 많은 비중을 두고 서술되고 있음을 알게 된다. 이야기의 순차적 진행 양상을 보면 주인공의 출생 다음에 곧바로 혼인과 관련된 사건이 설정되는 것을 종종 발견하게 된다. 물론 출생과 혼인 사이에 다른 사건이 없는 것은 아니지만 분량상으로 상당히 적게 다루어진다. 다시 말해 주인공 개인의 유아기나 성장 과정에 대해서는 거의 다루어지지 않는다는 것이다.

　고전소설에서 남녀의 만남은 자발적 만남, 부모에 의한 정혼, 하늘이 정한 천정연 등으로 나누어진다. 자발적 만남은 초기의 한문소설과 「구운몽」 등에서, 정혼은 영웅소설에서 주로 확인된다. 대하소설의 경우는 자발적 만남과 정혼이 한 작품 속에서 모두 설정된다. 자발적 만남이든 정혼이든 모두 천정연일 수도 있으며 아닐 수도 있다. 혼인의 결과가 행복하게 진행된다면 그것은 천정연으로 판명나는 경우가 가장 일반적이라 할 수 있다.

　자발적 만남의 대표적 사례는 우선 「구운몽」에서 찾아볼 수 있다. 진채봉과 계섬월은 양소유에게 반하여 직접 애정과 혼인 의사를 전달하였다. 양소유는 여자로 변장하여 정경패를 만나고는 애정을 품게 되었다. 물론 이들은 모두 하늘에서 이미 인연이 결정되어 있었지만 현실세계의 만남은 대단히 낭만적인 연애의 과정을 지니고 있다. 이들 남녀의 만남에는 시나 음악이 매개된다. 진채봉과의 사이에는 「양류사」楊柳詞가 동원되었고, 정경패와의 만남에는 여러 개의 거문고 곡조가 동원되었다.

  남녀가 자발적으로 만나 애정을 확인하는 자리에서 시나 음악이 이용되는 것은 이미 『금오신화』의 「이생규장전」이나 「만복사저포기」, 그리고 다른 한문소설에서도 두루 확인된다. 명말 청초의 중국의 재자가인 소설인 「옥교리」 등에서도 사정은 마찬가지이다. 우리 고전소설보다 창작 연대가 앞서는 중국의 재자가인 소설이 이러한 모티프에 영향을 주었다고도 볼 수 있을 것이다. 실제로 「양류사」는 중국 소설에서도 상당히 많이 사용되는 시이기도 한다.

  이러한 자발적 만남이 낭만적 분위기로만 설정되는 것은 아니다. 대하소설에서는 자발적 만남 뒤에 반드시 그에 따른 대가가 있게 마련이다. 주자학적 이념에 철저한 당시의 사회에서 이러한 모티프가 자연스럽게 받아들여지는 것이 오히려 의외라고 하겠다. 대하소설에서는 주로 남자 주인공이 길을 가다가 우연히 남장한 여자를 발견하여 애정을 느끼게 되는 식으로 이야기가 설정된다. 주인공은 그 여자와 혼인할 의사를 지니지만 그것이 부친의 강력한 반대를 만나 큰 갈등을 빚게 된다. 이 경우는 주인공이 상사병에 걸려 죽을 위기를 맞이하고, 조부나 숙부 등의 적극적인 중재가 있은 다음에야 혼인하게 된다. 따라서 주인공 즉 남성이 여성을 사랑하는 것은 지형이 있다고 하더라도 그것 자체가 지나치게 부정적인 것으로 서술되지는 않음을 알 수 있다.

  그런데 여성이 남성에게 애정 의사를 적극적으로 표방하는 경우는 그다지 환영받지 못한다. 「구운몽」에서 양소유에게 먼저 접근하여 적극적인 애정 의사를 드러내는 여성은 계섬월이나 적경홍처럼 기생으로 설정된다. 진채봉은 그러한 행실로 인해 두고두고 비판을 받는다. 양소유의 처가 되는 정경패의 경우는 이들과는 정반대의 행실을 지닌다. 「현씨양웅쌍린기」의 육취옥, 형아, 「명주기봉」의 사마영주 등 애정에 적극적인 여성들은 애초에 부정적인 여성으로 묘사되기도 한다. 이런 사정은 여성의 적극적인 애정 표현이 상당히 낭만적으로 묘사되는 「옥교리」와 같은 중국의 재자가인 소설과는 다른 점이라 할 것이다.

이러한 맥락과 연관이 되는 것이지만, 고전소설 전체를 두고 보면 자발적 만남의 연애보다는 정혼에 의한 혼인이 아무래도 비중이 큰 편이다. 영웅소설은 정혼의 과정이 장인될 사람의 지인지감知人之鑑(사람을 잘 알아보는 능력)이나 정치적 친분 등에 의해 이루어지는 경우가 대부분이다. 「소대성전」에서는 걸인이 되어 남루한 소대성이 영웅임을 간파한 이승상의 지인지감으로 인해 정혼이 이루어진다. 「유충렬전」에서는 유충렬의 부친과 정치적 입장을 같이하는 충신 강희주에 의해 정혼이 이루어진다.

정혼은 혼인의 전 단계일 뿐이지 그 자체로 혼인이 이루어졌다고는 할 수 없다. 정혼이 있은 연후에 혼인이 이루어지고 그 혼인이 행복한 결말을 맞이하기까지는 상당히 많은 갈등과 장애가 있게 마련이다. 이것이 바로 고전소설을 대표하는 '혼사장애' 모티프이다. 영웅소설은 물론이고 대하소설에서도 가장 많은 서술 분량을 차지하는 것이기도 하다.

혼사장애를 유발하는 요인은 간신의 방해, 권세가에 의한 늑혼(강제혼인), 주인공의 미세한 처지에 대한 장모될 사람의 박대, 연적戀敵의 방해, 장인될 사람의 용렬함 등 상당히 다양하다.

「유충렬전」이나 「이대봉전」처럼 정치적 입장을 같이하는 집안과 정혼이 이루어지는 경우는 그와는 다른 정치적 입장을 가진 존재, 즉 간신이 두 집안을 박해함으로써 긴 시련이 이어진다. 주인공은 주인공대로 여성은 여성대로, 헤어져 갖은 고난을 겪는 이야기가 설정된다. 「소대성전」에서는 소대성의 가난한 모습을 못마땅하게 여긴 장모가 딸을 다른 곳에 시집보내기 위해 자객을 이용해서 소대성을 죽이려 함으로써 문제가 발생한다.

늑혼은 주인공의 정혼녀를 권세가가 자기 아들과 혼인시키려고 주인공을 박해함으로써 장애가 발생하는 경우이다. 권세가는 「소현성록」의 여씨처럼 대개 왕실과 친분이 있는 존재이나 특이하게는 임금으로 설정되기도 한다. 대하소설에서는 임금에 의해 발생하는 늑혼이 상당히 중요한 비중으로 다루어진다. 「유씨삼대록」, 「명주기봉」, 「옥란기연」, 「소현성록」 등이 모두 그러한 경우이다. 임금에 의해 늑혼이 발생하는 경우는 늑혼으로 맞이한 신부가 오히려 바람직한 경우로 설정되기도 한다. 「유씨삼대록」의 진양공주가 그 대표적인 예이다. 임금이 유세형과 장소저의 혼인을 가로막고 유세형을 진양공주와 늑혼시키는데, 이 진양공주가 유세형과 천정연이다. 그러나 「옥란기연」과 「소현성록」에서는 이와는 반대로 설정된다. 임금에 의해 늑혼으로 맞이한 공주가 악한 인물로 설정되어, 주인공의 천정연을 방해하는 존재로 설정되어 있다.

연적에 의한 혼사장애는 주로 대하소설에서 설정된다. 연적은 주인공과 정혼한 여성을 사랑하는 다른 남성으로 설정될 수도 있고, 주인공을 사랑하는 다른 여성으로 설정될 수도 있다. 연적이 여성인 경우는 「임화정연」의 여희주, 「명주기봉」의 사마영주처럼 여성 주인공의 친자매 혹은 이복 자매로 설정되는 특이한 경우도 있다. 그런가 하면 연적이 남성인 경우는 「임화정연」의 진상문, 「옥란기연」의 조재악과 같이 여성 주인공과 외사촌인 경우도 있다.

장인될 사람의 성품과 행실이 소인배와 같아서 주인공이 혼사를 꺼리는 경우는 대하소설에서만 나타나는 혼사장애 모티프이다. 「옥원재합기연」·「창란호연록」·「명주기봉」 등이 대표적인 작품이라 할 수 있는데, 주인공이 자발적으로 혼인을 거부하기 때문에 당사자들끼리의 화해만이 유일한 해결책으로 제시된다. 그런 만큼 이야기가 다른 경우보다 심각하게 진행되는 양상을 보이기도 한다.

이와 같이 고전소설은 남녀의 문제를 혼인과 결부시켜 다루면서 그 과정에서 발생하는 갖가지 문제를 사건화하고 있다. 많은 비중을 차지하는 모티프인 만큼 그것이 지니는 의미 또한 단순하지 않다.

혼사장애 모티프는 일차적으로는 일종의 통과제의적 의미를 지닌다고 볼 수 있다. 고전소설이 주인공의 성장 과정에 소홀한 이유도 이와 무관하지는 않을 것이다. 혼인은 성인이 되었음을 공식적으로 인증받는 계기이다. 그런 까닭에 고전소설에서는 순조로운 혼인을 허락하지 않는다. 미성년에서 성인으로 탈바꿈하는 단계에서 반드시 거쳐야 하는 시련과 고통의 제의가 통과제의라면, 혼사장애는 그러한 의미를 담기에 좋은 기제일 수 있다는 것이다.

그러나 혼사장애 모티프가 통과제의적 의미만을 지니는 것은 아니다. 당시 사회에서 혼인이 차지하는 비중 역시 감안해야 한다. 고전소설에서의 주인공은 개인이 아니라 항상 한 가문의 일원으로 존재한다. 자기 가문이 망하면 그 역시 몰락한다. 하위 유형에 따라 정도의 차이는 있겠지만 대체로 가문에 대한 의식을 지니고 있는 것이 고전소설이다. 이 가문의식의 맥락에서 혼인이 차지하는 비중은 실로 중대하다고 볼 수 있다. 바로 이러한 사회적 인식이 또한 혼사장애에 담겨져 있다. 다음으로 지적할 수 있는 것은 「유충렬전」과 같은 영웅소설이 보여주는 정치의식의 측면이다. 충신과 간신이라는 대결 구도 속에서 정치적 문제가 거론되는 작품에서 혼사장애는 정치적 이해를 같이하는 사람끼리의 결속을 강조하는 의미로도 해석할 수 있다.

음모의 전형적 모티프

혼사장애는 말할 것도 없고 고전소설에서 설정되는 다양한 갈등은 방해자의 음모와 주인공의 시련과 극복, 그리고 그 방해자에 대한 징치懲治의 순서로 진행된다. 현대의 소설처럼 내면적 심리에 대한 세밀한 묘사 대신 사건을 통한 갈등에 의해서 서사가 진행되는 것이다. 물론 초기의 한문소설에서는 삽입 시를 통해 내면의 세계가 형상화되지만 영웅소설이나 대하소설에서는 일반적인 양상이 아니다. 따라서 방해자의 음모가 진행되는 양상은 고전소설의 모티프를 살피는 데 빼놓을 수 없는 일이다.

방해자들은 자기의 의도를 달성하기 위해 우선 돈을 뿌려서 동조자를 구해 각종 계교를 의논한다. 이 동조자는 총명하고 약삭빠른 시비일 수도 있고 부랑자일 수도 있다. 음모의 주된 내용은 대개 주인공을 모함하는 일인데, 필적을 흉내내 가짜 편지를 만들어 퍼뜨리는 방법이 일차적으로 이용된다. 예를 들어 악한 첩이 선한 처를 모해한다고 한다면, 처가 간통하는 내용이 담긴 편지 이른바 간부서姦婦書를 만들어 집안 사람들이 보게 하는 것이다. 그러나 이것만으로 의도를 달성할 수 없는 경우가 종종 발생한다. 가짜 편지로 인해 의심을 할 수는 있겠지만 그것이 확실한 증거는 되지 못하기 때문이다.

이에 흔히 동원되는 방법은 요약妖藥을 이용해서 정황을 꾸미는 일이다. 대하소설에서는 '개용단改容丹'과 '회면단回面丹'이라는 요약이 널리 설정된다. 개용단은 한번 복용하면 자기가 원하는 사람의 모습으로 변할 수 있는 약이다. 그리고 회면단은 다시 원래의 얼굴로 되돌리는 약이다. 개용단을 복용하여 음모의 대상으로 변하고, 편지의 내용을 실재하는 일로 꾸며서 집안 사람이 목도하게 만든다. 「옥란기연」에서는 악인이 충신을 모해할 때 이 약이 사용된다. 악인이 충신의 얼굴로 변하여 백성들에게 온갖 나쁜 일을 자행함으로써 진짜 충신이 잡혀가게 만드는 것이다. 개용단을 이용한 음모는 후에 진짜와 가짜 사이에 진가眞假 논쟁을 벌여 가짜가 밝혀짐으로써 해결된다.

  소설에 설정되는 요약妖藥 가운데 개용단 외에도 '미혼단' 迷魂丹, '도봉잠' 등이 있다. 미혼단을 복용하면 총명한 정신이 흐려져 악인의 뜻대로 조종을 당한다. 「소현성록」에 나오는 도봉잠은 최음제催淫劑의 일종으로 정욕을 돋우는 약이다.

  이런 요약 모티프는 도교의 영향을 받아 형성된 것이라고 볼 수 있으며, 주로 악인들이 이용한다는 점에서 대단히 부정적인 것으로 인식되고 있다. 「소현성록」에서 소현성은, 요약이 천하를 어지럽힌다고 보고 요약을 만드는 도사를 수소문하여 찾아 아예 근본을 없애버리기도 한다.

  동조자 중의 한 명이나 새로운 자객을 구해서 상대방을 직접 탈취하여 죽이는 방법도 흔히 설정된다. 이 모티프는 「홍길동전」이나 「소대성전」처럼 단독으로 설정될 수도 있으며, 요약 모티프와 결부되어 설정될 수도 있다. 악인의 입장에서는 상대방을 완전히 제거하는 방법은 결국 살해하는 것이기 때문이다. 그런 까닭에 요약으로 인해 억울하게 누명을 쓰고 유배를 가는 행렬을 습격하거나 집에 불을 놓아 살해하려는 방법을 동원한다.

  모해를 받는 주인공이나 착한 인물의 처지로는 빠져나올 수 없는 막

다른 길에 몰린 셈이다. 특히 이러한 지경에 몰리는 인물은 대체로 나약한 여성인 경우가 많으며, 남성이라고 해도 나이가 어린 경우가 대부분이다. 이때 등장하는 인물이 앞에서 살펴본 바 있는 도사와 같은 이인異人이다. 어느 순간에 나타나 위기에 몰린 주인공을 구출하여 데려간다. 악인 측에서는 종적을 알 수가 없어서 생사 여부조차 알 수가 없도록 설정된다.

그러나 위기로부터의 탈출이 반드시 이인의 도움으로만 이루어지는 것은 아니다. 경우에 따라서는 동행하는 하인의 도움을 받기도 한다. 「임화정연」, 「옥란기연」 등에서 이러한 장면이 나온다. 총명하고 충성스러운 시비가 위기의 순간에 기지를 발휘하여 주인과 옷을 바꾸어 입고는 가슴에 짐승의 피를 묻혀 죽은 것처럼 꾸민다. 그리고 혼란한 틈을 이용해서 주인을 탈출시키는 방법이다. 악인들은 이 계략에 완전히 속아 넘어간다.

이인에게 구출되는 주인공은 이인을 따라 당분간 속세를 떠난 공간에서 은둔 생활을 한다. 아직 액운厄運이 더 남아 있으니 그동안 세상을 피해 있는 것이 상책이라는 것이다. 하늘이 정한 운명은 바꿀 수 없다는 운명론적 인식이 담겨 있는 모티프다. 그리고 그 액운이 지났을 때 다시 세상으로 돌아와, 악인의 음모를 밝혀 징치함으로써 사건이 종결된다.

이러한 음모의 과정이 큰 사건으로 확대되어 치닫는 경우는 악인이 주인공 집안을 역적으로 몰아세우는 경우다. 앞서 개용단을 이용해서 충신을 모해하는 사건을 언급한 바 있는데, 이 사건의 확대형이라 할 수 있다. 악인이 하인을 매수하고 옥쇄와 황제의 옷을 만들어 주인공 집에 숨겨둔다. 그러고는 필적을 훔쳐서 역성易姓 혁명의 선언문을 만들어 유포한다. 이로 인해 주인공 집안은 모두 역적으로 몰려 죽을 위기에 처한다.

이와 같은 음모의 방법과 극복 방식은 상당히 정형화되어 있다. 약간의 변이는 있겠지만 혼사장애, 처첩 갈등, 악인과 충신의 대결 등 악인이 주인공을 모해하는 과정에는 거의 비슷한 방법들이 동원된다는 것이다. 다만 이러한 방법들의 조합을 다르게 함으로써 변화를 모색하는 경우가 일반적이다.

군담 軍談

군담軍談(전투나 전쟁과 관련한 사건 혹은 장면)은 고전소설 일반을 대표하는 모티프라고 할 수 있을 만큼 설정 빈도수가 높다. 뿐만 아니라 '군담소설'이라는 별도의 유형이 거론될 만큼 서사의 진행에 있어서 핵심적인 위치를 점하고 있는 모티프 가운데 하나라고 해도 과언이 아니다. 방각본으로 간행된 영웅소설 대부분이 군담소설이라고 지칭할 수 있을 정도이니, 실제로 군담소설은 당대에서 가장 많은 독자를 확보한 작품군이기도 하다. 이 사실은 군담이 그 자체로도 어떤 소설적 흥미를 지니고 있음을 의미한다. 바로 이런 이유 때문에 군담은, 비단 '군담소설'만이 아니라 다른 유형의 소설군에도 폭넓게 설정되어 있다. 비교적 군담 장면이 축소되어 있는 대하소설만 해도 군담이 설정되지 않은 작품이 없을 정도다.

군담 모티프는 일차적으로 이야기 전개 과정에서 지속적으로 제기되어 왔던 문제를 최종적이면서도 궁극적으로 해결하는 장치로 설정된다. 「유충렬전」이나 「조웅전」과 같이, 주인공 개인이나 혹은 가문의 적이 곧 국가의 적인 경우는 더 말할 나위가 없다. 이 경우에 주인공의 부친은 간신에게 정치적 모해를 받고, 그 결과 주인공마저 극심한 시련에 빠지고 만다. 이 주인공은 시련의 와중에서 장차 장인될 사람의 도움으로 구원을 받게 되지만 다시 그 집안과 분리되는 2차 시련을 맞이한다. 그리고 간신이 역모를 꾸며 전쟁을 일으켰을 때, 전쟁에 참가하여 영웅적 능력을 발휘함으로써 전쟁을 승리로 이끌어낸다. 이때의 승리는 국가의 구원임과 동시에 자신의 복수다. 또한 이 승리는 자신의 영웅성을 공식적으로 입증하는 계기로 작용하며, 더할 수 없는 부귀영화를 누리게 만든다. 잃어버린 세력의 회복인 셈이다.

「소대성전」과 같이 개인의 적과 국가의 적이 분리되어 나타나는 경우도 사정은 마찬가지다. 주인공이 기아 상태에서 시련을 겪고 있을 때, 장인이 될 사람이 첫번째 구원자로 나타난다. 그러나 이 역시 궁극적인 고난의 해결은 아니다. 장모나 다른 사람의 박대로 인해 곧 다른 시련에 처하게 되기 때문이다. 그리고 전쟁이 발발한다. 주인공은 이 전쟁에 참가하여 영웅적 능력을 발휘하여 국가를 위기에서 구출한다. 그 결과 주인공은 자기를 박대한 사람에게 인정을 받고 행복한 삶을 누리게 된다. 이와 같이 군담소설에서 군담은 주인공의 비범성을 공식적으로 세상에 알리는 계기로 작용하며, 그 결과 부귀영화를 얻을 뿐 아니라 완전히 해결되지 않았던 갈등 혹은 문제들도 한꺼번에 해결하는 서사적 기능을 수행하고 있다.

대하소설에서도 설정 빈도수는 많지 않지만, 이와 같은 양상의 군담 모티프가 설정된다. 그러나 대하소설은 주인공의 시련 양상이 영웅소설이나 군담소설과 같지 않기 때문에 서사의 진행 양상도 다소 다르다. 대하소설에서는 「현씨양웅쌍린기」의 주소저나 「쌍성봉효록」의 소소저처럼 악인의 음모를 입고 주인공인 남편의 의심을 받아 축출된 여성 주인공이 군담에 참여하는 경우가 있다. 죽을 위기를 만난 여성이 도사에게 구출되어 은둔 생활을 하면서 도술을 익힌 뒤 전쟁에 출전하는 것이다. 그런데 이 전쟁은 이 여성을 음해한 악인이 가담하고 있는 전쟁이고, 여기에 출전한 남편이 고전을 면치 못하고 있는 상태다. 이 순간에 여성은 도사의 모습으로 혹은 여장군의 형상으로 등장하여 전쟁을 승리로 이끈다. 「홍계월전」과 같은 여성영웅소설에서 주로 발견되는 여장군 모티프와도 궤를 같이 하는 경우라 할 것이다. 이 여장군 모티프와 결합되는 군담의 경우는 「구운몽」의 양소유와 심요연의 만남처럼 주인공이 새로운 여성을 만나게 되는 기능을 지니기도 한다.

그러나 이와 같이 갈등을 해결하는 것이 아니라, 갈등을 심화시키기 위해 설정되는 군담 모티프도 있다. 「장풍운전」의 2차 군담이나 「소현성록」의 소운성의 출전이 대표적인 경우라 할 수 있다. 이미 혼인을 한 주인공이 늑혼으로 원하지 않은 둘째 부인을 맞게 되는데, 이 둘째 부인이 첫째 부인을 모함한다. 집안에 가장이 있을 때는 함부로 음모를 하지 못하다가 가장이 오랫동안 집을 비운 틈을 타서 본격적인 음모를 시행하여 첫째 부인을 큰 위기에 몰아넣는다. 이 과정에서 가장이 집을 비우게 하는 구실로 군담이 설정된다. 나라에 전쟁이 일어나 가장이 출전하게 되는 것이다. 이런 경우에는 군담 자체의 진행 양상은 서술되지 않는다. 다만 주인공이 출전하여 승리해서 돌아온다는 요약만 있을 뿐이다. 사실상 본격적인 군담이라고 보기 힘들다. 그러나 군담 모티프가 삽입되어 서사적 진행에 유의미한 기능을 담당하고 있음은 부인하기 힘들다.

서사적 휴지休止의 기능을 담당하는 군담 모티프도 대하소설에서는 종종 발견된다. 이 경우는 전쟁의 경과나 구체적인 전투 양상이 길게 서술되지 않으면서, 주인공의 벼슬을 높여주거나 독자로 하여금 긴박한 서사에서 잠시 쉬게 하는 구실을 한다. 「명주기봉」에 나오는 마지막 군담의 경우가 이에 해당한다. 이 작품에서 마지막 사건으로 설정된 옹서

翁婿(장인과 사위) 대립담이 어느 정도 해소된 후 역적들의 반란이 일어난다. 이에 현천린이 대원수가 되어 출정하여 승리하며, 그 결과 천린은 평제왕이라는 왕위를 제수받는다. 이후에 화소저가 임신을 하는 사건이 발생하며, 이 아이를 둘러싸고 현홍린과 화옥수 사이에 새로운 갈등이 벌어진다. 이 군담의 전후에는 현홍린과 화옥수의 이야기가 설정되어 있으며, 앞의 내용은 갈등이 해소될 조짐을, 뒤의 내용은 그 갈등이 새로운 각도로 전개되는 과정을 보여주는 셈이다. 이 사이에 설정된 군담은 현홍린의 이야기와는 아무런 관계가 없다. 단지 군담이 삽입되어 있는 것뿐이다.

현홍린과 화옥수의 이야기는 화옥수의 임신을 통해서 새로운 양상으로 발전한다. 현홍린과 화옥수가 화해를 하고 혼인 후 처음으로 운우지정을 나누고 난 시점에서 군담이 삽입되고 있는 것이다. 그렇다면 군담은 옥수가 임신을 하기까지의 시간적 공백을 메우는 기능을 수행하고 있는 셈이다. 즉 어떤 서사적 휴지休止를 통해서 잠시 사건을 지연시키는 역할을 하고 있는 것이다.

「유씨삼대록」에 나오는 첫 군담 역시 이와 유사한 기능을 한다. 작품의 서두에 설정된 유세형과 진양공주·월성공주 사이의 갈등이 마무리되고, 유세창과 유세기 등 다른 구성원들이 벼슬길에 나아감으로써 가문의 영화가 새로워지는 상황에서 전쟁이 발발한다. 북의 왜구가 남경을 침입하는 사건이 일어나고, 유우성과 유세형 부자가 출전하여 승리를 거둔다. 그 결과 유세형의 벼슬은 더욱 높아진다. 이 다음에는 양귀비가 득세하여 간신이 세를 얻는 과정, 궁궐에 있는 공주의 횐기 등이 이어지고 있다. 따라서 이 역시 군담이 이야기 전개와 밀접한 관련이 없으면서 단지 서사적 휴지의 역할을 하고 있는 경우라 할 수 있을 것이다.

어떤 기능을 지니든 군담 모티프가 없는 고전소설은 찾아보기 힘들다. 우리 소설사에 지대한 영향을 미친 『삼국지연의』와 같은 중국 연의 소설의 영향을 우선 거론할 수 있을 것이다. 그러나 역사를 국가 중심으로 서술하는 『삼국지연의』와 같은 전형적인 역사소설이 풍부하지 않다는 점 또한 우리 소설사의 특징이다. 중국의 연의소설의 영향을 받았지만 그것을 우리 소설의 특수한 성격에 맞추어 다양하게 변용한 결과가 바로 이러한 군담 모티프라고 볼 수 있을 것이다.

남은 과제

고전소설을 구성하는 모티프는 수없이 많다. 앞에서 거론한 것 외에도 송사訟事 모티프, 요괴 모티프, 외유外遊 모티프, 잔치 모티프 등 찾아서 분석할 만할 것들이 많이 남아 있다. 뿐만 아니라 군담 모티프 속에도 전쟁이 구체적으로 진행되는 양상에서 동원되는 환술, 진법, 병장기 등의 세부적인 모티프도 다시 탐구해야 한다. 그런가 하면 혼사장애나 연애 모티프가 진행되는 과정에서 나오는 앵혈鶯血(꾀꼬리의 피, 곧 처녀성을 말함) 모티프나 성폭력 모티프들도 빼놓을 수 없는 것들이다.

세부적인 모티프들을 꼼꼼하게 따져보면 고전소설과 교섭되는 무수히 많은 다른 텍스트들의 정체가 밝혀질 수 있을 것이다. 나아가 고전소설과 당대의 문화사적·풍속사적 관련 양상도 밝혀질 수 있을 것이다. 소설은 역사가 말하지 못한 부분을 말하고 있다. 모티프에 대한 세밀한 천착을 통해서 이런 숨은 의미를 밝힐 수 있을 것이다.

● 송성욱

| 참고 문헌 |

■ 참고 논저

조동일, 「영웅소설 작품구조의 시대적 성격」, 『한국소설의 이론』, 지식산업사, 1985.
서대석, 「군담소설의 서사유형」, 『군담소설의 구조와 배경』, 이화여대출판부, 1986.
이상택, 「고전소설의 유형적 이원성」, 『한국 고전소설의 이론 I』, 새문사, 2003.
이상택, 「낙선재본 소설 일반론」, 『한국 고전소설의 이론 II』, 새문사, 2003.
송성욱, 「대하소설의 서사문법」, 『조선시대 대하소설의 서사문법과 창작의식』, 태학사, 2003.

■ 참고 자료

「유충렬전」, 최삼룡·이월령·이상구 역주, 『한국고전문학전집』 24, 고려대 민족문화연구소, 1995.
「조웅전」, 이헌홍 역주, 『한국고전문학전집』 23, 고려대 민족문화연구소, 1995.
「구운몽」, 송성욱 현대역, 『세계문학전집』 72, 민음사, 2003.

8
한국 고전소설의 작품 구성 원리

　작품의 구성은 무엇보다 작자와 밀접하게 관련되는 것으로 판단된다. 작자는 자신의 세계 경험과 세계 인식을 바탕으로 인물, 사건 등을 구성하여 한 편의 소설작품을 창조한다. 따라서 작품의 구성은 철저히 작자의 몫이다. 이 경우 작품 구성 '원리'는 동일한 작가에 의해 생산된 다수의 작품을 통해 고구될 수밖에 없다. 하지만 우리 고전소설의 경우, 대부분의 작품이 작자를 알 수 없으며, 설사 작자를 안다고 하더라도 여러 편의 소설을 남긴 인물은 거의 없다. 따라서 작가에 따른 작품 구성 원리를 문제삼기 어렵다고 할 것이다. 그렇다면 이러한 사정에도 불구하고, 고전소설의 작품 구성 원리를 문제삼는 이유는 무엇인가.
　이는 기본적으로 우리 고전소설에 나타나는 유형적 성격 때문이다. 우리 고전소설의 많은 작품들은 그 서사 전개, 표현, 문체 등에서 비슷한 규범을 공유하는 경우가 많다. 예컨대 전기소설, 판소리계 소설, 대하소설 등에 속하는 각각의 작품들은 서사 전개, 표현, 문체, 미의식 등이 상당히 비슷하다. 이 경우 각 장르에 속하는 개별 작품들은 작품 형성의 원리를 공유한다고 할 수 있다.

이 장에서 문제삼는 작품 구성 원리는 바로 동일한 장르에 속하는 작품들이 공유하는 구성 원리이다. 한 작가의 작품 창작에 나타나는 그만의 독특한 구성 원리가 아니라, 동일한 장르에 속하는 작품들이 공유하는 구성 원리를 문제삼는 것이다. 곧 동일한 장르에 속한다고 판단되는 여러 작품들이 공유하는 인물 형상화 양상, 서사 전개의 양상 등을 살펴보겠다는 것이다.

우리 고전소설이 유형적 성격이 강하다는 것은 주지의 사실이다. 이러한 우리 소설의 유형적 성격에 대한 이해와 해명은 우리 고전소설 이해의 관건이다. 이 글에서 살필 작품 구성 원리는 이러한 유형적 성격을 이해하고 해명하는 것과 밀접하게 관련된다는 점에서, 또한 매우 중요한 의미를 띤다.

이제 우리 고전소설의 대표적인 유형에 대해 작품 구성의 핵심이라 할 수 있는 인물 형상화의 원리와 서사 전개의 원리를 중심으로 작품 구성 원리를 살펴보도록 하겠다.

전기소설

전기傳奇는 중국 당나라 때 형성된 한문 산문 문체인데, 중국 외에 한국·일본·베트남 등 동아시아 한문 문명권에서 공동으로 창작·향유되었다. 기본적으로 화려한 문체가 구사된다는 특징에서 알 수 있듯이, 전기는 문인 지식인층의 문학 장르라고 할 수 있다.

우리나라에서 전기는 나말여초의 문인 지식인층에 의해 본격적으로 창작된다. 여기서 주목할 점은 이 시기 문인 지식인층의 성격과 나말여초라는 시대적 배경이다. 당시 전기를 창작한 문인 지식인층은 신라의 육두품으로 대표되는 귀족 계층으로 파악된다. 이 계층은 선진 문물에 밝아 당나라의 문학 동향에 익숙하지만 골품제로 인해 국가 경영에 자신의 능력을 발휘할 수 없는 존재이다. 곧 뛰어난 능력에도 불구하고 현실에서 그 능력을 제대로 발휘할 수 없는 사람들인 것이다.

또한 이 시기는 왕조 교체기로서 극심한 혼란기였다. 혼란기는 안정기와 달리 상·하층의 문화가 서로 교섭하는 면모가 강하다. 이 시기에 출현한 전기소설 역시 문인 지식인층의 문학적 역량을 바탕으로 창작되면서도 동시에 설화와 밀접한 관련을 갖는다. 이는 대표적인 전기소설 작품이 『수이전』殊異傳이라는 설화집에 실려 있다는 점에서 확인할 수 있다.

곧 전기소설은 육두품으로 대표되는 나말여초의 문인 지식인층이 당나라에서 형성된 새로운 한문 문체인 전기를 바탕으로, 하층 문화와 더불어 자신들의 문제의식을 담아 새로운 문학 장르로 탄생시킨 것이다.

하지만 이 시기의 전기소설에서는 한편으로 소설로서 미숙함이 보인다. 인물 형상이나 디테일의 묘사 등에서 설화적인 성격이 강하게 남아 있는 것이다. 이러한 미숙함을 뛰어넘어 전기소설 관습을 완성하였다고 평가할 수 있는 작품은 15세기에 나타난다. 곧 김시습의 『금오신화』가 그것이다. 『금오신화』는 전기의 문법을 바탕으로 전기를 혁신시켜, 새로운 전기소설을 만든 한국 고전소설의 대표적 작품이다.

『금오신화』에서 완성된 전기소설의 문법은 17세기에 들어 한 차례 크게 변모한다. 「주생전」周生傳·「최척전」崔陟傳·「운영전」雲英傳 등의 17세기 전기소설은 서사적 편폭이 크게 확대되어, 당대 현실 문제를 구체적으로 반영한다. 이는 이들 작품이 전기소설이면서, 동시에 전기소설에서 이탈한 면모를 보이는 것이기도 하다. 18·19세기에 들어서면, 전기소설은 더 이상 소설의 핵심 장르가 되지 못한다. 양식 면에서도 전기소설적인 면모가 약화되고, 작품성에서도 전대 전기소설의 문제의식을 계승하지 못하게 된다.

따라서 여기서는 우리 전기소설의 문법을 완성하였다는 『금오신화』를 중심으로, 전기소설의 작품 구성 원리를 살펴보도록 하겠다.

문체 복합성―서정과 서사의 교직

전기소설의 작품 구성 원리와 관련하여, 무엇보다도 먼저 지적할 점은 문체의 특징이다. 앞서 언급하였듯이 전기소설은 기본적으로 문인 지식인층의 문학 양식이다. 화려한 한문 문체를 구사하는 전기소설은 비록 하층의 문화의식을 수용하여 창작되었지만, 담고 있는 문제의식은 한문 지식인층의 그것이며, 동시에 한문학적 소양 없이는 작품 창작과 향유 자체가 불가능하다.

전기소설의 문체적 특징으로 우선 지적할 점은 복합적 성격이다. 전기소설은 그 자체가 독특한 성격을 지닌 서사문학의 한 양식이면서, 동시에 작품 내에 한문학의 다양한 문체가 구사된다. 서술자가 한문학의 여러 문체를 변용하여 사용하기도 하지만, 무엇보다도 두드러지는 것은 등장인물이 구사하는 다양한 한문 문체이다. 작품의 주인공은 상황에 따라 시詩·부賦·사詞·곡曲·편지·제문祭文 등의 다양한 한문 글쓰기를 보인다. 이 가운데 특별히 주목되는 것은 시·부·사 등의 운문 문체다. 이러한 운문 문체는 전기소설에서 서정적인 성격을 강화시키는데, 이는 전기소설의 독특한 미학과 연결된다.

『금오신화』의 경우, 「남염부주지」南炎浮洲志를 제외한 모든 작품에서 한시가 빈번하게 사용된다. 『금오신화』를 가리켜 시로 엮은 소설집이라 칭할 정도이니, 얼마나 한시가 많이 사용되는지 추측할 수 있을 것이다. 그런데 전기소설의 서정적 성격은 단순히 한시가 '많이' 사용된다는 것 때문은 아니다. 빈번히 사용되는 한시는 전기소설이 전기소설이게끔 하는 중요한 역할을 하기 때문이다.

「만복사저포기」萬福寺樗蒲記를 보자. 「만복사저포기」에서 주인공 양생은 어떤 여인(何氏)을 따라가 이웃의 정씨·오씨·김씨·류씨를 만나고, 이들 여인과 한시를 주고받는다. 정씨와 오씨·김씨·류씨는 칠언절구 4수씩을 노래하고, 이어 하씨는 칠언율시 1수를, 그리고 양생은 장단구의 고시를 노래한다. 여기서 노래하는 총 18수의 다양한 시체의 한시는 작품의 미감에서 주요한 역할을 한다. 이들 한시는 문학적 수사의 극치를 이루면서 등장인물 각각의 내면을 섬세하게 드러낸다. 다양한 시풍의 한시를 적절히 사용하여, 여주인공만이 아니라 왜구의 침입으로 죽게 된 많은 여성들의 다양한 시선과 욕망을 감동적으로 그려내고 있는 것이다.

또한 서정적인 한시가 한편으로 서사 전개에서 주요한 역할을 하기도 한다.

길 가는 저 이는 어느 댁 서생이신지	路上誰家白面郎
푸른 깃에 너른 띠 버들 사이에 어른거리네.	靑衿大帶映垂楊
어떡하면 대청 안 제비가 되어	何方可化堂中燕
나지막히 주렴을 스치곤 담장 위로 비껴 넘으랴.	低掠珠簾斜度墻

위는 「이생규장전」李生窺牆傳에서 최랑이 처음 읊는 시다. 이 시에서 규중 여자인 최랑의 내면이 드러남과 동시에 이 시를 계기로 이생과 만

나게 된다. 곧 서정적인 한시를 통해 주인공의 내면을 드러내면서, 동시에 이후 서사가 진행될 수 있도록 한 것이다. 이처럼 전기소설에서 빈번히 사용되는 한시는 작품에서 주요한 의미를 지닌다. 등장인물의 심리를 섬세하게 드러내며, 서사 전개에서 주요한 역할을 하는 것이다. 이밖에도 작품의 서술 대상을 서정적으로 미화하거나, 동시에 인물과 사건에 대한 작자의 심정적인 평가를 은근히 드러내기도 한다.

한시로 대표되는 다양한 한문 문체가 작품에 실현되는 전기소설의 문체 복합적 성격은 전기소설이 소설일 수 있게 하는 역할을 하기도 한다. 형성기의 전기소설은 설화적인 성격이 강하다. 그러나 한시 등의 다양한 한문 문체를 통해 설화와 다른 자기 모습을 드러낸다. 설화와 소설의 주요한 차이는 등장인물의 구체성, 서술자와 서사 세계의 관계 등에서 확인할 수 있다. 설화의 주인공은 작품 내에서 스스로 움직이기보다는 서술자의 서술에 종속되는 경향이 강하다. 곧 구체적으로 형상화되기보다는 개괄적으로 설명되는 존재인 것이다.

그런데 전기소설은 한시 등의 다양한 한문 문체를 통해 주인공의 내면을 섬세하게 드러낸다. 이제 주인공이 내면을 지닌, 스스로 움직이는 존재로 형상화되기 시작한 것이다. 또한 전기소설에서 서술자는 다양한 한문 문체를 통해 서술 대상을 구체화하거나, 인물·사건 등에 심정적인 평가를 은근히 드러낸다. 이를 통해 서술자와 서사 세계 사이의 거리가 확보되어, 서사 세계는 서술자의 서술에 종속되는 것이 아니라, 자족적인 세계로 그려질 수 있게 되는 것이다.

이처럼 전기소설의 문체 복합적 성격, 특히 서사와 서정이 교직交織되는 면모는 전기소설이 소설로서 자기 존재를 실현하는 데 주요한 역할을 한다고 할 것이다.

인물 형상과 서사 전개의 원리
―고독한 존재가 초월을 감행하는 과정의 서사화

전기소설의 구성에서 지적할 주요한 특징은 그 배경에 있다. 전기소설은 여타의 소설과 달리 배경이 중국이 아니라 대부분 한국이다. 곧 바로 '여기'의 문제를 다루는 것이다. '여기'라는 공간뿐 아니라 시대적 배경 역시 상당히 현실적이다. 「만복사저포기」는 고려 말 왜구의 침략을, 「이생규장전」은 고려 말 홍건적의 난을 배경으로 한다. 이러한 배경을 통해 외적의 침략으로 한민족의 삶이 유린당하는 모습을 다루는 것이다. 이처럼 한국의 구체적 현실을 배경으로 하는 점은 다른 소설에서는 쉽게 발견되지 않는다. 다른 대부분의 소설은 중국을 배경으로 하고 있다.

그런데 전기소설의 구성에서 배경보다 더욱 주목할 점은 바로 주인공의 형상이다. 한국 전기소설의 주인공은 대개 청년기의 인물로 나타난다. 청년기는 기본적으로 방황의 시기이다. 자신의 가치관과 현실이 일치하지 않는 것을 경험하고, 그 속에서 외로움을 느끼는 시기인 것이다.

전기소설의 주인공 역시 마찬가지다. 그들은 기본적으로 고독한 존재로 그려진다. 자신을 둘러싼 현실과 화합하지 못한 채, 외롭고 쓸쓸한 면모를 보인다. 또한 그들은 뛰어난 역량을 지니고 있지만, 그 능력이 세계에 용납되지 않는다. 「만복사저포기」의 양생, 「이생규장전」의 이생, 「취유부벽정기」醉遊浮碧亭記의 홍생, 「운영전」의 김진사 등은 청년으로서 뛰어난 능력이 있지만, 세상에서 자신의 능력을 실현하지 못한다. 이 과정에서 이들은 언제나 쓸쓸하고, 외로운 모습을 보여준다.

이들은 외롭고 쓸쓸하지만, 그것을 극복하려는 실제적인 노력을 거의 하지 않는다. 세상과 어그러져 외롭고 쓸쓸할 때, 세상을 바꾸려고 노력하는 것이 아니라, 세계의 폭력을 그대로 수용하는 면모를 보일 뿐이다. 「이생규장전」의 이생에서 나타나듯이, 최랑을 사랑하면서도 그 사랑을 이루기 위해 노력하지 않고, 다만 부모의 명령에 따라 그냥 회피해버리고 마는 것이다.

이처럼 전기소설의 주인공은 기본적으로 외롭고 쓸쓸하며 소극적인 성격의 소유자로 형상화된다. 그런데 그들은 다만 외롭고 쓸쓸한 존재로만 머무는 것은 아니다. 이들에게 마련된 탈출의 통로는 두 가지로 나타난다. 하나는 여행이며, 다른 하나는 연애이다.

그들은 여행과 연애를 통해 마침내 외로움과 쓸쓸함에서 벗어나 행복감을 맛본다. 세계와 화합하지 못한 인물이 이제 세계와 화합하여 일치감을 맛보는 것이다. 「만복사저포기」의 양생은 여인과의 연애를 통해서, 「이생규장전」의 이생은 최랑을 통해서, 「취유부벽정기」의 홍생은 기씨녀를 통해서, 「용궁부연록龍宮赴宴錄」의 한생과 「남염부주지」의 박생은 용궁과 염부주 여행을 통해서 세계와의 화합, 행복감을 느끼게 되는 것이다.

하지만 이 여행과 연애는 모두 현실적인 것이 아니라, 기이하며 환상적인 것으로 나타난다. 「용궁부연록」과 「남염부주지」에서는 현실에 없는 용궁과 염라국을 여행하며, 양생과 이생, 홍생은 모두 귀신과 사랑한다. 따라서 이들 전기소설 주인공의 쓸쓸함과 외로움으로부터의 탈출은 모두 환상적인 방법을 통해 모색된다. 이 경우 외롭고 쓸쓸한 존재가 그 외로움과 쓸쓸함을 넘어서고자 감행했던 여행과 사랑은 현실에서 불가능한, 오로지 환싱을 통해서만 가능한 것이 되고 만다.

외롭고 쓸쓸한 존재가 그 외로움과 쓸쓸함을 넘어섰지만, 그 넘어섬 역시 환상이었음이 드러날 때, 그가 맞닥뜨리는 것은 다름아닌 죽음일 것이다. 외로움과 쓸쓸함을 넘어서는 것은 현실적으로 불가능하고, 환상적인 방법으로 해소하고자 하더라도 그것은 일회적인 것일 뿐임을 확인할 때, 그 외로움의 극복은 오로지 죽음을 통해서만 가능할 것이기 때문이다. 이때의 죽음은 곧 초월을 의미한다. 현실에서 자신의 외로움을 극복할 수 없을 때, 감행할 수 있는 일은 죽음으로 대표되는 현실의 초월밖에 없기 때문이다.

이제 전기소설의 주인공은 죽음으로 대표되는 초월을 감행한다. 그 초월은 흔히 '그 끝을 알 수 없다'는 '부지소종 不知所終'이나, 죽음으로 나타난다. 『금오신화』의 경우, 「만복사저포기」의 양생과 「용궁부연록」의 한생은 '부지소종' 되며, 그외 작품의 주인공은 모두 죽음을 맞게 된다.

이처럼 전기소설은 외롭고 쓸쓸한 존재가 그 외로움과 쓸쓸함을 극복하기 위해 연애나 여행을 선택하는 서사를 마련한다. 그런데 외로움을 극복하기 위해 감행하는 연애나 여행은 현실에서 불가능한 혼령과의 사랑이거나 이계異界 여행으로, 현실적이지 않고 환상적인 것이다. 환상적인 방법으로 여행이나 연애를 경험하고 나면, 외로움과 쓸쓸함의 극복이 불가능하다는 사실을 역설적으로 확인하게 된다. 이에 주인공은 죽음으로 대표되는 초월을 감행하는 것으로 작품이 마무리되는 것이다.

요컨대, 전기소설의 인물은 기본적으로 외롭고 쓸쓸한 존재이며, 이 외로운 존재가 펼치는 사건은 귀신과의 연애와 이계 여행으로 나타나는데, 이 행위를 끝내고 난 뒤에는 세상과의 격절감을 끝내 극복할 수 없다는 사실을 확인하고, '부지소종'으로 대표되는 결말의 구성 원리가 나타난다고 할 것이다.

영웅소설

영웅소설의 작품 구성 원리를 살펴보기에 앞서, 영웅소설의 개념에 대해 정리할 필요가 있다. 일반적으로 영웅소설은 '영웅의 일생' 구조를 공유하는 일군의 소설을 가리킨다. 그런데 '영웅의 일생' 구조를 공유하는 소설은 그 외연적 범주가 지나치게 넓다. 전형적인 영웅소설로 알려진 「조웅전」·「유충렬전」 등과 같은 작품 외에도 「구운몽」·「숙향전」 등과 일군의 대하소설이 이에 포함되기 때문이다. 그러나 「숙향전」과 같은 작품은 영웅소설이라 칭하기 어렵다. 왜냐하면 숙향은 집단적인 가치를 실현하는 영웅으로 파악되지 않기 때문이다. 따라서 영웅소설의 범위를 판단할 때에는 일대기적 구조의 공유 외에 주인공의 영웅성 역시 함께 고려해야 할 것이다.

또한 장편 영웅소설과 단편 영웅소설은 인물 형상, 서사의 전개 방식, 주향유층, 미의식 등에서 적지 않은 차이를 보인다. 따라서 이들 장편과 단편 영웅소설은 달리 파악해야 할 필요가 있다. 여기에서 살피는 영웅소설은 그 주류라 할 수 있는 단편 영웅소설을 말한다. 즉 17·18세기에 많이 등장하기 시작한 비교적 짧은 분량의 작품으로서 영웅의 일대기 구조를 공유하면서, 영웅인 주인공이 무력武力으로 대표되는 능력으로 국가의 위기를 해결하는 서사 원리를 공유하는 일군의 작품을 영웅소설이라 지칭하도록 한다.

영웅의 일대기―영웅의 일대기 구조의 유형석 성격과 그 연원

영웅소설은 어떠한 고전소설 장르보다 유형적인 성격이 강하다. 심하게 이야기하면 주인공의 이름만 다를 뿐, 내용은 거의 동일하다고까지 할 수 있을 정도이다. 각 작품이 공유하는 서사 모형을 추출하면 대체로 다음과 같이 정리할 수 있다.

(1) 상류 계층인 주인공의 가계에 관한 소개
(2) 주인공의 비범한 탄생
(3) 부모의 실세, 도적의 침입 등에 의한 가족 이산과 비운
(4) 전직 승상이나 도사 등의 인물에 의한 구원
(5) 습득한 도술이나 신이한 존재의 도움으로 국가 변란에서 전공을 세움
(6) 명예로운 귀환과 부귀영화

그런데 이러한 서사 모형은 영웅소설뿐 아니라, 우리 서사문학 전반에서 나타난다. 예컨대,「주몽신화」·「탈해신화」등과 같은 신화에서부터,「제석본풀이」·「금녕괴내깃당본풀이」·「바리공주」등의 서사무가敍事巫歌, 나아가 신소설의 여러 작품에까지 이 일대기적 서사 모형을 공유하고 있다. 이러한 서사 모형의 동일성은 우리 영웅서사문학의 연속성을 확인할 수 있다는 점에서 일찍부터 주목받았다. 그런데 영웅소설의 서사 구조는 특히 주몽신화와 매우 비슷한 면모를 보인다.

주몽의 삶의 궤적은 영웅소설 주인공의 삶의 궤적과 상당히 흡사하다. 특히 영웅소설의 효시인「홍길동전」의 홍길동의 삶과 주몽의 삶은 서사 모형뿐 아니라, 서사 전개에 따른 공간의 확대까지 상당히 흡사하다. 따라서 영웅소설은 그 형성 면에서 고대 영웅신화에 상당한 빚을 지고 있다고 볼 수도 있다.

그런데 이 경우, 주몽신화로 대표되는 고대 영웅신화와 영웅소설의 시간적인 거리는 너무나도 크다. 주몽신화의 경우 고려시대까지는 구전으로 전해온 것이 확인되지만, 조선시대에 들어서는 그 구비전승이 끊긴 것으로 파악된다. 따라서 영웅소설의 형성에서 고대 영웅신화의 영

향을 상정하기는 곤란하다고 할 것이다.

하지만 고대 영웅신화와 영웅소설의 시간적인 거리는 구비전승되는 서사무가로 메울 수 있다. 지금까지 전승되는 서사무가 가운데 「제석본풀이」와 「바리공주」 등은 전국적으로 전승되는 작품이다. 이러한 전국적인 전승은 동일한 원형의 작품이 각 지역으로 퍼져나갔음을 의미한다. 그런데 「제석본풀이」는 그 성격이 「단군신화」·「주몽신화」 등과 같은 국조신화와 일치하며, 특히 「주몽신화」와는 대응되는 단락을 보여주기까지 한다.

예컨대, 중이 딸아기에게 접근하는 과정은 해모수가 유화에게 접근하는 과정과 비슷하고, 중과 딸아기 가족(혹은 선비)이 내기하는 것은 해모수와 하백의 변신술 경쟁과 같은 성격이며, 딸아기의 감금 또는 추방은 유화의 추방·수난과 같고, 유화의 잉태와 출산은 딸아기의 잉태 및 출산과 같은 것이다. 또한 삼형제가 중을 만나 신이한 능력을 시험받고 혈육을 확인하는 것은 유리와 동명왕의 만남과 완전히 합치되는 성격이다.

이처럼 서사무가를 통해 영웅신화가 면면히 전승되고 있다는 사실은 영웅신화가 영웅소설 서사 형성의 토양이 되었다는 점을 보증한다. 국가 단위로 전승되던 신화가 지역 단위의 무속신화로 변모하여 면면히 전승되고 있었고, 그것이 17세기 무렵 영웅소설의 형성에 서사적 토양으로 작용하였던 것이다.

지금까지 영웅소설에서 확인할 수 있는 서사 모형과 그 서사 모형의 형성 배경에 대해 살펴보았다. 그 결과 영웅소설은 건국신화에서부터 내려오는 서사 모형을 토양으로 하여 조선 후기 소설의 흥성 맥락에서 형성된 작품임을 살펴볼 수 있었다. 이제 여타의 영웅서사와는 다른 영웅소설의 독특한 특징을 작품 구성 원리와 관련하여 살펴보도록 하자.

인물 형상화의 원리—상황을 통과하기만 하는 투명인간

영웅소설의 서사 모형이 고대신화에서부터 면면히 이어지고 있는 영웅의 일대기 구조와 일치하지만, 주인공의 성격은 다른 면모를 보인다. 영웅신화의 주인공은 스스로 새로운 질서를 수립하며, 윤리·도덕에 얽매이지 않는 주체적이며, 진취적인 성격을 띤다. 반면에 영웅소설의 주인공은 기존 질서를 회복하고, 봉건적인 충의 관념에 사로잡힌 보수적인 성격이 강한 인물이다. 특히 영웅신화의 주인공은 현실을 타개할 강한 의지를 지니고 있는 반면에 영웅소설의 주인공은 주어진 현실을 따르기만 하는 '무의지'적인 면모를 보인다. 이미 마련된 서사에서 주어진 상황을 통과하기만 하는 투명인간과 같은 인물이라고 할 것이다.

영웅소설의 주인공의 면모는 대하소설의 주인공과도 다르다. 대하소설의 주인공 역시 천상에서 마련된 예정된 질서에 따라 '상황을 통과' 하는 인물이기는 하다. 그런데 그 성격은 전형적인 면모를 보인다. 도덕군자형의 인물은 작품 내내 도덕군자적인 면모가 지속되고, 처사적인 인물이라면 처사적인 면모가 작품 내내 지속되는 것이다.

그런데 영웅소설의 주인공에게서는 이러한 성격적인 동일성이 드러나지 않는다. 영웅소설의 주인공은 어려서 부모가 죽거나 정치적 적대자의 핍박으로 가족과 헤어져 고난을 맞이한다. 이때 주인공에게서 고난 극복 의지나 적대자에 대한 대결 의지를 확인하기 쉽지 않다. 그냥 고난 앞에서 어쩔 줄 몰라 하는 어린아이의 면모만이 드러날 뿐이다. 천상의 존재가 하강한 인물임에도 불구하고, 고난의 과정에서 어떠한 비범함도 드러내지 않는 것이다.

이에 비해 대하소설의 인물은 어려서부터 이념적인 경직성이 두드러진다. 어떠한 상황에서도 자신의 이념을 결코 굽히지 않는다. 하지만 영웅소설의 주인공은 자신의 이념도, 현실 극복 의지도 없이 그냥 고난에 몸을 내맡길 따름이다. 어찌할 줄 몰라, 자살을 시도하기까지 한다.

이처럼 영웅소설의 주인공은 주체적이고 진취적인 신화적 영웅과 달리, 보수적이며 소극적인 면모가 두드러진다. 또한 대하소설의 주인공과 달리, 강한 이념성이나 현실 극복 의지를 지니지 않은 채, 이미 마련된 상황을 통과하기만 하는 투명인간적인 인물인 것이다.

영웅소설의 서사 전개의 원리
―조력자의 역할과 그에 따른 결연담, 군담의 형성

영웅소설의 주인공은 처음부터 현실 극복 의지를 지닌 존재가 아니다. 따라서 이후 서사 진행을 위해 현실 극복 의지는 외부에서 마련되어야 한다. 물론 대하소설의 주인공도 자신의 의지로 현실을 극복하는 것은 아니다. 영웅소설에서처럼 초월적 세계의 도움으로 현실 문제가 해결된다. 하지만 대하소설의 주인공은 현실을 극복하려는 의지를 지닌 존재이다. 초월적인 세계의 도움으로 여러 어려움을 극복하지만, 자신이 지향하는 가치(이념)는 분명하여, 이에 따라 행동하기 때문이다.

영웅소설의 주인공에게 처음부터 뚜렷한 지향 가치나, 그에 따른 현실 극복 의지가 드러나지 않기에, 이후의 서사 전개는 주인공의 의지와는 무관하게 마련된다. 따라서 주인공에게 의지를 부여하는 서사까지 마련되어야 한다. 영웅소설에서 주인공이 이후에 행동할 수 있는 의지를 부여하는 서사는 조력자에 의해서 마련된다. 곧 영웅소설에서 조력자는 서사 진행을 가능하게 하는 장치이기도 한 것이다. 물론 조력자는 영웅소설뿐 아니라 대하소설에도 나타난다. 대하소설에서는 이념적 정당성을 지닌 인물이 그 이념을 훼손하지 않고 현실을 극복하게 하기 위한 방편으로 조력자나 초월계가 개입한다. 하지만 영웅소설은 이와 다르다. 세계와의 갈등을 회피하는 주인공에게 새로운 지향 가치를 부여하여, 현실 극복 의지를 지니게 한다는 점에서 대하소설의 조력자와는 다른 면모를 보이는 것이다.

영웅소설의 조력자는 대개 전직 승상과 노승으로 나타난다. 이 두 조력자가 한 작품에 모두 나타나는 것이 일반적이다. 전직 승상은 유리걸식하는 주인공을 우연히 발견하고는, 자신의 집으로 데려와 사위를 삼는다. 걸인에 가까운 인물이지만 지인지감知人之鑑으로 주인공의 기상을 알아보는 것이다. 하지만 우연히 병에 걸리거나 정치적인 적대자의 박해로 죽음이나 유배를 당하고 만다. 이 때문에 주인공은 전직 승상의 딸과 결연을 이루지 못한 채 헤어진다. 그러고는 다시 고난을 겪는다.

이때 등장하는 인물이 흔히 노승으로 대표되는 조력자이다. 노승은 기다렸다는 듯이 주인공을 맞이하고는 병법과 무술 등을 전수한다. 이에 따라 주인공은 뛰어난 무력을 지닌 인물로 변모한다. 그리고 때마침 오랑캐의 침입과 같은 국가적 변란이 일어나고, 주인공은 혈혈단신으로 나아가 적을 물리치고 나라를 구한다. 그리고 이 과정에서 헤어진 부모와 아내를 만나고, 이후 부귀영화를 누리게 된다.

흔히 위와 같은 줄거리로 구성되는 영웅소설에서 조력자의 서사적 기능은 상당히 중요하다. 전직 승상으로 나타나는 조력자는 고난에 방황하는 주인공에게 결연의 완성이라는 새로운 지향 가치를 부여한다. 이에 따라 주인공은 지향 가치를 지닌 의지적인 인물로 변모되어, 새로운 서사 진행이 가능해진다. 또 노승으로 나타나는 조력자는 모든 문제를 해결하는 원동력인 무력을 부여한다. 이에 따라 주인공은 문제 해결 능력을 지닌 인물로 변모하는 것이다.

이처럼 영웅소설에서 조력자는 주인공에게 의지와 능력을 부여함으로써 이후의 서사 전개가 가능하게 하는 서사적 추동력을 마련하며, 이 과정에서 영웅소설 서사의 기본 두 축인 결연담과 군담이 형성되는 것이다.

판소리계 소설

판소리계 소설은 조선 후기에 새롭게 부상한 민중예술인 판소리가 문자로 정착된 작품을 일컫는다. 이들 판소리계 소설은 구비 서사시인 판소리의 영향으로 말미암아 일반적인 소설과는 다른 여러 가지 특징을 지닌다.

기록문학인 소설은 기본적으로 처음-중간-끝의 잘 짜여진 구조로 이루어진다. 처음에서 시작하여, 극적인 고조를 거쳐, 종국을 향해 치닫는 유기적인 구성인 것이다. 이때 작품의 부분부분은, 끝을 향해 나아가는 전체의 일부분으로 종속적인 의미를 띤다. 그런데 판소리계 소설의 경우는 이러한 일반적인 소설의 구성과는 다른 면모를 보인다. 작중 인물의 성격이 일관되지 않거나, 전체적인 서사 진행과 무관하게 한 장면이 지나치게 확대·부연되며, 심한 경우에는 앞뒤가 모순되기까지 한다. 이는 기록문학적인 측면에서 볼 때, 문학작품으로서 심각한 결함이 아닐 수 없다.

그런데 판소리 또는 판소리계 소설을 향유할 때, 이러한 '비유기적인 구성'이 전혀 어색하게 느껴지지 않는다. 예컨대, 「춘향전」의 어사출도 대목은 일반적인 소설의 구성과는 전혀 다르다. 일반적인 소설로 본다면 이 부분은 최고조에 이른 갈등이 해소되는 부분으로, 적대자인 변학도의 몰락과 징치가 핵심을 이루어야 한다. 그런데 실제 이 부분은 입으로 나팔을 부는 포졸, 말을 거꾸로 타고서는 말머리가 없다고 소리치는 옆 고을의 사또 등, 서사적 전개와 별반 연관이 없는 인물에 대한 서술이 강조되어 난장판이 된 동헌의 모습이 해학적으로 부각될 뿐이다. 곧 소설의 서사 진행에 따른 극적 고조보다는 서사 진행과 무관해 보이는 웃음 가득한 난장이 구현되고 있는 것이다. 그럼에도 불구하고 우리는 이 어사 출도 대목을 어색하다고 느끼지 않는다. 오히려 「춘향전」에서 가장 감동적이며 재미있는 부분으로 느끼기까지 한다.

이러한 사실은 판소리계 소설의 구성 방식이 일반적인 소설의 그것과 다르다는 것을 의미한다. 기록문학적인 측면에서 본다면 어색하고 미숙한 구성인 듯하지만, 판소리계 소설은 오히려 더욱 깊고 진한 감동을 자아내도록 구성된 것이다. 그렇다면 일반적인 소설의 구성으로 보면 미숙함에도 불구하고 더한 감동을 불러일으키는 이유는 무엇일까.

이에 답하기 위해서는 무엇보다도 '판소리'라는 우리의 독특한 예술 장르에 대해 살펴볼 필요가 있다. 물론 판소리계 소설과 판소리는 다르다. 연행演行의 현장에서 향유하는 판소리와 독서를 통해 향유하는 판소리계 소설이 동일할 수는 없기 때문이다. 하지만 판소리계 소설은 비록 문자로 감상한다고 할지라도 판소리 향유의 경험과 직접적으로 접속된다. 판소리계 소설을 읽을 때, 판소리 향유의 경험이 또다시 재생되는 것이다.

판소리의 특징과 관련하여 주목해야 할 가장 중요한 것은 이른바 '부분의 독자성'이다. 판소리에서는 판소리의 연행문학적 성격으로 인해, 장면의 자족적인 성격이 강조된다. 앞서 언급한 「춘향전」의 암행어사 출도 부분이나, 「흥부전」의 놀부 박타는 대목, 「변강쇠가」에서 변강쇠의 장례를 치르려는 부분 등은 사건 전개와 무관하게 해학적인 장면이 반복된다. 그럼에도 불구하고 작품의 완결성이나 감동이 떨어지는 것은 아니다.

이때 향유자에게 중요한 점은 전체적인 줄거리와의 관련보다는 오히려 해당 부분의 상황이나 그에 따른 의미와 정서다. 전체적인 서사 전개와의 관련은 조금 느슨해지지만, 그 장면이나 상황에서 추구하는 의미나 정서가 부각되는 것이다. 「춘향전」의 암행어사 출도 부분은 사실

향유자가 처음 접하는 부분이 아니다. 이미 사건의 진행을 모두 알고 있다. 이때는 사건 진행에 따른 서사적 긴박감이 중요하지 않다. 오히려 암행어사 출도 상황에서 일어나는 난장의 분위기가 더욱 중요하다. 암행어사 출도에 따른 축제 분위기를 해학적으로 그려내는 장면을 우리는 더욱 즐기는 것이다.

 이러한 부분의 독자적인 성격은 판소리의 구성 원리인 동시에 판소리적 현실인식이 결합할 수 있는 통로이기도 하다. 작품의 한 부분이 전체에 종속되는 것만이 아니라 상대적으로 독립적이며 자율적이라는 사실은, 부분을 통해 전체에 대해 새로운 해석이 결합할 수 있다는 말이다. 판소리는 '구전심수'口傳心授(말로 전하고 마음으로 가르침)의 방법으로 전수되었다. 기록 텍스트를 매개로 전승된 것이 아니라 입으로, 마음으로 전수된 것이다. 이는 판소리의 적층적 성격을 분명히 보여주는 것이다. 이러한 적층의 과정은 판소리 각 작품에 대한 새로운 해석의 과정이기도 하다. 판소리의 창자인 광대가 '구전심수'로 판소리를 익히고, 실제 노래하는 가운데 새로운 인식을 담아낸 것이다.

 이때 새로운 인식의 결합은 상대적으로 독립적이고 자율적인 부분이 존재하였기에 가능하였다. 판소리 향유층의 현실인식이나 미의식을, 전체에 종속되는 부분이 아니라 전체에 대해 상대적으로 자율적인 부분을 통해 결합하였던 것이다. 정절의 표상인 춘향이가 외설스럽기 짝이 없는 초야를 치르거나, 선하기 그지없는 흥부가 허위의식에 사로잡힌 인물로 그려지는 것은, 바로 이러한 부분의 독자적인 성격 때문에 나타날 수 있었던 것이다. 이를 통해 기생이면서 동시에 기생이 아닌 춘향이 만들어지고, 흥부에 대한 긍정과 부정의 시각이 함께 나타날 수 있었던 것이다.

 이상 판소리계 소설의 작품 구성 원리를 부분의 독자성과 관련하여 살펴보았다. 판소리계 소설은 판소리 양식의 주요한 특성을 바탕으로 형성되었기에, 그 구성 원리에서 일반적인 소설과는 다른 면모를 보인 것이다. 특히 부분이 전체와의 관계에서 상대적으로 느슨하게 결합하는 구성 원리로 인해, 새로운 인물 형상과 새로운 현실인식이 결합할 수 있었던 것이다.

대하소설

장편화의 원리

　대하소설은 장편소설로써, 여러 명의 주인공에 의해 여러 사건이 동시에 병렬적으로 진행된다. 이들 작품의 분량은 대개 수십 권 정도이나, 몇몇 작품은 1백 권이 넘기도 한다. 따라서 얼마 전까지만 해도 이들 작품은 우리 소설사의 비교적 후대인 18~19세기에 나타난 것으로 추정되었다. 그런데 근래에 들어『옥소집』玉所集의 기록을 비롯하여 여러 실증 자료가 발굴되어, 최소한 17세기에「소현성록」을 비롯한 일군의 대하소설이 출현했음이 밝혀졌다.

　사실 17세기 한국 소설사에는 뚜렷한 장편화의 경향이 나타난다. 「주생전」·「운영전」·「최척전」·「구운몽」·「사씨남정기」·「창선감의록」과 같은 이전 시기의 소설에 비해 그 서사적 편폭이 상당히 확대된 일군의 소설이 출현한 것이다. 「주생전」·「운영전」·「최척전」 등과 같은 작품은 기존 전기소설의 전통에서 서사적 편폭을 확대한 한문소설이며, 「구운몽」·「사씨남정기」·「창선감의록」은 등장인물의 수를 늘리거나 가정의 문제를 다룸으로써 서사적 편폭이 확대된, 한글본과 한문본 모두가 널리 전승되는 작품이다. 이에 비해 대하소설은 대개 한글본으로만 존재하며, 그 분량이나 작품 구성 원리가 이들과는 다른 면모를 보인다. 곧 장편화의 원리에 있어서 다른 면모를 보이는 것이다.

　17세기 전기소설이나 「구운몽」·「사씨남정기」 등이 주인공이 여러 사람들과 관계를 맺어 장편화한다면, 대하소설의 경우는 여러 명의 주인공이 등장하여 그들이 이끌어나가는 여러 이야기가 중첩되는 방식으로 장편화한다. 예컨대 「주생전」의 경우는 이전의 애정전기류와 달리 두 명의 여성을 등장시켜 삼각관계를 다룸으로써 분량이 확대되었고, 「구운몽」은 양소유가 여덟 명의 여성과 엮어가는 이야기를 다룸으로써 분량이 확대되었다.

　그런데 「소현성록」의 경우는 소현성과 소운경·소운성 등이 각각 화소저·여소저(이상 소현성)·방소저(소운경)·형소저·명현공주(이상 소운성) 등과 엮어가는 이야기를 다룬다. 한 명의 주인공을 중심으로 이야기를 펼쳐나가는 것이 아니라, 여러 명의 주인공이 각각 여러 가지 이야기를 펼쳐나감으로써 분량을 크게 늘이는 것이다. 곧 대하소설은 한 명의 주인공이 여러 가지 관계를 맺어나가는 방식으로 확대되는 여타의 소설과는 다르게, 여러 명의 주인공이 등장하여 그들이 여러 가지 이야기를 동시에 펼쳐나가는 구성으로 이루어진 작품인 것이다.

　대하소설 각 작품의 여러 주인공들이 엮어나가는 서사는 상당히 유형적인 성격을 띤다. 예컨대 「소현성록」의 소운성과 형소저 사이에 전개되는 서사는 「명주기봉」의 현성린과 소옥설, 「옥란기연」의 장효성과 우요주 사이에 전개되는 서사와 매우 유사하다. 소운성·형성린·장효성 등의 남자 주인공들은 우연한 기회에 형소저와 소옥실·우요주 등을 만나, 강한 애정 욕구를 갖게 된다. 이에 부모의 허락도 없이 혼인을 하거나, 혼인을 결심한다. 하지만 이 일로 말미암아 아버지와 심각한 갈등을 겪게 되는데, 끝내는 외조부와 같은 중재자의 도움으로 갈등이 해결되고, 혼인을 완성하게 된다. 이처럼 「소현성록」·「명주기봉」·「옥란기연」은 서로 직접 관련이 없는 다른 작품임에도, 각 작품의 주인공들이 엮어가는 이야기는 그 서사 전개가 거의 일치하는 면모를 보이는 것이다.

물론 소운성과 형소저, 현성린과 소옥설, 장효성과 우요주 사이에 일어난 서사는 「소현성록」이나 「명주기봉」, 「옥란기연」 전체 서사에서 극히 일부분에 불과하다. 하지만 이 이야기는 그것만으로도 자족적인 성격을 띤다. 한 편의 이야기로 독립해서 나온다고 해도 하나의 소설을 이룰 정도인 것이다. 이러한 사실은 대하소설이 독특한 방식으로 구성되었음을 보여주는 것이다. 곧 한 명의 주인공이 주도하는 비슷한 유형의 이야기들을 다양하게 결합하여, 대하소설 한 작품을 구성하는 것이다. 물론 이는 단순한 짜깁기를 의미하는 것은 아니다. 비슷한 유형의 이야기임에도 주인공의 기질이나 상황에 따라 서로 다른 의미를 띠며, 또 비슷한 유형의 '단위 이야기'들이 각각의 작품에서 서로 다르게 결합하여 다양한 변주를 이루어나가기 때문이다.

그런데 이 단위 이야기들은 기본적으로 혼사나 부부의 문제를 다룬다. 단위 이야기에서는 남녀 주인공의 만남과 혼인, 그리고 가정과 가문을 이루어나가는 과정에서 생기는 문제가 집중적으로 다루어진다. 설사 부자 갈등이나 옹서 갈등과 같이, 남녀 주인공 간의 문제가 다루어지지 않는 갈등이라고 할지라도, 이는 직·간접으로 부부 사이의 문제와 밀접하게 관련되어 나타난다. 부자 갈등은 대개 여자 주인공에 대한 부자 간의 의견 차이로 나타나며, 옹서 갈등은 단순히 장인과 사위 간의 문제로 끝나는 것이 아니라, 부부 사이의 심각한 갈등으로 발전하는 것이 일반적이기 때문이다.

이처럼 각 단위 이야기들이 혼인과 관련된 문제만을 집중적으로 다루는 것은 한편으로 대하소설의 서사적 결속을 유지하는 기능을 하기도 한다. 대하소설은 기본적으로 여러 주인공의 이야기가 병렬적으로 펼쳐짐으로써 장편화한다. 이때 이야기의 병렬적 확장은 서사적 결속을 약화시킨다. 무한히 나열되기만 할 뿐이기 때문이다. 하지만 대하소설에 등장하는 수많은 주요 인물들은 형제, 자매, 동서, 처남과 매부 등의 관계로 겹겹이 맺어진다. 수많은 인물이 등장함에도 이들은 모두 몇몇 주요 가문을 배경으로 활동할 따름이다. 실제 수많은 인물이 다양한 사건을 이루어내지만, 모두 몇몇 가문과 관련된 문제이기만 한 것이다. 또한 몇몇 가문의 수많은 인물이 엮어나가는 사건들은 모두 혼인과 관련된 동일한 서사적 국면에 집중된다.

이처럼 대하소설은 여러 명의 주인공이 등장하여 다양한 사건을 결구하지만, 몇몇 가문만을 중심으로 다루어 공간적 동일성을 확보하고, 나아가 각각의 주인공이 혼인과 관련된 동일한 서사적 국면을 중심으로 이야기를 펼쳐나감으로써 무한한 병렬적 확장을 억제하고, 서사적 결속을 확보하고 있는 것이다.

연작화 경향과 그 방법

대하소설의 작품 구성 면에서 주요한 또 다른 특징은 연작화 경향이다. 현재까지 연작으로 밝혀진 작품만 해도 14종 29편(「명주보월빙」 연작, 「쌍천기봉」 연작, 「성현공숙열기」 연작, 「유효공선행록」 연작, 「조씨삼대록」 연작, 「천수석」 연작, 「보은기우록」 연작, 「벽허담관제언록」 연작, 「창난호연록」 연작, 「옥원재합기연」 연작, 「현씨양웅쌍린기」 연작, 「소현성록」 연작, 「임화정연」 연작, 「몽옥쌍봉연록」 연작)에 이를 정도로, 대하소설의 많은 작품은 연작으로 구성되어 있다.

이들 연작이 창작되는 상황은 다양한 것으로 보인다. 전편과 후편 모두 동일한 작가에 의해 창작된 것으로 추정되는 경우도 있으며, 전혀 다른 작가에 의해 창작된 것으로 추정되는 경우도 있다. 예컨대, 「유효공선행록」 연작과 같은 삼대록계 연작소설은 전·후편에서 일관된 주제의식을 드러내지만,「현씨양웅쌍린기」 연작이나「천수석」 연작에서는 일관된 주제의식이나 구조로 통합되지 않는, 아주 이질적인 면모를 보이기 때문이다.

그럼에도 한국 대하소설은 대부분 누대기累代記의 방식으로 연작화한다는 점에서 동일한 모습을 보인다. 전편의 주인공이 후편에서 새로운 사건을 펼쳐나가는 것이 아니라, 전편 주인공의 자손들이 후편에 등장하여 새로운 사건을 펼쳐나가는 방식으로 연작을 구성하는 것이다. 이 경우 대부분 후편의 분량이 전편보다 확대된다. 전편 주인공의 자손인 후편의 주인공은 대부분 전편보다 그 숫자가 많기 때문이다.

그런데 이 경우 분량은 크게 확대되지만 전편과 다른 모습을 보이는 것은 아니다. 후편이 전편에 비해 훨씬 다양한 소재와 사건을 설정하지만, 전편의 구조를 그대로 답습하는 경향이 강하기 때문이다. 예컨대「명주보월빙」 연작의 경우,「명주보월빙」의 후편인「윤하정삼문취록」에서 설정된 남녀 주인공의 삶은 윗대, 즉「명주보월빙」의 주인공의 삶의 궤적을 그대로 반복하여 밟아갈 뿐이다. 따라서 후편에서 전편과 다른 새로운 변화나 진전의 국면을 열어 보이지 못하고 만다. 그러므로 이러한 후편은 대부분 전편에 비해 주제의식이 약화된다. 전편의 내용과 구조가 그대로 반복됨으로써 분량만 확대될 뿐, 새로운 주제의식을 구현하지 못하기 때문이다.

대하소설의 연작화 경향은 한국 소설의 독자소설적 성격과 관련하여 생각해볼 수 있다. 대하소설은 대부분 작자가 알려져 있지 않다. 곧 대하소설의 독자는 작자를 보고 소설을 선택하지 않는다. 따라서 독자에게 수십 책 이상의 새로운 작품을 읽게 하려면, 이미 성공한 작품에 기대야 한다. 이에 따라 전편의 성공에 기대어, 후편을 만드는 방식으로 연작소설이 출현하게 된 것이다. 이는 지금, 흥행에 성공한 영화의 후속편이 다른 감독에 의해서도 만들어지는 상황과 비슷하다고 할 것이다.

또 한편으로, 작자가 알려져 있지 않다는 사실은 적극적인 독자가 곧 작자일 수 있음을 의미한다. 적극적인 독자의 성격을 고스란히 지닌 작자는, 자신의 독자(讀者)적인 성격으로 인해 독서 경험과 직접적인 관련이 있는 작품을 창작하게 된다. 곧 이미 존재하는 작품의 후속편을 직접 만들어보는 것이다. 이러한 상황에 의해 연작형 소설이 출현할 수 있게 된 것이다.

이상으로 한국 고전소설의 작품 구성 원리를 간략하게 살펴보았다. 무엇보다도 한국 소설은 유형적 성격이 강하다. 특히 동일한 장르적 성격을 띠는 작품의 경우, 인물 형상이나 서사 전개 방식 등에서 비슷한 면모를 띤다. 이는 각 장르의 생성 기반, 향유층의 성격, 미의식, 세계관 등이 동일하기 때문에 나타나게 된 것이다.

소설은 기본적으로 한 개인의 노력으로 창작되는 작품이다. 무엇보다도 소설작품은 그 작자에게 귀속된다고 할 것이다. 그런데 유형적 성격이 강한 한국 고전소설의 경우, 개별 작품이 속한 장르에 많은 영향을 받는다. 한편으로는 한 개인에 의해 창작되지만, 다른 한편으로는 그 작품이 속한 장르에 의해 '구성' 된다고까지 말할 수 있을 정도이다.

따라서 우리 고전소설을 제대로 이해하기 위해서는 그 작품이 기대고 있는 장르의 성격을 주목해야만 한다. 기대고 있는 장르에 의해 '작품이 구성되는 원리'를 유념하면서, 그 구성 원리로부터 벗어나려는 면모를 총체적으로 살펴야만 제대로 된 고전소설 이해가 가능할 것이기 때문이다.

● 류준경

| 참고 문헌 |

■ 참고 논저

조동일, 「〈흥부전〉의 양면성」, 『계명논총』 5, 계명대학교, 1969.
조동일, 「영웅의 일생 그 문학사적 전개」, 『동아문화』 10, 서울대 동아문화연구소, 1971.
조동일, 『한국소설의 이론』, 지식산업사, 1977.
서대석, 「〈제석본풀이〉 연구」, 『한국무가의 연구』, 문학사상사, 1980.
김흥규, 「판소리의 서사적 구조」, 『판소리 연구』, 창작과비평사, 1981.
이상택, 「고전소설의 사회와 인간」, 『한국고전소설의 탐구』, 중앙출판, 1981.
이상택, 「〈보월빙〉연가의 구조적 반복원리」, 『백영정병욱선생화갑기념논총』, 신구문화사, 1982.
서대석, 『군담소설의 구조와 배경』, 이화여대출판부, 1985.
권성민, 「옥소 권섭의 국문시가 연구」, 서울대 석사논문, 1992
박영희, 「〈소현성록〉 연작 연구」, 이화여대 박사논문, 1993.
박희병, 「전기적 인간의 미적 특질」, 『민족문학사연구』 7, 민족문학연구소, 1995.
류준경, 「방각본 영웅소설의 문화적 기반과 그 미학적 특성」, 서울대 석사논문, 1997.
박희병, 『한국 전기소설의 미학』, 돌베개, 1997.
송성욱, 「혼사장애형 대하소설의 서사문법 연구」, 서울대 박사논문, 1997.
송성욱, 『대하소설의 미학』, 월인, 2003.
이상택, 『한국 고전소설의 이론 Ⅰ·Ⅱ』, 새문사, 2003.

■ 참고 자료

「소현성록」, 『필사본 고전소설전집』, 아세아문화사, 1980.
「춘향전」, 설성경 역주, 『한국고전문학전집』 12, 고려대 민족문화연구소, 1995.
「심청전」, 정하영 역주, 『한국고전문학전집』 13, 고려대 민족문화연구소, 1995.
「흥부전」, 김태준 역주, 『한국고전문학전집』 14, 고려대 민족문화연구소, 1995.
「조웅전」, 이헌홍 역주, 『한국고전문학전집』 23, 고려대 민족문화연구소, 1995.
「유충렬전」, 최삼룡 역주, 『한국고전문학전집』 24, 고려대 민족문화연구소, 1995.
「홍길동전」, 김일렬 역주, 『한국고전문학전집』 25, 고려대 민족문화연구소, 1995.
『17세기 애정전기소설』, 이상구 역주, 월인, 1999.
『금오신화』, 심경호 옮김, 홍익출판사, 2000.

9
한국 고전소설의 세계관

■ 고전소설과 세계관

문학이 궁극적으로 추구하는 것은 결국 인간의 문제라고 할 수 있다. 인간은 왜 존재하는가, 어떻게 살아가야 할 것인가 하는 것들이 그것이다. 그런데 이러한 인간의 존재에 관한 문제는 인간이 살아가는 삶의 현장인 세계에 대한 인식, 즉 세계관을 떠나서는 제대로 규명될 수 없다. 그것은, 인간은 자신의 세계관을 통해 자기 자신의 존재를 규정하기 때문이다.

고전소설에서 세계관이 중요한 것은 바로 이 때문이다. 우리는 고전소설에 제시된 세계관을 살펴봄으로써 그 당시의 사람들이 자신을 어떻게 규정하고 있었는가를 이해할 수 있는 것이다. 물론 다른 문학 장르를 통해서도 이것이 가능하다. 하지만 소설이라는 것이 본질적으로 인간의 삶을 총체적으로 다루는 것이기 때문에 당시 사람들의 인간과 삶에 대한 인식과 태도를 이해하는 데 고전소설은 대단히 중요하고 명확한 통로가 될 수 있다.

　고전소설의 세계관은 크게 이원론적 세계관과 일원론적 세계관으로 나누어볼 수 있다. 이원론적 세계관은 초월적·종교적 세계관을 말하는 것으로 현세의 인간의 삶은 천상 초월세계에 예정되어 있는 대로 진행된다는 사고방식이다. 곧 인간은 자신의 의지보다는 초월세계를 주재하는 초월적 존재의 의지에 따라 예정된 삶을 살아간다는 것이다. 작품 속에 천상의 초월계가 구체적으로 제시되기도 하고 그렇지 않기도 하지만 천상에서 죄를 지은 존재가 인간세상에 환생하여 고통을 겪고 부귀영화를 누리다가 다시 천상으로 복귀하는 것으로 그려져 있는 많은 작품들은 이러한 세계관을 바탕으로 하고 있다.

　주인공이 위기를 겪고 고난에 빠져 번민하고 고통을 받는 것도 천상에서 예정된 것이며, 그것을 극복하고 난 뒤에 부귀영화를 누리는 것도 천상의 의지에 따른 것이다. 그렇기 때문에 주인공이 극한의 위기에 처했을 때에는 천상의 뜻에 따라 도승이나 선관이 현몽하거나 직접 출현하여 구원해주기도 하고, 천상의 지시를 받은 인물이 기다리고 있거나 지나가다가 구출해주기도 한다. 표면적으로는 비현실적인 우연의 남발처럼 보이지만 사실 그것은 천상의 의지에 따른 필연인 것이다.

　그렇다고 해서 이러한 세계관이 단순히 인간의 삶을 운명이나 팔자소관으로 돌리는 태도를 의미하지는 않는다. 어떤 인물은 자신의 예정된 삶을 선뜻 수긍하기도 하고, 어떤 인물은 초월계와 현실계, 성聖과 속俗 사이에서 갈등하기도 한다. 그런데 이러한 모습들이 궁극적으로 보여주는 것은 운명에 자신을 내던지는 자포자기적 태도가 아니라 천상의 본원적 삶을 회복함으로써 모든 현실적 고통과 갈등을 해소하고자 하는 적극적 소망인 것이다.

이에 비해 일원론적 세계관은 세속적·물질적 가치관에 입각한 현실적 세계관을 말하는 것으로 인간의 삶은 그가 처한 환경과 대립해 스스로 개척해가는 것이라는 사고방식을 가리킨다. 곧 천상의 의지가 문제되는 것이 아니고 현실을 살아가는 인간의 구체적인 삶의 모습 그 자체가 중요하다는 것이다. 따라서 이러한 세계관에 입각해 있는 작품들에는 천상의 초월세계가 설정되는 대신, 당시의 사회 현실이 선명하게 반영되어 신분제의 질곡 속에서 유린될 수밖에 없었던 인간 존엄성의 확보와 주체성의 실현이라든지, 상품화폐경제의 발달 속에서 부의 축적을 통한 인간다운 삶의 지향이라든지 하는 현실적인 문제들이 주로 다루어지고 있다. 현실적인 고난과 질곡 속에 자신을 어떻게 위치시키고 그것들에 대응하여 자신의 삶을 어떻게 개척해나갈 것인가 하는 것이 중요한 것이다.

이제 구체적인 작품들을 통해 이러한 두 가지 세계관이 형상화된 모습을 기존 연구를 바탕으로 차례로 검토하기로 한다. 초월적·종교적 세계관은 유교·불교·도교 사상을 중심으로 하는 작품들을, 세속적·물질적 가치관에 따른 현실적 세계관은 판소리계 소설과 한문 단편을 중심으로 살펴본다.

초월적·종교적 세계관

유교 이념의 내면화

조선 왕조의 건국 이념인 유교는 조선시대의 주도 이념으로 사람들의 일상 생활을 규제하고 있었는데 이러한 유교 이념을 보다 더 철저히 내면화하기 위해 그것을 존재 원리와 세계관으로 하는 많은 고전소설이 창작되었다. 고전소설에서 유교에 입각한 세계관은, 충·효·열과 같은 윤리 규범의 준수 여부에 따라 선악의 대립이 형상화되고, 악이 패배하고 선이 최종적인 승리를 거둠으로써 유교 이념을 강화하고 있는 데에서 찾을 수 있다.

한편 이러한 유교적 윤리 규범은 그 자체로 문제가 되기도 하지만 또 다른 층위層位의 유교적 이념, 예를 들면 가문의 내적 결속과 외적 번영을 추구하는 가문의식과 결부되어 제시되기도 한다. 이처럼 유교 이념은 윤리라든가 가문의식과 같은 현실 지향적인 문제로 구체화되지만 작품에서는 그러한 유교 이념의 정당성을 입증하기 위해 초월세계를 개입시키기도 한다. 17세기에 창작된 「창선감의록」彰善感義錄을 살펴보자.

「창선감의록」의 작자 조성기趙聖期(1638~1689)는 이황李滉과 이이李珥의 철학을 비판적으로 수용하면서 나름의 철학사상을 수립했던 성리학자였다. 그는 선악과 관련하여 악이 억제·극복되어 올바른 데로 나아갈 수 있으려면 선의 절제를 받아야 한다고 했다. 또 문학은 일상의 떳떳한 도리를 담아 이치를 밝히고 세상을 구하는 재료가 되어야 한다면서 수식을 일삼는 것을 적극적으로 배척하였다. 「창선감의록」은 작자의 이러한 사상이 바탕을 이루고 있는 작품이다. 작자는 작품 서문에서 충·효·우애와 같은 윤리 규범은 천명으로, 잠시라도 지키지 않을 수 없다고 하면서 선악을 경계하여야 한다고 하였다. 그리고 다시 작품 말미에서 충효는 사람의 본성이고 사생화복死生禍福은 운명이니 운명은 알 바가 아니고 다만 본성을 따라야 한다고 하여 서문의 내용을 반복해서 강조하고 있다. 이처럼 유교 윤리를 선악의 문제와 결부해서 다루겠다는 작자의 의도는 그대로 작품으로 구체화되고 있다.

명나라 가정 연간(1522~1566)에 병부상서 화욱에게는 심씨 소생의 맏아들 화춘과 정씨 소생의 화진이라는 두 아들이 있었다. 춘은 방탕하고 어리석은 위인인 반면, 진은 현명하고 정대正大한 군자였다. 이에 화욱이 진을 칭찬하고 사랑하자 심씨와 춘은 진을 시기하고 미워한다. 정씨와 화욱이 차례로 세상을 떠나자 춘은 범한과 장평이라는 불량배와 조월향이라는 간악한 여인과 사귀며 심씨와 함께 진을 괴롭힌다. 이어 집안을 돌보던, 화욱의 누이 성부인마저 아들의 임소로 떠나자 진에 대한 심씨와 춘의 핍박은 도를 더해만 간다. 춘은 진의 반대를 무릅쓰고 정실 임씨를 내치고 조월향을 부인으로 삼는다.

　이 과정에서 진에게 원한을 품은 범한은 조월향과 공모하여 진이 심씨를 죽이려 한 것처럼 꾸며 마침내 진이 귀양가도록 한다. 이후 해적 서산해가 침입하자 진이 이를 진압하기 위해 출정한 사이에 범한·장평 등의 죄상이 드러나고, 춘은 인륜을 폐했다 하여 옥에 갇힌다. 이 일을 계기로 심씨와 춘은 진의 효도와 우애를 새삼 깨달아 개과한다. 서산해를 물리친 진은 다시 촉의 모반을 평정하고 돌아와 천자에게 청하여 춘이 풀려나게 하여 집안의 안정과 화합을 이룩한다.

　이러한 대충의 줄거리에서도 쉽게 짐작할 수 있듯 화진은 효도와 우애, 곧 유교적 윤리 규범에 충실한 인물이다. 그는 심씨와 화춘의 미움을 받아 매를 맞고 갇혀 있을 때에도 화춘이 찾아오자 원망은커녕 며칠 동안 보지 못한 형의 얼굴을 본 것이 반가워 눈물을 흘린다. 또 심씨를 죽이려 했다는 누명을 쓰고 잡혀갔을 때에는 심씨와 화춘의 허물이 드러날 것을 우려해 전혀 자신의 누명을 벗으려고 하지 않는다. 이처럼 화진은 인간적인 욕구 같은 것이 개입할 여지가 없는 윤리 규범 그 자체로 그려져 있다.

　이에 비해 음험하고 교만한 성품의 심씨와 화춘은 화진에 대한 화욱의 편애와 악인들의 부추김으로 인해 악행을 저지르는 인물들이다. 따라서 화진과 심씨 모자의 갈등은 효도와 우애에 충실한 선인과 인간적인 욕망에 서슴없이 자신을 던져버리는 악인의 갈등이라 할 수 있다. 곧 선과 악의 구분이 유교적 윤리 규범의 준수 여부에 따라 나뉜 것이다.

그런데 이들의 갈등은 파국으로 치닫지 않고 심씨와 화춘이 화진의 효우에 감화되어 개과함으로써 해소된다. 심씨는 자신이 조월향에게 속아 화진 부부에게 원한을 사무치게 했다며 후회하고, 옥에 갇힌 화춘은 꿈결에서도 화진을 부르며 눈물을 흘린다. 이는 작자의 성리학적 사유에 따른 선악관, 곧 악은 선에 의해 절제되어야만 올바른 곳으로 되돌아 올 수 있다는 생각의 소설적 표현이라 할 수 있다.

이러한 인물의 선악 문제 외에도 그러한 선악의 갈등 속에 구현되어 있는 가문의식을 통해 이 작품이 유교 이념에 입각해 있다는 것을 다시 확인할 수 있다. 화욱이 죽자 새로 가장이 된 화춘은 현숙한 부인을 내치고 요녀 조월향을 정실로 삼으며, 불량배들을 집안으로 끌어들임으로써 가문의 질서와 화합을 스스로 무너뜨린다. 화춘은 가장임에도 불구하고 가문을 위기의 상황으로 몰아간 것이다.

이러한 가문의 위기는 화진이 외적의 침입과 모반을 진압하여 큰 공을 세우고, 그에 대한 보상으로 옥에 갇힌 화춘의 사면을 받아냄으로써 극복된다. 이런 점에서 이 작품은 가장의 교체라는 가문의 전환기에 어리석은 가장으로 말미암은 가문의 시련과, 다른 가문 구성원의 역할을 통한 그 극복 과정을 보여주고 있다고 할 수 있다. 이는 이 작품이 가문의식에 기반하고 있다는 것을 말해주는 것이다.

가문의식은 17세기에 들어 확대되었는데, 그 원인 가운데 하나가 예학의 성숙이다. 성리학의 심화 과정에서 발달한 예학은 임진·병자 양란 이후의 혼란된 사회 질서와 강상綱常(三綱과 三常, 사람이 지켜야 할 도리)의 재건을 위해 더욱 성행했다. 그런데 이러한 예학은 철저히 가부장제에 입각한 주자학적 종법사상宗法思想을 기초로 하고 있었던 것이다. 따라서 가장을 중심으로 가문의 내적 결속을 다지고 외적 번영을 추구하는 가문의식 역시 유교 이념과 결코 분리될 수 없는 것이다. 결국 「창선감의록」은 가문에 닥쳐온 위기 상황이 유교적 윤리 규범의 준수를 통해 극복되는 과정을 보여줌으로써 철저히 유교적 세계관에 입각해 있는 작품이라고 할 수 있다.

그런데 주목할 것은 유교 이념에 입각해 가문이나 일상의 윤리와 같은 현실적인 문제를 다루고 있는 이 작품에 초월계의 개입이 제시되어 있다는 것이다. 나중에 화진의 부인이 된 남채봉이 어머니와 함께 아버지 남어사의 귀양길에 동행하던 중 도적을 만나 어려운 처지에 놓이게 되었을 때, 그 부모는 곽선공이라는 은자隱者의 구원을 받고 채봉은 선녀와 마의노구麻衣老嫗의 도움을 받는다. 또 전에 채봉이 여승 청원의 요청으로 관음 화상을 그린 적이 있었는데 이것이 계기가 되어 채봉이 조월향에게 독살될 때 관음보살의 지시를 받은 청원이 채봉의 목숨을 구하기도 한다.

화진은 자신과 전세에 인연이 있는 선관 은진인殷眞人이 전생의 일을 기억해낼 수 있는 단약을 주자 자신은 이미 인간세계의 사람이니 망령되이 천상의 일을 알면 이로움이 없이 다만 심회가 어지러울 뿐이라며 거절한다. 또 약을 먹어 신선이 된다고 하더라도 편모와 외로운 형이 있으니 그들을 버리고 혼자 갈 수 없다고 하였다. 하지만 화진은 은진인에게서 병법을 배우고 부적을 얻어 돌아와 해적의 침입을 막고 촉의 모반을 평정한다.

작품 속에 천상 초월세계가 구체적으로 형상화되어 있지는 않지만 은진인의 말을 통해 화진이 전생에 천상의 선관이었다는 사실을 알 수 있다. 이에 따라 초월계가 개입하여 중심 인물이 위기에 처했을 때 구원해주기도 하고, 주인공이 전쟁에서 승리할 수 있도록 능력을 길러주기도 한다. 그 결과 윤리 규범을 철저히 준수하는 인물들이 위기에서 벗어나 최종적인 승리자가 됨으로써 그들이 추구하는 유교 이념이 정당한 것이었음을 입증하는 것이다. 곧 천상 초월계의 개입은 유교 이념의 정당성과 그것의 승리에 대한 믿음의 표현이었던 것이다.

윤리 규범과 가문의식이 유교 이념을 기초로 형상화된 모습은 비단 「창선감의록」 한 작품에 한정되지 않는다. 전기소설이 중심이던 고전소설이 17세기에 들어 일대 전환을 맞이하면서 이러한 윤리 덕목과 가문의식이 결합된 유교적 세계관의 작품들이 창작되기 시작하였다. 천상계의 개입 정도는 작품에 따라 다양한 편차가 있지만 우리는 이러한 유교적 이념과 세계관을 「사씨남정기」謝氏南征記나 장편 가문소설을 비롯한 많은 작품에서 확인할 수 있다.

불교사상의 형상화

불교는 조선시대 지배층에 의해 공식적으로는 배척되고 있었지만 이미 천여 년을 넘는 오랜 기간 신봉되어왔기 때문에 여전히 일반 민중들에게는 믿고 의지하는 버팀목 구실을 했고, 유교 이념의 한계를 의식한 일부 사대부들에 의해 새삼 주목을 받기도 했다. 작품을 일관하는 존재 원리와 세계관으로서의 불교사상은 「적성의전」翟成義傳·「금우태자전」金牛太子傳 등과 같이 불교 설화에 기반을 둔 작품들에서 찾을 수 있겠지만 불교사상이 형상화된 가장 대표적인 작품은 역시 「구운몽」九雲夢이라 할 수 있다.

「구운몽」은 김만중金萬重이 선천에 귀양가 있을 때인 1687년에서 1688년 사이에 지은 작품이다. 주지하다시피 이 작품은 육관대사 밑에서 수도하던 성진이 팔선녀를 만난 후 속세에 대한 욕망으로 번뇌하다가, 꿈 속에서 양소유로 환생하여 팔선녀와 차례로 결연하면서 인간의 부귀영화를 극진히 누린 다음, 꿈에서 깨어나 스승에게서 깨달음을 얻고 불도에 전념한다는 내용으로 되어 있다.

흔히 「구운몽」의 기본 구조를 '현실→꿈→현실'로 이해하면서 성진의 세계는 청정한 불교적 삶이고 양소유의 세계는 세속적 욕망을 추구하는 유가적 삶으로 파악한다. 그리고 세속의 부귀영화란 일장춘몽에 불과하기 때문에 유가적 삶을 부정하고 불교에 귀의해야 한다는 것으로 작품의 의미를 해석한다.

그러나 이 작품의 불교사상을 그와 같이 파악하기에는 작품에서 제기하고 있는 문제가 단순하지 않다. 부귀영화를 극진히 누리던 양소유는 문득 모든 것이 일장춘몽에 불과하다는 사실을 깨닫고 불도에 귀의할 결심을 한 후 꿈에서 깨어나 성진으로 돌아온다. 성진이 육관대사에게 이러한 자신의 깨달음을 이야기하자 육관대사는 장자의 꿈을 예로 들면서 어느 것이 거짓이고 어느 것이 참이냐며 크게 꾸짖는다.

이 말은 세속의 삶과 불가의 삶을 대립적인 것으로 파악하여 세속적인 삶을 부정하고 불가적인 삶을 긍정하려는 성진의 태도가 잘못되었다는 것을 깨우쳐주기 위한 것이다. 다시 말해 세속적인 삶을 부정하고 불가적인 삶을 지향하는 데 그쳐서는 안 되고, 두 삶의 방식을 구분하려는 마음까지 초월해서 자유롭게 생각할 수 있어야 한다는 것이다. 이처럼 「구운몽」은 단지 세속적인 욕망을 부정하고 불교에 귀의할 것을 권하는 수준에 머물지 않고 심오한 불교사상 그 자체를 소설로 형상화한 사상소설의 면모를 지니고 있는 것이다.

이러한 사실은 성진의 세계와 양소유의 세계를 형상화하고 있는 방식에서도 확인할 수 있다. 우선 성진이 수도하는 남악 형산은 평범한 지상의 현실적 공간이고, 세속적 욕망에 번뇌하는 성진의 모습은 평범한 인간의 그것과 별반 다르지 않다. 그러나 남악 형산은 여선女仙 위부인이 하늘 벼슬을 하여 선관 옥녀를 거느리고 신령한 자취를 남기며 기이한 일을 행하는 곳이고, 육관대사가 대승법을 강론하여 사람을 가르치고 귀신을 제도하는 곳이며, 동정호의 용왕이 백의노인의 모습으로 법석에 참여하는 곳이기도 하다. 또한 성진은 수정궁에 가서 용왕을 만나고, 석교 위에서 도화 한 가지를 팔선녀 앞에 던져 명주로 화하게 하는 신통력을 지닌 인물이기도 하다. 이처럼 형산은 지상의 현실적 공간이면서 동시에 초월적 신성 공간이며, 성진은 지상의 현실적 존재인 동시에 초월적 존재이기도 한 것이다. 따라서 입몽 이전의 성진의 세계는 현실이자 초월이라는 성·속 양면의 함의를 동시에 시현하고 있는 시공 속의 인간적이자 동시에 초인간적인 세계라고 이해할 수 있다. 각몽 이후의 성진의 세계 역시 현실세계이면서 깨달음을 통한 극락으로의 회귀를 위해 끊임없이 정진하는 초월 지향적인 세계이다.

그렇다면 양소유의 세계는 어떠한가. 현세에 환생한 양소유는 여덟 미인을 차례로 만나 결연하고, 세상의 부귀영화를 모두 누린다. 이런 점에서 양소유의 세계는 꿈 속의 세계이기는 하지만 현실적 성격을 지닌 공간이라 할 수 있다. 그러나 양소유는 남전산에서 도인을 만나 부친 양처사의 소식과 자신의 앞일을 알게 되며, 장차 천정배필과의 결연 과정에서 요긴하게 쓰일 거문고·퉁소·방서方書 등을 얻는다.

또 반사곡 백룡담에서는 꿈 속에서 동정 용왕의 딸 백룡파를 탈취하려는 남해 용궁의 태자와 그 군대를 물리치고, 동정 용왕의 환대를 받고 돌아오다가 남악 형산에 들러 육관대사를 만나고 나서 꿈에서 깨어난다. 그런데 양소유의 부하 장졸들 역시 꿈 속에서 남해의 군대와 싸우는 신비 체험을 했고, 백룡담에 가보니 고기 비늘이 가득하고 피가 내를 이루고 있었다. 곧 양소유의 세계는 독자적이고 자족적으로 닫혀져 있는 현실세계가 아니라 초월세계가 지속적으로 간섭하고 개입하는 세계라고 할 수 있다.

따라서 성진의 세계와 양소유의 세계를 현실적 시공과 꿈의 시공, 실상계實相界와 가상계假相界의 이분법적 대립으로만 파악하는 것은 일면적이라 할 수 있다. 성진의 세계는 현실세계이면서 동시에 초월을 지향하는 불가적 삶의 신성세계이고, 양소유의 세계 역시 현실처럼 그려진 세계이면서도 지속적으로 초월적 신성세계와 교섭하는 세계인 것이다. 따라서 성진의 세계와 양소유의 세계가 동질적인 것은 결코 아니지만 육관대사가 성진에게 갈파한 것처럼 두 세계를 대립적·대칭적인 것으로 파악하여 양소유의 삶과 세계를 부정하고 성진의 삶과 세계를 긍정하기보다는 성진의 삶에서 양소유의 삶으로, 다시 성진의 삶으로의 반본환원返本還元은 현실계에서 초월계로의 무한한 승화를 지향하는 과정으로 파악하는 것이 보다 바람직하다고 할 수 있다.

도가적 현실인식과 주체 의식

우리가 흔히 일컫는 도교에는 노장사상, 신선사상, 단군을 비조로 한 주체적 도가사상, 그리고 기복 신앙 등의 여러 요소들이 포함되어 있다. 많은 사람들이 신선이 되기 위한 수련에 관심을 보이기도 했고, 고려시대에는 궁중에서 국가의 복을 비는 재초齋醮와 같은 의식이 공식적으로 행해지기도 하였으며, 방외인적 인물들을 중심으로 주체적 도가사상이 계승되기도 했다. 유교를 주도 이념으로 하는 조선시대에 들어 배척을 받기는 하였지만, 도교는 일부 지성인들에 의해 유교 중심 체제에 대한 비판적 이념으로, 현실을 초극하는 방법 등으로 주목되었으며, 시층 민중들에 의해서는 민간 신앙과 결부되어 계속 신봉되고 있었다.

고전소설에서 도교적인 요소를 찾는 것은 그리 어려운 일이 아니다. 천상에서 상제에게 죄를 지은 선관이나 선녀, 혹은 성신星辰이 인간세상에 적강하여 고난과 영화를 누리다가 다시 천상으로 복귀한다거나, 도사나 이인이 출현하여 주인공을 구원해준다거나, 도관에 복을 빌어 소원을 성취한다거나 하는 것은 고전소설에서 흔히 볼 수 있는 화소話素나 삽화다. 이제 도교사상이 작품의 세계관을 이루고 있는 몇 작품을 살펴보자.

우선 신선에 대한 관심은 입산수도하거나 스승을 만나 도서를 전수받고 수련하여 신선이 되는, 이른바 신선전이라 불리는 이야기들을 형성하였다. 허균許筠(1569~1618)의 「남궁선생전」南宮先生傳과 같은 작품은 그 대표적인 예라고 할 수 있다.

남궁두는 사마시에 급제하고 성균시에 수석으로 뽑힌 인물인데 성격이 거만하여 사람들의 미움을 샀다. 서울로 이사하고 시골에는 첩만 남겨두었는데 첩이 남궁두의 당질과 사통하고 있었다. 이를 안 남궁두가 두 사람을 활로 쏘아 죽이고 도랑에 매장한 다음 서울로 돌아왔는데 남궁두를 싫어하던 종에 의해 이 사실이 밝혀져 붙잡혔다. 아내의 도움으로 탈출한 남궁두는 중노릇을 하기도 했는데 소재가 발각되어 붙잡히기 직전에 신선의 현몽 지시에 따라 도주한다.

그뒤 우연히 만난 젊은 중이 자기의 스승을 소개하자 남궁두는 1년 동안이나 그 사람을 찾아 마침내 스승으로 섬기며 신선술을 연마한다. 잠을 자지 않기도 하고, 도가서를 만 번이나 읽기도 하고, 곡식을 끊기도 하고, 호흡법과 운기하는 법을 배우기도 한다. 그리하여 거의 신선이 될 수 있는 경지에 이르렀으나 하루라도 빨리 신선이 되고 싶어 서두르는 바람에 실패하고 만다.

이에 스승은 남궁두에게 지상선地上仙은 될 수 있으며, 수양하면 8백 년은 살 수 있을 것이라 하였다. 이후 스승의 내력을 듣고 스승이 여러 신의 조회를 받는 광경을 목격한 다음, 스승의 지시로 산을 내려온 남궁두는 예전의 노비를 찾아가 의지하면서 상민의 딸과 혼인하여 자녀를 얻는다.

남궁두가 허균을 찾아왔을 때 그의 나이가 83세였으나 46~47세 정도로 보였으며, 그는 허균에게 인간세상에 재미가 없어 속세의 음식을 금하지 않고 평범하게 여생을 보내다가 하늘로 돌아가 하늘이 주신 바에 순종하려 한다고 하였다.

허균의 신선에 대한 관심은 비단 이 작품뿐 아니라 「장산인전」張山人傳과 「장생전」蔣生傳에서도 확인할 수 있다. 「장산인전」은, 장한웅이라는 사람이 아버지에게서 전해 받은 도가서를 읽고 귀신을 부릴 줄 알게 되었고, 이후 이인을 만나 연마법과 도가서를 공부한 다음 신이한 도술과 행적을 보였으며, 임진왜란 때 죽었는데 나중에 친구를 찾아와 금강산으로 들어간다고 하였다는 내용으로 되어 있다.

「장생전」은, 서울에서 걸인 노릇을 하는 장생이라는 사람이 그가 머물던 집의 여종이 머리꽂이를 잃어버리자 경회루 들보 위에서 그것을 훔쳐간 소년들을 만나 찾아주었으며, 죽은 후에는 시체가 벌레가 되어 날아갔는데 이후 친구를 만나 자신은 바다 동쪽의 한 나라를 찾아간다면서 친구에게 화를 피할 수 있는 방책을 말해주었다는 이야기다. 허균은 이러한 장생을 검선劍仙의 무리로 파악하였다.

「남궁선생전」에는 상제의 명으로 인간세상에 5백 년 동안이나 머물고 있는 신선의 지도 아래 남궁두가 신선이 되기 위해 수련하는 과정과 방법이 상당히 자세하고 구체적으로 제시되어 있으며, 「장산인전」에서는 장한웅의 신이한 도술과 행적이 작품의 대부분을 자시하고 있나. 그리고 세 작품의 주인공 모두 지상선이나 시해선尸解仙과 같은 신선이 될 수 있었거나, 된 것으로 보이는 사람들이라고 하였다.

하지만 이러한 신선에 대한 관심은 단순한 호기심에 그치지 않는다.

남궁두는 스승이 신들의 조회를 받는 자리에서 삼한의 백성들이 간사하여 속임수를 잘 쓰고, 하늘을 두려워하지 않고, 불효불충하고 귀신을 모독하여 7년의 전쟁, 곧 임진왜란을 겪으리라는 사실을 알게 된다. 여기에서 신선에 대한 관심이, 인간세상의 일이 천상 초월계의 예정에 따라 진행된다는 초월주의적 세계관으로 확대되어 있음을 확인할 수 있다.

　그런데 주목할 것은 그러한 세계관이 결코 현실을 외면하고 회피하는 것이 아니라는 사실이다. 남궁두, 장한웅, 장생은 모두 선도를 익혔으면서도 인간세상을 떠나려 하지 않았다. 이것은 현실과 적극적으로 부딪치면서 현실의 모순을 거부하려는 태도로 이해된다. 장생이 경회루 들보 위에서 만난 소년들에게 세상 사람들이 자기들의 종적을 알지 못하도록 하라고 말하는 데에서 알 수 있듯, 그는 도적의 무리와 함께 웅지를 품고 때를 기다리다가 죽은 뒤에야 새로운 땅을 찾아 떠났다. 장한웅 역시 자신의 재능을 숨기고 지내다가 죽은 다음 금강산으로 들어갔으며, 남궁두는 지상선이 되어 8백 년의 수를 누릴 수 있었지만 세상과 화합하지 못해 중도에서 그것을 스스로 포기해버렸다. 따라서 이 작품들에 보이는 초월주의적 세계관은 현실의 모순과 문제점을 외면하고 그것에서 도피하기 위한 것이 아니라 비록 성공하지는 못했지만 천상 본유의 삶을 지상세계에서 실현하고자 하는 적극적 자세와 관련된다고 할 수 있고, 그것이 작품이 창작된 당시 사회에 대한 비판적 현실인식을 담고 있는 것으로 이해될 수 있는 것이다.

　다음으로는 주체적 도가사상의 모습을 「취유부벽정기」醉遊浮碧亭記와 「전우치전」田禹治傳을 통해 살펴보자. 「취유부벽정기」는 김시습金時習이 지은 『금오신화』金鰲新話에 수록된 5편의 작품 가운데 하나다. 이 작품은 평양에 장사하러 간 홍생이라는 개성 상인이 밤에 술에 취해 부벽루에 올라 시를 읊다가 선녀를 만나 시를 주고받고 헤어진 후, 선녀를 그리워하다 죽어서 천상의 선관이 되었다는 내용으로 되어 있다. 하지만 애정 문제는 작품 말미에 선녀에 대한 홍생의 일방적인 그리움의 형태로 제시되어 있을 뿐이기 때문에 홍생과 선녀의 애정은 그 자체로 중요한 의미를 갖는다고 하기는 어렵다.

그렇다면 작자가 작품을 통해 보여주고자 한 것은 무엇인가. 이 문제에 대한 해답은 평양에 대한 서술자의 설명, 홍생이 부벽루에 올라 읊은 시와 선녀와 주고받은 시의 내용 등에서 찾을 수 있다. 서술자는 평양이 고조선의 서울이었고, 주나라 무왕이 기자를 조선왕에 봉했으나 무왕과 기자는 군신 관계가 아니었다는 사실을 제시하고, 이어 평양의 고적을 소개하고 있으며, 홍생과 기자조선 마지막 왕의 딸인 선녀는 초목이 우거진 패망한 고국의 옛 성터를 노래하고 있다. 이러한 사실들에서 이 작품이 도가적 문화의식, 특히 단군에서 비롯되는 우리의 상고 민족사에 대한 관심과 애정을 드러내고 있다는 것을 알 수 있다.

좀더 구체적으로는 작품의 제재와 배경에 단군에서 비롯되는 도가적 문화의식이 짙게 깔려 있다는 점, 단군에서 비롯되는 민족사의 정통에 기자를 포용하는 한편, 주나라 무왕과 위만을 이민족 내지 적대 세력으로 인식하여 동이문화권 대 중국문화권 사이의 민족적 대립을 의식하고 있다는 점, 기자가 주 무왕에게 홍범구주洪範九疇의 법을 전수한 것은 한족에 대한 동이족의 문화적 우월을 과시하는 것으로 풀이될 수 있다는 점, 웅혼하고 강성했던 한국 상고 민족사에 대한 짙은 애정과 향수를 보이는 동시에 당시 우리 민족으로 하여금 망국의 한을 품게 했던 한족에 대하여 강한 적대의식을 보여주고 있다는 점 등에서 이를 분명하게 확인할 수 있다. 따라서 이 작품에서 포착되는 작가의식은 역대 도가 사학자들의 반존화적 민족사관과 그 의식 기반을 같이하고 있다고 할 수 있다.

한편 주체적 도가사상의 현실인식과 관련해서는 작자 미상의 「전우치전」을 주목해볼 수 있다. 전우치는 홍만종(洪萬宗(1643~1725)의 『해동이적』海東異蹟에 단군부터 이어져 내려온 우리나라 도맥道脈의 한 사람으로 기록되어 있다. 작품의 내용을 살펴보자.

전우치는 일찍 신선의 도를 배웠으나 자취를 드러내지 않고 있었다. 그러나 흉년이 들고 해적의 노략질이 심해 백성들의 삶이 참혹한 지경에 이르자 상제의 명을 가탁하여 임금으로 하여금 황금 들보를 만들어 올리게 하고 이것으로 백성들의 굶주림을 해결해준다. 그는 살인 누명을 쓴 사람의 억울함을 풀어주기도 하고, 백성들을 괴롭히는 관리를 혼내주기도 하고, 놀이에 참여해서는 거들먹거리는 사람을 골탕먹이기도 하고, 쓰지 않은 돈을 갚아야 하는 억울한 사람의 문제를 해결해주기도 한다.

나라에서는 도저히 전우치를 잡을 수가 없자 전우치에게 선전관 벼슬을 내린다. 전우치는 행패를 부리는 다른 선전관들을 골려주는가 하면, 함경도에 도적이 일어나자 그 괴수를 개과천선시켜 돌려보내기도 하는데, 호서 지방에서 역모를 꾀한 사람들이 전우치를 왕으로 세우려 했다고 하자 도술을 부려 달아난다. 그뒤에도 전우치는 자신을 괴롭힌 이부상서를 골려주고, 투기하는 부인네를 혼내주기도 한다. 그러다가 동문수학한 친구가 이웃의 과부를 사모하여 병이 들자 친구를 위해 과부를 납치하려다 강림도령에게 혼이 난다. 이후 전우치는 서경덕과 도술 경쟁을 하다 패하자 그와 함께 태백산에 들어가 대종신리大倧神理를 궁구하다가 단군 성적聖跡을 찾던 양사언에게 비서秘書 몇 권을 전한다.

이처럼 전우치는 일찍이 신선술을 익힌 사람으로 자신의 자취를 드러내지 않다가 지배층의 억압과 그에 따른 백성들의 고난이 심해지자 도술을 사용하여 백성들의 고난을 해결해준다. 그러나 그러한 행위가 결코 완전한 문제의 해결에 도달할 수 없음을 깨닫고 서화담을 따라 태백산에 들어가 단군에서 비롯된 우리 고유의 선도를 궁구한다. 이것은 「장생전」에서 본 것처럼 현실 개조를 위한 본격적인 시기의 성숙을 기다리는 것이다. 이런 점에서 「전우치전」은 현실에 대한 인식이 첨예하게 예각화된 주체적 도가사상이 담겨 있는 작품이라 할 수 있다.

세속적·물질적 가치관에 따른 현실적 세계관

판소리계 소설의 현실인식

조선 후기 유학의 명분론만으로는 설명하기 어려운 제반 사회적 여건의 변화로 말미암아 고전소설에도 당대 현실에 대한 인식을 기반으로 한 세속적이고 물질적인 가치관이 제시되었다. 이를 분명하게 확인할 수 있는 대표적 작품이 판소리계 소설들이다. 판소리는 민중들이 자기들의 진취성과 발랄함을 바탕으로 이룩한 적층문학이다. 표면적으로는 열이니, 효니, 우애니 하는 유교적 윤리 규범을 내세우고 있는 듯하지만 이면에는 민중들의 체험과 당대 현실에 대한 비판적인 인식이 강하게 투영되어 있다. 따라서 판소리계 소설에 초월적 존재의 개입이나 초월 세계의 모습이 그려진다고 하더라도 그것은 현실의 문제를 다루기 위한 보조적인 장치에 불과하다고 할 수 있다.

우선 「춘향전」의 경우에는 춘향의 성격, 나아가 작품의 궁극적인 의미에 대해 상당히 다양한 견해들이 제기되어 왔다. 「춘향전」의 생성과 전승 과정에서 일관되게 강조되어온 정절을 주제로 보기도 하고, 계급을 초월한 주체적 애정 실현을 주제로 파악하기도 하며, 변학도에 대한 춘향의 저항에서 서민적 저항이라는 의미를 읽어내기도 한다.

또한 춘향의 신분 문제에 주목하여 애정 갈등은 신분 갈등을 일으키는 계기적 갈등이고, 열녀 갈등은 신분 상승의 방편으로 제공되는 수단적 갈등에 불과한 반면, 신분 갈등은 전편에서 일관되게 작용하는 목적적 갈등이라고 하면서 춘향의 신분 상승 욕구의 성취에서 주제를 찾기도 하였다. 다시 말하면 「춘향전」의 궁극적인 갈등은 춘향의 신분 갈등이며, 춘향의 열녀 의식은 춘향의 신분 상승 동기를 성취하기 위한 방어 기제로 신분 상승이라는 목적 성취를 위한 수단적 가치를 지닌다는 것이다. 이에 따라 춘향은 자기가 추구하는 신분 상승의 동기를 성취하기 위해 죽음으로써 장애 세력과 대결하였다는 점에서 강렬한 개아 의식의 소유자로 근대지향적·이익사회적 인간형이며, 「춘향전」은 당대 사회의 신분 구조가 분해·와해되는 사회 변동을 반영한 작품이라는 것이다.

한편으로는 이와 같이 주제를 단일하게 추출하는 기존 방식에서 벗어나 「춘향전」의 주제를 다원적으로 파악하려는 시도도 있었다. 작품의 주제를 표면적 주제와 이면적 주제로 나누어, 표면적 주제는 열녀의 교훈이고, 이면적 주제는 기생 춘향과 기생 아닌 춘향의 갈등을 통해 신분적 제약에서 벗어나 인간적 해방을 이루는 것이라고 보기도 하였다. 또 「춘향전」 이본異本들의 다양성을 고려하여 이본들에 공통적으로 나타나는 보편적 주제와 개별 텍스트가 추구하는 개별적 주제로 구분하기도 한다. 이때 보편적 주제는 사랑과 열烈이란 윤리의식과, 고난의 보상인 신분 상승에 대한 욕구와, 불의에 거역하고 탈계층을 지향하는 사회성의 추구라는 복합적 의미의 결합이 바탕을 이루고 있으며, 개별적 주제는 보편적 주제와 상보적 관계에 있으면서 보편적 주제를 이루는 여러 요소 간의 관계를 변이시킴으로써 이루어진다는 견해가 제기되기도 하였다.

이러한 다양한 논의는 작품의 주제를 창작 당시의 주도적 이념인 유교의 규범 속에서 파악하는가, 아니면 작품 자체의 이야기에 의미를 두고 파악하는가, 혹은 당시의 변화하는 시대 정신과 연관지어 파악하는가 하는 연구자들의 관점의 차이에서 비롯된 것이다. 이는 그만큼 「춘향전」이라는 작품이 다양한 해석의 가능성을 열어놓고 있는 문제작이라는 사실을 말해주는 것이며, 바로 이 점이 현재에도 장르를 넘나들며 「춘향전」이 계속 개작·향유되고 있는 이유의 하나이기도 하다.

「심청전」의 경우를 보면 심청은 지극한 효를 실천하기 위해 자신의 목숨을 던진다. 사실 앞을 보지 못하는 고통이 효라는 유교 윤리를 실천한다고 해서 해결될 수 있는 것은 아니다. 그런데도 심청이 아버지를 위해 자신의 목숨을 던지는 것은 효로 해결할 수 없는 고난을 효로 해결하고자 한 것이며, 이는 아무런 보장도 받지 못한 것이기에 비장할 수밖에 없다. 이런 점에서 심청의 행위는 효라는 윤리 규범을 극단적으로 미화하고 숭고화한다고 할 수 있다.

그러나 이 작품의 다른 한편에서는 그러한 유교 윤리를 부정하거나 파괴하고 있다. 심봉사는 점잖고 숭고하면서도 한편으로는 비속한 면을 지닌 인물이었다. 심봉사 자신이 숭고한 존재라고 하기는 어렵지만 딸이 아버지를 위해 목숨을 던짐으로써 심봉사는 숭고해진다. 심청이 아버지를 위해 기꺼이 목숨을 던지는 데에는 아버지가 비록 앞을 못 보는 가난한 존재일지라도 심청에게는 이 세상의 어느 누구와도 바꿀 수 없는 절대적이고 지고한 존재라는 믿음이 깔려 있기 때문이다.

그런데 이런 아버지가 심청이 죽은 후 뺑덕어미를 만나자 비속함이 크게 확대되어 심청에 의해 이루어진 숭고성을 스스로 무너뜨린다. 심봉사는 유교 윤리의 온갖 외피를 벗어버리고 비속하고 골계스러운 인물로 전환하는 것이다. 이는 심청의 죽음, 즉 지극한 효의 실천을 별반 의미 없는 것으로 만들어버리는 것이기도 하다. 그런데 그렇게 됨으로써 옷을 잃어버린 웃지 못할 상황에서 원님에게 옷과 신발을 얻어내는 등, 심봉사는 상황을 정확하게 인식하고 이를 유리하게 만들어 이용하기도 한다.

요컨대 「심청전」은 고통스러운 삶의 현실을 유교 이념에 입각해서 해결하자는 주장과, 유교 윤리의 허울을 벗어버리고 현실을 있는 그대로 인식하자는 주장을 함께 제시하여 유교 이념과 현실 중에서 어느 것을 긍정할 것인가 하는 논쟁거리를 제기하는 작품이라 할 수 있다.

다음 「흥부전」을 살펴보자. 흥부와 놀부는 형제로 설정되어 있다. 그런데 그 둘은 경제적으로 서로 다른 계층에 속하는 인물들로 그려져 있다. 놀부가 타는 박 속에서 나온 옛 주인의 말을 들으면, 놀부는 도망한 노비의 자손으로 되어 있다. 천민 출신인 놀부가 자신의 힘으로 경제적 기반을 다져 거대한 부농이 되었지만 그것은 반도덕적·반사회적 이익 추구 행위로 이룩된 것이다. 반면 흥부는 생계가 막연한 상황에 처해 있으면서도 양반의식을 지니고 있는 인물이다. 그렇기 때문에 그가 양반의식을 드러낼수록 의식과 현실 사이의 괴리가 부각된다. 그러면서 그는 인후한 성품을 지니고 있기 때문에 경제적 난국을 타개하는 데 매우 무능력한 존재이기도 하다.

그런데 이 작품의 작자층, 즉 민중은 흥부는 동정적인 시각으로, 놀부는 적대적인 시각으로 그리고 있다. 허위적 양반의식을 지닌 흥부에 비해 미천한 출신이면서도 부를 축적한 놀부가 소망의 대상일 수 있음에도 불구하고, 놀부를 부정적으로 그리고 있는 것은 그가 수탈적 방법으로 부를 축적했기 때문이다.

따라서 작자층의 관심은 흥부와 놀부가 양반인가 아닌가 하는 귀속 신분보다 그들이 현실세계에서 얻은 획득 신분에 있다고 할 수 있다. 획득 신분의 면에서 놀부는 비도덕적 수탈 계층을 대변하고, 흥부는 도덕적 피탈 계층을 대변한다고 할 수 있는데 결국 이 두 계층의 대립이 작품의 핵심 갈등인 것이다. 이는 조선 후기 농촌사회에서 요호부민층饒戶富民層(중산층 이상의 살림이 넉넉한 사람들)과 임금 노동자로 전락한 빈농이 대립하는 모습을 반영하고 있다고 할 수 있다. 그리고 놀부의 패가망신이 오히려 소란스런 잔치 같은 양상을 띠는 것은 경제적 불평등이라는 상·하층의 갈등을 어떤 방식으로든 극복하고 싶은 민중들의 심리적 메커니즘을 표상하는 것이다. 따라서 「흥부전」은 수탈 계층에 대한 하층민들의 적대의식과 부에 대한 열망을 표현한 작품이라 할 수 있다.

「토끼전」역시 당대 현실에 대한 인식이 잘 드러나 있는 작품이다. 병이 든 용왕과 그 앞에서 사리사욕을 위해 대립, 갈등하는 대신들의 모습은 중앙 정부의 부패하고 타락한 모습을 나타낸다. 또한 호랑이와 여우가 결탁하여 멧돼지에게서 새끼를 빼앗는 모족 회의가 벌어지는 육지는 일반 백성과 농민들이 수령과 아전에게 수탈당하는 공간으로, 피지배층의 수난과 지방 정부의 부패상을 보여주고 있다.

이와 같이 중앙과 지방 정부 모두가 부패하고 타락한 상황에서 착취와 생활고에 시달리다가 한때 권력과 부귀에 대한 허황된 꿈에 젖었던 토끼는 피지배층인 서민을 상징한다고 할 수 있다. 반면에 자라는 절대적인 충성에 집착하는 존재다. 용왕이 간신의 말을 들어 자라의 간언을 물리치고 토끼의 말에 속아 자라를 죽이려고까지 하는 사태가 벌어지는 데에는 맹목적인 충성은 미련한 자의 어리석은 짓이라는 빈정거림과 풍자가 담겨 있다.

이처럼 「토끼전」은 풍자적 우화소설로, 양반 지배층과 농촌 서민층의 양극화 현상을 제시하면서 전통적 이념과 체제에 대한 서민층의 비판적·부정적 의식, 다시 말해 서민적인 근대의식을 보여주는 작품인 것이다.

한문 단편과 연암소설의 현실인식

이른바 한문 단편은 조선 후기의 문헌설화인 야담 가운데 소설에 가까운 작품들을 가리킨다. 야담은 알려진 인물에 관한 일화를 있었던 사건과 결부시켜 전하는 인물 전설이 근간을 이루기 때문에 설화 중에서도 특이한 위치를 차지한다. 사대부들 사이에서 전해지던 일화를 한문으로 기록한 것이지만, 중세에서 근대로 이행하는 전환기적 시대상과 그 시대에 적극적으로 부응해가는 새로운 인간상을 형상화하고 있다. 그리고 그 가운데 짜임새 있는 소설적 구성을 갖추고 있는 작품들을 일반적으로 한문 단편이라 부르는 것이다.

야담 내지 한문 단편이 수록된 야담집은 수십 종이 전해지는데 유몽인柳夢寅(1559~1623)의 『어우야담』於于野談이 그 시초로 알려져 있다. 이희평李羲平(1772~1839)의 『계서야담』溪西野談, 이원명李源命(1807~1889)의 『동야휘집』東野彙輯, 그리고 편찬자 미상의 『청구야담』靑丘野談을 흔히 삼대 야담집이라 한다. 이러한 야담집은, 시대적 전환이 제기하고 있는 현실적인 문제를 토대로 형성된 이야기들이 전문적인 이야기꾼을 통해 활발히 전승되다가 기록자의 창의적인 윤색이 가미되면서 문헌으로 정착된 것이다. 이제 몇 작품을 통해 한문 단편에 나타난 세속적이고 물질적인 가치관의 모습을 살펴보자.

먼저 『청구야담』에 수록된 「결방연이팔낭자」結芳緣二八娘子라는 작품을 보자. 영조 말 서울에 살던 가난한 양반인 채노인은 성실하고 근실해서 조용히 자신을 지키며, 굶주림과 추위 때문에 지조를 바꾸지 않는 인물이다. 그는 가통을 잇기 위해 아들 채생을 엄히 가르쳤는데 아들이 혼인하는 날에도 글을 읽게 할 정도였다.

어느 날 채생은 아버지의 명으로 성묘를 가다가 건장한 사람들에게 강제로 이끌려 어떤 웅장한 저택에 이르게 된다. 주인은 역관 출신의 장안 갑부인 김령이라는 사람이었는데, 초례도 치르기 전에 청상이 된 자기 딸을 위해 젊은 남자를 데려온 것이었다. 채생은 어쩔 수 없이 김령의 딸과 화촉을 밝히고, 성묘를 다녀와서 다시 자기 집으로 돌아갈 때에는 여인과의 이별을 아쉬워한다.

채생은 김령의 딸이 준 비단주머니를 가지고 왔는데, 이것 때문에 모든 사실을 채노인에게 들키고 만다. 대로한 채노인은 이웃집 하인을 시켜 김령을 부른다. 국중 갑부로 학사 대부들도 앉아서 부르기 어려운 김령이지만, 딸의 일이기 때문에 직접 찾아와서 채노인의 책망을 듣고는 채생과 자기 딸의 일을 없던 일로 하기로 한다.

그러나 김령은 채생 집의 가난한 사정을 엿보아 틈틈이 쌀과 돈을 보내 구원하여 채노인의 마음을 조금씩 움직여간다. 그리하여 마침내 채노인은 김령의 딸을 채생의 소실로 인정하게 되고, 김령은 이웃에 지은 새 집에 자기 딸을 거처하도록 한다. 식구들이 새 집으로 이사를 갔으나 채노인만 고집을 부리고 혼자 있다가 결국에는 채노인도 옮겨 가서 같이 살게 된다. 이후 채생이 급제하여 명성을 떨친다.

이러한 내용에서 쉽게 알 수 있듯 이 작품은 정절이라는 유교 윤리, 지체와 전통을 따지는 양반의식이라는 것이 인간적인 욕망과 물질 앞에 얼마나 무력한 것인지를 잘 보여주고 있다. 상당히 점진적이고 구체적으로 제시된 채노인과 김령의 대결 과정은 이러한 작자의 의도를 훌륭히 문학적으로 형상화해내고 있다. 김령의 주도면밀하고 적극적인 접근 자세와 그로 말미암아 완고한 채노인이 후회를 반복하면서도 차츰 김령에게 이끌려가는 심리 변화 과정은 관념적이고 형식적인 유교 이념과 양반의식이 세속적이고 물질적인 가치관에 의해 대체되어 가는 새로운 시대의 모습을 보여주고 있다.

『동패낙송』東稗洛誦을 비롯한 여러 야담집에 실려 있으며, 『청구야담』에는 「사인치산낙훈지」士人治産樂壎麗라는 제목으로 실려 있는 작품 하나를 더 살펴보자. 여주에 허씨 성을 가진 가난한 양반이 세 아들을 글공부시키며 살고 있었다. 그는 어질고 착해 사람들의 도움으로 간신히 입에 풀칠을 할 수 있었다. 양반 부부가 죽은 뒤 삼년상을 마치자 둘째 아들이 형과 아우에게 자신이 10년 기한으로 치산治産을 하겠다며, 형과 아우를 절로 보내 글공부를 하도록 한다.

둘째 아들은 10년 동안 내외가 귀리죽 반 사발씩만 먹으면서 의관을 벗어버리고 적삼에 잠방이를 걸치고 주야로 일을 한다. 길쌈을 조역하고, 자리도 치고, 도롱이도 엮으며 부지런히 일을 해서 돈을 모아 논과 밭을 사서 직접 농사를 짓는다. 가뭄에도 담배를 잘 길러 비싼 값에 팔아 재산을 불렸으나, 8년 만에 돌아온 형과 아우를 기한이 되지 않았다며 죽을 먹여 다시 절로 보낼 정도로 근검 절약한다. 형과 아우가 소과에 급제하자 다시 절에 들어가 대과를 준비하도록 권하며 열심히 노력한 결과 약속한 10년 만에 만석꾼이 된다.

그제야 둘째 아들은 형과 아우를 불러 좋은 집으로 이사를 하고, 그동안 모은 재산을 삼형제가 고루 나누면서 고생한 자기 아내에게도 별도로 분재分財한다. 이후 무과에 급제하여 안악군수가 되었으나 아내가 죽자 부임하지 않고 향리에서 여생을 마쳤다.

앞의 작품이 유교 윤리와 양반의식의 무력함과 허위성을 드러내는 것이라면, 이 작품은 한 걸음 더 나아가 가난한 양반이 양반의식을 던져버리고 현실적 삶을 스스로 개척하는 모습을 보여주고 있다. 농업의 생산력 증대와 광작廣作은 당시 농촌 사회에서 실제 행해지던 치부의 한 방법이었다. 중요한 것은 양반이 스스로 자신의 신분과 지체를 돌보지 않고 적극적으로 삶의 현장에 뛰어들어 현실의 난관을 타개했다는 것이다. 관념적이고 형식적인 의식이나 규범에 얽매이기보다는 현실을 직시하고 그것을 개척하려는 현실주의적 세계관이 보다 가치가 있을 수 있다는 의식의 전환을 주목할 필요가 있다.

그리고 이 작품에서 또 하나 주목할 것은, 부부의 사랑 내지 신의가 중요하게 다루어지고 있다는 점이다. 삼형제가 똑같이 분재할 때 자기 아내의 노고를 배려하여 별도로 분재를 해준다거나, 부인에게 영광을 보이려고 과거에 급제하고 벼슬길에 나아가게 되었으나 아내가 죽자 그것을 내던지는 모습에서 여성에 대한 인식 역시 변하고 있는 것을 볼 수 있는 것이다.

이 밖에도 한문 단편에는 신분 차이를 극복한 남녀 간의 애정이라든지, 도주한 노비의 신분 상승이라든지, 혹은 도주한 노비와 주인 사이의 갈등이라든지 하는 현실적인 문제들을 다루고 있는 작품들이 많다. 이처럼 한문 단편은 상품화폐경제의 발달로 인해 팽배해진 세속적이고 물질적인 가치관과 그로 인해 변모해가는 사회 현실의 모습을 적절하게 포착하여 형상화해내고 있다.

우리가 흔히 연암소설이라고 부르는 박지원朴趾源(1737~1805)의 소설은 이러한 한문 단편과 무관하지 않다. 그것은 박지원이 자기가 체험한 사실뿐 아니라 시정에 유전하던 이야기들에서 소재를 취하여 작품화하였으며, 이것이 다시 유포되어 야담집에 기록되기도 하였기 때문이다.

먼저 『연암집』燕巖集 권8의 「방경각외전」放璚閣外傳에 수록되어 있는 작품들을 살펴보자. 「마장전」馬駔傳에서는 세 명의 광인들이 나누는 대화를 통해 고상하기 짝이 없다는 군자들의 사귐이란 것이 실상은 세력과 명예와 이익을 추구하는 것이어서 말 거간꾼의 술수에 지나지 않는다고 비판한다. 이는 양반사회의 권모술수가 가득한 우정의 타락상을 비판함으로써 변동하는 사회에서 필요한 진정한 우정의 문제를 제기한 것이다.

「예덕선생전」穢德先生傳에서는 선귤자와 그 제자 자목의 대화를 통해 도의지교가 허물어져가는 세태에 대해 비판을 가하고 있다. 그리고 양반 계층보다는 서민들 사이에서 좀더 인간다운 삶이 영위되고 있음을 역설하면서 탐욕스럽고 무위도식하는 선비 계층을 은연중 비판하고 있다. 곧 이 작품은 도의지교와 분수를 지키며 건실하게 생산적 삶을 영위하는 하층민 엄행수의 진실한 모습을 통해 지배층에 대한 비판을 제기하고, 당시 도시 서민의 건전한 삶의 모습을 보여주고 있는 것이다. 뿐만 아니라 이 작품에는 이용후생의 입장에 따른 영농, 즉 대도시 근교의 채원업菜園業과 비료 등에 대한 작자의 관심이 드러나 있다는 점도 주목할 만하다.

「민옹전」閔翁傳은 무반 출신의 민옹이 평생 글공부에 힘썼건만 입신하지 못하고 가난 속에 살면서 날카로운 언변으로 세태를 풍자했다는 사실을 제시함으로써 능력 있는 자를 포용하지 못하는 사회에 대한 비판적 의미를 담고 있다. 「양반전」兩班傳은 양반사회의 부정적인 면이 국외자인 천부賤富에 의해 인식되는 과정을 통해 양반사회의 부정적 단면을 드러내는 데 초점을 두고 있다. 「김신선전」金神仙傳에서는 신선이라고 소문이 난 김홍기라는 인물을 찾으려 했으나 찾지 못했다는 이야기를 통해 신선을 세상에 뜻을 얻지 못한 사람이라 규정하고 있다.

「광문자전」廣文者傳에서는 최하층의 걸인임에도 불구하고 의롭게 행동하고, 이해에 얽힌 각박한 불신 사회에서 남을 위해 선뜻 보증을 서주고, 싸움 현장에서는 웃음으로 화해를 중재하고, 남녀가 모두 인격을 지니고 있음을 갈파하여 동등하게 인간답게 살 권리가 있음을 주장하고, 결혼이나 치산에 연연해 하지 않고 자신의 분수에 맞게 처신하고, 인간은 부귀에 관계 없이 서로 교유할 수 있다는 것을 보여주는 광문이라는 인물을 제시하고 있다. 이런 점에서 광문은 신용에 기초를 둔 시정의 새로운 인간관계의 표상이라 할 수 있다. 이 작품은 이처럼 점잖고 신의 있는 인간을 서민사회의 최하층에서도 발견할 수 있음을 보여줌으로써, 상대적으로 그렇지 못한 양반 사대부의 각성을 촉구하고 있다고 할 수 있다.

또 「우상전」虞裳傳은 역관 신분의 위항시인 이언진李彦瑱의 전기인데, 이언진은 조선통신사 일행으로 일본에 가서 문명을 떨친 인물이다. 박지원은 이러한 객관적 사실들을 재구성하여 그의 천재적인 면모를 부각시키면서, 그럼에도 불구하고 불우했던 그의 생애를 통해 사회적 모순을 암시하고 있다.

『열하일기』熱河日記의 「옥갑야화」玉匣夜話에 수록되어 있는 「허생전」許生傳은 박지원이 1756년 윤영이라는 사람을 북한산 봉원사에서 만나 허생에 관한 이야기를 들은 후, 1773년 평안도에서 다시 윤영을 만나 의문점을 질정한 다음 창작한 작품이라 한다. 이 작품에서는, 부를 축적하되 국내 유통 구조를 확립하고 외국과의 교역을 통해 축적해야 한다는 부의 문제, 무인도에서 시험한 이상적 공동체를 통해 조선사회에서 실현되어야 할 이상형에 관한 문제 등을 제기하면서 북벌책의 허구성을 비판하였다. 결국 허생은 지배 계층의 무능한 정책을 멀리서 바라보고 비판하는 데 그치지 않고, 이용후생이 결여된 위정자의 실정을 현실에 뛰어들어 실증적으로 제시해 보인 인물인 것이다. 「허생전」의 배경이 17세기 중반으로, 박지원이 살던 시대와 1세기의 거리가 있지만 이를 통해 박지원은 자기 당대의 집권 사대부 계층에 대한 현실적 비판을 간집적으로 수행하였다.

『열하일기』의 「관내정사」關內程史에 수록된 「호질」虎叱은 시종일관 고도의 우의적 표현방식으로 전개되고 있어 표면적으로는 인간 사회를 풍자한 우화소설 같지만 그 이면에는 집권 계층에 대한 현실적 비판이 감추어져 있다. 곧 북곽선생과 동리자를 통해 위학자와 위선자의 삶의 자세를 비판하는 가운데 현실을 올바르게 이끌어가야 할 집권 계층이 당쟁을 일삼고, 탐욕스런 행동을 서슴지 않고 행하는 것을 신랄하게 비판하고 있는 것이다. 그리고 「열녀함양박씨전」烈女咸陽朴氏傳에서는 함양 아전 임술증의 처 함양 박씨의 순절에 대해 현실적 연민을 보여주고 있다.

이와 같이 박지원은 자신이 살던 조선 후기 사회를 비판적으로 인식하여 새롭게 주목할 만한 인물상을 발견하기도 하고 인간성을 긍정하기도 하면서, 당대 현실에 대한 비판적·풍자적 의미를 작품에 담아내었다.

세계관의 변모에 대한 이해

고전소설의 세계관을 크게 초월적·종교적 세계관과 세속적·물질적 가치관에 입각한 현실적 세계관으로 나누어 살펴보았다. 고전소설에 나타난 초월적·종교적 세계관은 인간계의 모든 일이 초월계의 예정에 의해 좌우되고 진행된다는 이원론에 바탕하고 있다. 그러나 그것은 결코 모든 것을 운명으로 돌리는 소극적인 자세가 아니라 천상 본유의 삶을 회복함으로써 현실의 갈등과 대립을 해소하려는 삶의 태도를 말한다. 유교 이념에 입각해 윤리 규범이나 가문과 같은 일상적이고 현실적인 문제를 관심의 대상으로 삼는 경우는 말할 것도 없고, 도교사상에 입각해 장생불사나 신선을 추구하는 작품의 경우에도 인물들이 초월계로 비상하여 현실을 초탈하는 것이 아니라 지상에 남아 현실과 부딪치며 현실의 모순을 거부하는 태도를 버리지 않는 데에서 이를 확인할 수 있다.

세속적이고 물질적인 가치관에 입각한 작품들은 신분, 애정, 부 등과 같은 삶의 현실적인 문제들을 실현 가능한 현실적 방법을 통해 해결해 가려는 모습을 형상화하고 있다. 그렇기 때문에 이러한 작품에서는 초월계가 보장해주는 당위성이 아니라, 자신의 삶을 스스로 개척하는 현실적인 논리로 문제를 다루고 있다.

그런데 모든 고전소설작품이 이 두 가지 세계관에 포괄된다고 하기는 어렵다. 그것은 두 가지 세계관이 한 작품에 공존하는 경우가 있기 때문이다. 예를 들면 「낙천등운」에는 상행위, 고리대금업, 인신매매와 같은 화폐경제적 현상과 아울러 가치관과 신분 구조의 변동, 성의 노출과 같이 새로운 사회 현상이 반영되어 있다. 「청백운」이나 「천수석」과 같은 작품의 경우 악인들은 인간적 욕망이라는 자기 자신의 내면적 동기와 논리를 갖고 있기도 하다. 이는 악이 선험적인 것이 아니라는 것을 말해주는 것이다. 또 남자 주인공들은 인생의 길을 어떻게 선택할 것인지 심각하게 고민하고 괴로운 현실에 봉착할 때마다 몸부림치며 고뇌하는 모습을 보여준다. 천정의 길을 묵묵히 답습하기만 하는 태도와는 사뭇 다른 것이다.

이처럼 이들 작품에는 세속적이거나 물질적인 가치관이 반영되어 있다. 그럼에도 불구하고 이 작품들은 세계와 자아가 예정된 운명에 귀속되는 이원론적 세계관의 틀에서 완전히 벗어나 있지 않음으로써, 이원론적 세계관과 일원론적 세계관의 중간 모습을 보여주고 있다.

그렇다면 이원론적 세계관의 작품, 중간형의 작품, 그리고 일원론적 세계관의 작품 순으로 고선소설사가 전개되있는가 하면, 반드시 그렇게 볼 수만은 없다. 소설사의 전개라는 것이 결코 단선적으로 이루어지는 것이 아니기 때문이다. 이원론적 세계관의 작품들이 먼저 이루어지고, 상품화폐경제의 발달과 실학사상의 대두 등으로 인하여 세속적이고 물질적인 가치관에 입각한 작품들이 나중에 창작된 것은 사실이라 할 수 있다.

　하지만 우리 고전소설사를 정당하게 파악하기 위해서는 이러한 현실주의적 세계관의 작품들이 등장했다고 해서 초월주의적 세계관의 작품 창작이 중단되지 않았다는 점, 오히려 초월주의적 세계관의 작품이 지속적으로 왕성하게 창작됨으로써 조선 후기 소설에서 문학사 상의 주맥을 이루고 있는 것은 현실주의적 세계관보다는 초월주의적 세계관 쪽이라는 점 등을 제대로 이해할 필요가 있는 것이다.

● 이승복

| 참고 문헌 |

김일렬, 「고대소설의 이원론적 세계관과 유교」, 『어문논총』 8, 경북대학교, 1973.
조동일, 『한국소설의 이론』, 지식산업사, 1977.
조동일, 「〈춘향전〉 주제의 새로운 고찰」, 『우리 문학과의 만남』, 홍성사, 1978.
이상택, 『한국 고전소설의 탐구』, 중앙출판, 1983.
조동일, 「〈심청전〉에 나타난 비장과 골계」, 『한국고소설연구』, 정규복 외, 이우출판사, 1983.
인권환, 「〈토끼전〉의 서민의식과 풍자성」, 『판소리의 이해』, 조동일·김흥규 편, 창작과비평사, 1984.
임형택, 『한국문학사의 시각』, 창작과비평사, 1984.
조동일, 『한국문학통사』 3, 지식산업사, 1985.
박희병, 「판소리에 나타난 현실인식」, 『한국문학사의 쟁점』, 장덕순 외, 집문당, 1986.
최창록, 『한국 신선소설 연구』, 형설출판사, 1989.
김일렬, 『고전소설신론』, 새문사, 1991.
정하영, 「〈춘향전〉 주제론 재고」, 『〈춘향전〉의 종합적 고찰』, 한국고소설연구회, 1991.
설성경, 『〈춘향전〉의 통시적 연구』, 서광학술자료사, 1994.
김종철, 「〈춘향전〉을 이해하는 한 방법」, 『한국고전문학입문』, 박기석 외, 집문당, 1996.
이상택·윤용식, 『고전소설론』, 한국방송대출판부, 1998.
이승복, 『고전소설과 가문의식』, 월인, 2000.
판소리학회, 『판소리의 세계』, 문학과지성사, 2000.
이상택, 『한국 고전소설의 이론 Ⅰ·Ⅱ』, 새문사, 2003.

10
한국 고전소설의 표기 형식과 유통 방식

　소설을 창작하는 이를 작가라 하고 소설을 읽는 이를 독자라 한다면, 작가는 스스로 의식하든 하지 않든 자신의 소설을 읽어줄 독자가 있기를 기대하며 소설을 창작한다. 그러나 작가와 독자는 직접 대면하는 것이 아니다. 작가는 어떤 매체나 경로를 통하여 독자와 대면할 수밖에 없다. 이때 어떤 매체나 경로를 통하여 작가와 독자가 만날 수 있는가 하는 문제는 주로 소설의 표기 형식과 유통 방식이라는 틀로 나타난다.
　소설의 표기 형식이 문제가 되는 것은 소설이 이야기와는 다르기 때문이다. 구비적 속성을 강하게 지닌 이야기는, 작가와 독자의 관계가 아닌, 화자와 청자라는 직접적인 관계를 갖는다. 이에 비하여 소설은 기록된 것이라는 점에서 작가와 독자 사이의 매개물인 소설책을 통해 간접적으로 만날 수밖에 없다. 매개물이 필요하다는 점 때문에 우리는 소설의 표기 형식과 유통 방식에 대한 관심을 가질 필요가 있다.

고전소설의 표기 형식: 기사된 문자에 의한 분류

일반적으로 소설은 문자로 기록된 형식을 취한다. 그러나 우리의 경우, 소설을 문자로 기록함에 있어서 어떠한 문자로 기록하는가 하는 점이 문제가 된다. 이는 우리말을 표기하는 문자 체계 곧 표기 형식이 한글과 한자라는 이중적 형식과 국문과 한문이라는 이중적 형식으로 중첩되어 나타나고 있기 때문이다.

소설의 표기 형식을 살피는 것은 소설을 살피는 것이 아니라 그것의 구체적인 기록 형태 곧 소설책의 표기 형식을 살피는 일이다. 소설책을 구분하는 방식에는 여러 가지가 있겠으나, 이 가운데 먼저 어떠한 문자 체계 곧 표기 수단이나 표기 형식을 사용하고 있는가에 따라 이를 구분하게 된다. 과거의 문자 생활은 한문을 중심으로 한 문자 생활과 국문을 중심으로 한 문자 생활이 둘 다 가능하였기 때문에, 기록한다는 것은 한문 또는 국문으로 기록하는 일이었다.

따라서 어떤 문자로 표기하였는가에 따라, 곧 표기 형식에 따라 소설책을 구분하면, 한글로 표기한 소설책(國文本, 한글본), 한자로 표기한 소설책(漢文本), 한글과 한자로 표기한 소설책이라는 구분이 가능하다. 특히 한글과 한자로 표기한 소설책은 다시 셋으로 구분할 수 있는데, 한글과 한자를 혼용한 소설책(國漢文混用本), 한글과 한자를 병행하여 표기한 소설책(國漢文幷行本), 한자를 주로 사용하고 한글을 종으로 사용한 소설책(漢文懸吐本)으로 나누어볼 수 있다. 특히 한자를 주로 사용하고 한글을 종으로 사용한 소설은 한문을 사용한 소설과 같지만 구결(도)에 해당하는 부분에 국문을 사용한 소설이다. 국한문 병행본, 한문 현토본 등은 주로 구활자본 소설에서만 나타나는 것으로 보인다.

먼저 한글본을 살펴보기로 하자. 이는 순전히 한글만을 사용하여 기록한 소설책이다. 이처럼 소설을 기록할 때 한글만을 사용하여 만든 소설책을 한글본 또는 국문본이라고 하는데, 고전소설 대부분이 이에 해당한다. 특히 대부분의 장편소설은 모두 이에 속한다. 처음 작가가 작품을 창작할 때는 한글로 표기하는 것이 보편적인 듯하다. 경우에 따라서는 한문본 등을 번역하여 한글본으로 전사轉寫한 경우도 있는데, 이를 한글 번역본이라고 한다. 예를 들어 심능숙沈能淑이 창작한 「옥수기」는 처음에 한문본으로 기록되었으나 뒤에 이를 한글본으로 번역한 것이 한글 번역본의 예라 하겠다.

다음은 한문본을 살펴보기로 하자. 이는 순전히 한자만을 사용하여 한문의 어법에 따라 기록한 소설책이다. 처음 작가가 작품을 창작할 때 한문으로 쓰는 것이 일반적인 것으로 보이며, 경우에 따라서는 한글본 등을 번역하여 한문본으로 전사한 경우도 있으니, 이를 한문 번역본이라고 한다. 예를 들어 김만중金萬重이 한글본으로 창작한 「사씨남정기」를 뒤에 김춘택金春澤(1670~1717)이 한문본으로 번역한 것이 한문 번역본의 예라 하겠다.

국한문 혼용본은 한글과 한자를 혼용하여 표기한 소설책이다. 처음에는 한글본이었으나, 의미를 명확히 전달하려고 한자어에 해당하는 어휘를 한자로 바꾸어 표기한 것으로 보이지만, 처음부터 국한문 혼용본으로 기록했을 가능성도 있다. 국한문 혼용본은 판본이나 구활자본 등에서는 보이지 않고 필사본 가운데서 이러한 예를 확인할 수 있다(『김광순 소장 필사본 한국고소설전집』 전50권에 수록된 작품 중, 국한문 혼용본은 제28권에 수록된 「임진록」 하나뿐이라는 점에서 그 희소성을 확인할 수 있다).

또 한글과 한자를 같이 사용하여 표기한 것으로 국한문 병행본을 살필 수 있다. 이는 세 가지로 구분할 수 있는데, 확인되는 경우는 두 가지

뿐이다. 첫째는 한글이 본문에 주문으로 표기되고 이에 해당하는 한자가 본문과는 다른 행으로 독립되어 별행으로 표기된 경우이다. 둘째는 이와 반대로 한자가 본문에 주문으로 표기되고 이에 해당하는 한자음을 한글로 별행 표기한 경우로, 자료가 매우 희소하여 아직까지 이 같은 소설 자료를 확인할 수 없었다. 셋째는 한글이 본문에 주문으로 표기되고 이에 해당하는 한자가 본문에 병행하여 표기되는 것이 아니라 같은 행에 괄호를 사용하거나 괄호의 사용 없이 함께 표기한 경우이다. 이는 첫째 경우와 같은 것이지만 한자를 병행 처리하게 됨에 따라 나타나는 편집상의 불편함과 낭비를 줄이기 위한 것으로서 첫째보다는 나중에 나타난 편집 방식으로 보인다. 국한문 병행본은 모두 한글본이 저본의 역할을 하고, 여기에 그 의미를 명확히 하기 위해서 한자를 삽입하여 편집한 것이며, 구활자본에서 쉽게 확인할 수 있다. 「무쌍 츈향젼」 같은 경우에는 본문에서 한자를 먼저 쓰고 국문을 표기한 것을 볼 수 있다.

다음은 한문 현토본을 살펴보기로 하자. 일단 여기에 사용한 한글 부분을 제외하고 작품을 읽는다면, 한문으로 기록한 한문본이라 해야 할 것이다. 한문본의 해독을 쉽게 하기 위해서 토를 단 것이 바로 한문 현토본이라 할 수 있다. 그러나 경우에 따라서는 한문의 어법과 달리 국문의 어법에 따라서 순서를 바꾼 경우도 이따금 보인다.

결국 표기 형식이라는 점에서 본다면 이는 크게 한글본(국문본)과 한문본으로 나누는 것이 바람직하다. 국한문 혼용본과 국한문 병행본은 한글본을 명확히 이해하려고 한자를 사용한 것뿐이며, 한문 현토본은 원래 한문본이었던 작품에다가 한문 문장의 독법을 명확하고 쉽게 하기 위해서 한글로 토를 단 한문본이라 하겠다. 따라서 작가가 소설을 창작함에 있어서는 이를 한글로 표기할 것인가 한문으로 표기할 것인가 하

는 것만이 문제가 되며, 한글로 표기하더라도 이 가운데 한자어에 해당
하는 부분을 한자로 표기할 것인지 등의 문제는 전승 유통되는 단계에
서 나타나는 문제라 하겠다. 또한 한문으로 창작하는 경우에도 여기에
현토를 할 것인가 말 것인가 하는 점 역시, 전승 유통되는 단계에서 나
타나는 문제라 하겠다.

고전소설의 제작 방식: 인쇄 수단에 의한 분류

문자라는 매체를 중심으로 한 문학적 행위의 구체적인 실현은 문자
로 기록하는 일이었다. 이때 문자를 기록하는 방법이 무엇인가에 따라
서책을 다음과 같이 구분한다. 목필木筆·도필刀筆·모필毛筆 등과 같이
붓으로 직접 쓴 책본冊本을 사본寫本이라고 하고, 각판刻板·주자鑄字·목
자木字·도자陶字·등사謄寫·영인景印을 통해 나온 책본을 인본印本이라
고 한다. 또한 오늘날에는 디지털 문화의 발달로 말미암아 새로운 형태
의 서적인 전자책 또는 전본電本이 나오기도 한다.

고전소설의 경우, 이를 책으로 제작할 때 손으로 직접 쓴 것인가 아
니면 인쇄라는 복제 방식을 사용한 것인가에 따라서 크게 사본寫本과 인
본印本으로 구분한다. 사본을 지칭하는 명칭에는 여러 가지가 있는데,
이를 제작하는 데 붓을 필기구로 사용하기 때문에 이를 흔히 필사본筆寫
本이라고 한다.

인본의 경우는 판목에 새겨서 인쇄를 하는 경우에 판본板本 또는 판
각본板刻本이라 하고, 활자로 조판하여 인쇄한 경우에는 활자본活字本 또
는 활판본活版本이라고 한다. 고전소설의 경우에 판본은 주로 방각본坊

刻本 형식으로 이루어지며, 활자본은 서구의 활판 인쇄술이 도입되면서 납활자를 사용하여 인쇄한 경우가 대부분이어서, 이 납활자를 전에 사용했던 고활자나 지금 사용하고 있는 활자와 구분하기에 이를 구활자본 舊活字本이라고도 한다.

주로 필사筆寫라는 가장 기본적인 수단에 의존한 필사본은, 저본底本 없이 만들어진 최초의 필사본(自筆稿本, 手稿本, 自稿本)을 제외한다면, 저본과 똑같은 형식으로 서사(이를 특별히 模寫라고 한다)하는 경우와 저본의 내용만을 위주로 하고 저본의 외적인 형식을 무시하여 서사하는 경우가 있는데, 대부분의 고전소설 필사본은 후자에 속한다. 이러한 서사 과정에는 정신적·육체적 피로 때문에 본의 아닌 실수가 따르기도 하고, 때로는 서사자 자신의 생각에 맞지 않는 원문이나 본문을 스스로 고치기도 한다. 이런 점에서 본다면 모든 필사본은 유일성唯一性을 갖는다고 할 수 있다.

필사본으로 전해지는 소설은 매우 다양한데, 매우 방대한 분량으로 궁중宮中이나 사대부가士大夫家에서 호사적好事的 기호품으로 읽히던 대하소설류大河小說類와 이른바 양반댁 안방에서 주로 읽히던 사본소설류寫本小說類 등이 중심을 이루고 있다. 뿐만 아니라 비교적 짧은 분량의 소설들 역시 전승 과정에서 거듭 필사되기도 한다.

이렇게 전승되는 과정에서 나타나게 된 필사본을 전사본(轉寫本, 傳寫本)이라고 한다. 저본 없이 만들어진 최초의 필사본인 자필고본自筆稿本을 제외한다면 모든 필사본은 전사본傳寫本의 성격을 가지고 있으며, 특히 필사본을 저본으로 하여 만들어진 필사본을 전사본轉寫本이라고 한다.

사본과 달리 간본은 인본印本의 형태를 취한다는 점에서 사본寫本이 일반적으로 가지고 있는 정제성整齊性에 비하여 한층 엄격한 외양적外樣的 정제성을 갖추어야만 하였다. 이 때문에 간본을 간행하기 위하여 만든 사본인 등재본(登梓本, 板下本, 板底本)은 정사精寫된 사본寫本이어야만 하였다. 그러나 등재본은 판각 작업 중에 없어지기 때문에 판목板木을 통해서 또는 판목으로 인쇄한 판본板本을 통해서 그 흔적을 살필 수밖에 없다.

우리나라에서 간본으로 서책을 간행한 역사는 오래지만, 소설을 간본의 형태로 출판한 것은 뒤늦게 나타난 현상이다. 물론 명종明宗(1546~1567) 때에 김시습金時習의 『금오신화』를 간행한 것이나, 중국 소설인 『전등신화』를 구해句解하여 간행한 것 등이 있기는 하다. 그러나 소설을 본격적으로 간행한 것은 18세기에 접어들어서 나타나는 현상으로, 방각본으로 간행한 것이 대부분을 차지하고 있다. 서책을 방각하는 곳을 방각소坊刻所라고 하는데, 오늘날의 출판사와 인쇄소의 기능을 함께하는 곳이다.

이들 방각은 모두 영리를 목적으로 시중에서 간행된 서책이라는 점에서 사각私刻이라는 성격을 갖는다. 이와는 달리 국가기관에서 판각을 한 경우에 이를 관각官刻이라고 하는데, 우리나라 소설을 관각한 경우는 현재까지 확인된 것이 없다. 다만 명종조 때에 간행한 『전등신화』가 관각의 요소를 어느 정도 가지고 있는 것으로 보이지만 관각이라고 하기에는 좀더 면밀한 탐구가 필요하다. 따라서 각판刻板이라는 수단에 의존하여 생산된 인본을 대표하는 것이 오늘날 남아 있는 방각소설이라 할 수 있으며, 방각소설류坊刻小說類는 인구의 대다수를 차지하는 서민의 요구에 따라 판각된 소설이라고 할 수 있다.

활자로 조판하여 인쇄한 서책을 활자본活字本이라고 한다. 고전소설의 경우 인본은 주로 방각본이라는 판본(판각본) 형식으로 이루어지며, 이전에 사용하던 고활자(금속활자, 목활자, 도활자 등)로 소설을 인쇄한 경우는 찾을 수 없다. 소설을 활자본으로 인쇄한 것은 1912년 이후의 일이다. 19세기 말 새로운 활판 인쇄술이 도입되면서 납활자, 곧 구활자를 사용하여 서책을 인쇄한 것이다. 새로운 인쇄 기술의 도입이라는 기술의 변화를 통해 나타난 구활자본 계통의 소설은 이미 출판된 바 있는 방각본 계통의 소설뿐만 아니라, 미처 출판되지 못하였던 필사본 계통의 일부 소설까지를 출판하는 모습을 보인다. 그러나 이는 새로운 기술의 도입에 따른 결과이지 원래부터 필사본 계통의 소설이나 방각본 계통의 소설이 가지고 있었던 기본적 성격에서 크게 벗어난 것은 아니라고 할 수 있다.

고전소설의 유통 방식

소비자인 독자가 소설을 접하는 경우를 살펴보면, 먼저 다른 사람이 가지고 있는 소설을 빌려서 보는 경우, 시장에서 판매되고 있는 소설을 구입하여서 보는 경우, 다른 사람이 구연하는 소설을 듣는 경우 등이 있다. 독자가 소설을 읽는가 아니면 소설을 듣는가 하는 문제는 독자의 문자 해독 능력과 관련되는 부분이며, 이에 따라 읽는 독자와 듣는 독자로 독자를 구별할 수 있다.

또한 소비자인 독자가 소설을 접할 때, 일정한 비용을 부담함으로써 소설을 보거나 듣기도 하고, 이러한 비용 부담 없이 소설을 보거나 듣기도 한다. 곧 비용의 부담 여부에 따라서 비상업적 유통 단계에 놓인 소설의 소비자로서 참여하는 독자와 상업적 유통 단계에 놓인 소설의 소비자로서 참여하는 독자로 구별이 가능하다. 궁극적으로 상품으로서의 소설 유통이라는 단계로 접어든다는 점에서 본다면, 이는 상품 이전 단계로서의 소설 유통과 상품으로서의 소설 유통이라는 단계로 구분할 수 있다.

소설의 비상업적 유통

차람 借覽

소설의 비상업적 유통의 대표적인 경우로 차람(借覽, 빌려 봄)을 들 수 있다. 이는 다른 사람이 가지고 있는 소설을 개인의 필요에 따라—이것이 단순한 호기심이건 혹은 학습이라는 동기에서 비롯된 것이건 간에—개별적 접촉을 통해 비용을 지불하지 아니하고 빌려서 보는 것이다. 이 때 빌려주는 사람이 어떠한 과정을 거쳐서 이를 가지고 있게 되었는가 하는 점이 문제가 될 수 있다. 이것은 작가의 수고본(手稿本)일 수도 있으며, 여러 차례 거듭된 필사의 과정을 겪은 전사본(傳寫本, 轉寫本)일 수도 있다. 경우에 따라서는 인쇄된 판본(板本)일 수도 있고, 세책가에게 일정한 비용을 지불하고 빌려온 세책본(貰冊本)일 수도 있다.

그러나 이를 빌려서 보는 독자의 처지에서는 다른 사람이 가지고 있는 소설을 어떠한 대가도 지불하지 아니하고 빌려서 본다는 점에서 소설의 비상업적 유통의 한 방식이다. 소설의 상업적 유통이 이루어지기 전이라고 한다면 개인이 소장하고 있는 소설은 주로 필사본의 형태였을 것이다. 이를 소장하게 된 것은 소장자 스스로 창작하고 생산한 소설이거나 소장자 자신의 필요에 의하여 다른 소장자에게 빌려서 이를 필사한 것이라고 하겠다. 이처럼 소설을 빌려서 보는 것은 다 읽고 난 후에 원래의 소장자에게 소설을 되돌려주는 것을 전제로 하고 있기에, 개인의 필요에 의하여 소설을 빌려 보는 방식은 제한된 범위 안에서만 유통이 이루어지는 것이다.

이때 다른 사람이 소장하고 있던 소설책을 빌려 보던 사람이 개인적 필요에 의하여 이를 다시 필사한다고 하면, 동일한 내용을 담고 있는 또 한 권의 소설이 생산된다고 하겠다. 물론 이러한 필사 과정에는 의식적 또는 무의식적 변용이 이루어질 수밖에 없기에 온전히 동일한 내용을 담는다는 것은 불가능한 일일 수도 있다. 어찌되었거나 이 경우에 이루어지는 필사라는 방식에 의존한 소설의 생산은 생산 과정을 통하여 경제적 이윤을 실현하겠다는 목적을 갖지 아니하기에 비상업적인 생산 과정으로 단순 생산이다. 이러한 현상을 소설의 창작주체인 작가가 본다면 자신이 창작한 소설의 차람 범위가 확대된다는 점에서 바람직한 것이라고 할 수 있다. 개인의 필요에 따른 차람과 개인의 필요에 따른 필사라는 양상은, 채수蔡壽(1449~1515)가 지은 「설공찬전」薛公贊傳을 두고 일어난 거듭된 논란을 기록한 『중종실록』의 기사에서 잘 살필 수 있다.

임사賃寫

소설의 상업적 유통 직전 단계에 해당하는 것으로 임사賃寫라는 독특한 방식이 있다. 이는 일정한 삯을 받고 의뢰자가 필요로 하는 소설을 구하여 대신 필사해주는 것이다. 독자가 필요로 하는 소설을 구해서 필사해준다는 점에서 일종의 주문 생산에 의한 유통이라고 할 수 있다. 일정한 비용을 지불해야 한다는 점에서 보면 세책가貰冊家에서 책을 빌려 보는 것과 비슷하지만 이미 필사되어 있는 소설을 빌려 보는 것이 아니라 필요한 소설을 주문한다는 점에서, 그리고 필사한 소설을 읽고 나서 되돌려주는 것이 아니라 개인이 소장한다는 점에서 세책가를 통한 소설의 유통과는 다른 것으로, 이는 세책가 출현의 직전 단계에 속한다.

서쾌書儈

서쾌書儈는 서책 매매를 전문적으로 담당하는 거간꾼을 가리킨다. 이들이 주로 취급하는 것은 몰락한 양반가 소장의 서책이었다. 소설책의 매매는 사사로이 이루어진 것으로 보인다. 이러한 사실은 조태억趙泰億(1675~1728)의 모친인 윤씨가 분실한 책을 뒤에 다시 구하게 되었을 때, 그 책의 습득 과정을 설명하는 가운데 나타나는 "내 친족이 자기 마을에 사는 모씨로부터 매입"하였다는 기록을 통하여 추정할 수 있다.

소설의 구비적 유통

소설에 대한 다양한 욕구를 가지고 있었던 독자들은 비상업적 유통 방식으로 소설을 구해서 읽는 데에 일정한 한계가 있을 수밖에 없었다. 따라서 이들의 소설에 대한 다양한 욕구는 일정한 대가를 지불하고 소설을 빌려서 보거나 소설을 구입하여 보는 데까지 나아가게 되었다. 비용을 지불하고서라도 소설을 읽겠다는 독자층의 형성과 독자들이 지불하는 일정한 비용으로 어느 정도 경제적 이익을 취할 수 있다는 매개층의 판단이 함께 이루어질 때, 소설의 상업적 유통이 나타난다. 이러한 매개층의 대표적인 경우가 세책가와 방각업자들이다.

이때 이러한 비용을 지불할 수 있는 경제적 여건을 갖추지 못한 독자들, 곧 세책가에서 책을 빌릴 수 있는 경제적 여유가 없거나 방각소설을 구입할 수 있는 경제적 능력이 없는 독자들은 소설의 구비적 유통 과정에 참여하거나 여전히 비상업적 유통 방식에 의존하여 소설을 수용하고 있었다 하겠다.

소설의 상업적 유통 가운데 구비적 유통은 전문적인 이야기꾼인 강담사講談師·강창사講唱師·강독사講讀師에 의하여 이루어졌다.

강담사는 '이야기 주머니', '이야기꾼', '이야기 보따리'라고도 불리는 사람들로, 가장 일반적인 형태의 '이야기꾼'을 지칭한다. "고담을 잘 하기로 유명하여 재상의 집에 두루 드나들었다"던 오물음吳物音, "인정 물태를 묘사함에 당해서 곡진하고 섬세하기 이를 데 없었다"는 김중진金仲眞, "이야기의 실마리를 잡아 살을 붙이고 양념을 치며 착착 자유자재로 끌고 가는 재간이 참으로 귀신이 돕는 듯"하다는 이야기 주머니(說囊) 김옹金翁, 박지원朴趾源이 지은 「민옹전」閔翁傳의 주인공 민옹閔翁 등이 이러한 직업적 강담사에 해당한다.

강창사講唱師는 강담사보다 전문적이고 직업적인 예능인으로, 이야기를 창唱으로 구연하는 판소리 광대가 대표적인 예이다. 물론 판소리는 창과 아니리(白)가 교체되는 방식이기에 중간 중간에 아니리라고 하는 강담조가 들어가기는 하지만, 창이 주가 되고 있다는 점에서 판소리 광대는 강창사라 하겠다.

강독사講讀師는 소설을 청중에게 낭독하는 일을 직업으로 삼은 이들이다. 이들이 손에 책을 들었다고 해서 그 책을 그대로 읽는 것은 아니었다. 가령 박지원이 『열하일기』에서 "글자 모르는 까막눈이언만 외기는 익어서 입이 미끄럽게 내려간다. 이것은 꼭 우리나라 네거리에서 「임장군전」林將軍傳을 외는 것 같다"라고 언급하는 바와 같이, 손에는 『수호전』水滸傳을 들고서 입으로는 「서상기」西廂記를 구송하는 것과 같은 양상이 이를 잘 보여준다. 이러한 강독사로는 '요전법' 邀錢法이라는 방법으로 정기적인 흥행을 지속한 전기수傳奇叟, 서리 부부를 후원자로 삼았던 이업복李業福, 빈곤을 타개하기 위해 소설을 잘 읽는 재능으로 재상가에 출입하였던 이자상李子常, 여성의 복색을 입고 규방에 출입하면서 소설을 읽어주기도 하다가 남녀간의 일로 인하여 장붕익張鵬翼에게 죽음을 당한 낭독자, 「요로원야화기」에서 언급하고 있는 금곡金谷의 김호주金戶主, 마을 사람들에게 소설을 읽어주고 소설책을 팔기도 했던 방물장수인 책장수 등이 이에 해당한다 하겠다.

■ 소설의 상업적 유통: 세책가와 방각소설

소설의 상업적 유통 가운데 문헌을 중심으로 한 유통의 방식은 세책가에 의한 유통과 방각소설坊刻小說의 간행을 통한 유통으로 나누어 살필 수 있다.

세책가貰册家

세책가에 대한 단편적인 기록과 세책본 말미의 필사기筆寫記를 통하여 이들의 영업 방식과 활동 시기 및 활동 범위 등을 알 수 있다. 먼저 세책가의 주인은 생계가 막연한 가난한 선비들로 호구지책으로 이러한 일을 하였으며, 비교적 청빈한 생활 양상의 하나로 인정되었다. 이들이 주로 취급하는 서적은 장편소설뿐만 아니라 단편소설, 창가책과 같은 것들이며 복본도 구비하고 있었다. 그리고 필사본뿐만 아니라 인본도 취급한 것을 알 수 있다. 책을 주로 빌려 보는 이들은 여성 독자들로서 친정 나들이를 왔을 때 자주 이용하였으며, 일정한 물품(놋주발이나 놋대접 등)을 전당품으로 삼아 보관하고 나중에 세책 비용을 별도로 지불하였다. 세책 비용을 마련하기 위해 비녀나 팔찌를 팔기도 하고, 심한 경우에는 빚을 내어 이를 감당하느라고 가산을 기울인 경우도 있었다.

쿠랑M. Courant의 『한국서지』에 따르면 지방에는 세책가가 없었다고 하나, 소설가 박종화의 회고에 따르면 지방에도 세책가가 있었다고 한다. 이들의 세책 영업은 도회지에서는 여름철 피서를 위한 친정 나들이가 이루어진 시기에, 지방에서는 농한기에 잘 되었다.

서울 지역에서 세책가가 영업을 하였던 곳으로 향목동, 남소동, 한동, 한림동, 약현, 청패, 묘동, 토정, 동호, 금호, 누동, 간동, 송교, 아현, 갑동, 대사동, 안현, 사직동, 용호, 미동, 옥동, 향수동, 유호, 파곡, 농서, 동문외 광신호지전택, 운곡(슈) 등을 확인할 수 있다.

이들 세책가가 운용하고 있던 세책본의 형태적 특징을 살피면, 표지를 삼베 같은 것으로 싸고, 위에서 둘째 장책 구멍에 끈이 달려 있으며, 책장 사이사이에 욕설·희서戲書 같은 것이 씌어 있다. 여러 사람이 열독閱讀하는 데에 따른 책의 손상을 덜기 위하여 책장마다 들기름을 칠하여 책장이 피는 것을 방지하였다. 또한 책장을 넘기는 부분인 침자리에 해당하는 부분은 다른 행에 비하여 몇 자 정도 덜 씌어져 있으며, 각 장의 앞면 상단에 해당 장수를 한자로 표기하는 것이 일반적이다. 한 작품이 여러 권으로 구성되어 있어서, 각 권의 끝부분 내용과 다음 권의 서두 부분의 내용을 일부 중복시키는 현상이 빈번하게 나타난다.

방각소설 坊刻小說

방각소설이란 명칭은 "사용가치라는 척도에서 출판된 것이 아니라, 교환가치 즉 상품화하여 시장적 거래"를 하기 위해 출판되었을 때 붙일 수 있는 명칭이다. 따라서 미싱업적 유통을 위한 빙편으로 판각하여 긴행한 관각官刻, 사각私刻, 사찰각寺刹刻은 모두 인쇄한 판본임에도 불구하고 시장적 거래를 전제로 하지 아니하였기에 상업적 유통이라고 할 수는 없다. 방각소설은 주문에 따른 생산이 아니라, 시장을 전제로 한 상업적 출판물이라는 점에서 근대 사회에서 문학의 유통이라는 모습을 본격적으로 보여주는 것이라 하겠다. 물론 판목에 새기는 방법과 새로 도입한 납활자를 가지고 조판하는 방법 사이에는 인쇄 방법의 차이가 있을 뿐 그것이 시장적 거래를 전제로 하여 출판된다는 점에서는 차이가 없다 하겠다. 즉 활판본이라는 방식이 인쇄 기술의 변화일 뿐 방각과 완전히 구분되는 새로운 유통 방식이 아니라는 것이다. 물론 이러한 기술적 변화가 소설의 생산과 유통에 있어서 많은 변화를 가져왔음은 부정할 수 없을 것이다.

현전 자료를 근거로 하여, 이른 시기의 방각소설 간행 양상을 살펴보면, 1780년 간행된 「임경업전」(歲庚子孟冬京畿開板), 1847년 간행된 「전운치전」(丁未仲春由谷新刊), 1848년 간행된 「삼설기」(戊申十一月日由洞新刊) 등을 살필 수 있다. 이에 앞서는 것으로 1725년에 간행된 한문본 「구운몽」(崇禎後再度乙巳錦城午門新刊), 1803년 간행된 한문본 「구운몽」(崇禎後三度癸亥)이 있다. 물론 을사본(1725년 간행본) 구운몽이 사각私刻인가 아니면 방각坊刻인가 하는 의문이 있으나, 이미 이에 앞서 중국 소설의 판각이 이루어졌다는 점에서 본다면 방각본일 개연성도 있다 하겠다.

여기에서 처음 이루어진 한글본 방각소설이 「임경업전」이라는 점은 소설의 방각이 어떠한 분위기에서 이루어졌는지를 짐작하게 하는 부분이다. 「임경업전」의 말미에 나타나는 "경업전을 언문으로 번역ᄒ여 사람마다 알게 ᄒ기는 동국 츙신의 말이매 혹 만민이라도 셰다라 본밧게 ᄒ미라"는 기록은 이를 잘 보여주는 것이다. 물론 이러한 표현이 소설의 말미에 상투적으로 나오는 의례적 표현이라고도 할 수 있지만, 이를 구태여 밝혀야만 한다는 것은 소설의 공식적 간행이 바람직하지 아니하다는 당대의 사회적 인식을 부분적으로 반영한 것으로 볼 수 있다.

위의 서술은 교술이라는 성격을 기본적으로 가지고 있는 한문학의 양식인 전(傳)을 언문으로 번역하여 간행한다는 명목에서 소설이라는 것을 공식적으로 간행하는 모습을 보여주는 것이다. 이는 마치 소설이라는 새로운 문학 양식이 처음 나타났을 때 "어디다 갖다 붙이든 기존의 갈래를 따라야만 정체 불명이라고 배척될 염려가 있는 새로운 문학이 출생신고를 할 수 있었"던 것처럼, 소설의 공식적인 간행 역시 기존의 문학 양식을 번역하여 출판한다고 함으로써 정체 불명이라고 배척당할 염려에서 자유로울 수 있었던 것이라 하겠다.

방각본의 형태로 간행된 서적들이 대부분 서민의 요구에 부응해 나타난 서적이라면, 방각소설 역시 서민의 요구에 부응해 나타난 소설이라고 하겠다. 방각소설의 출현은 기존의 소설 유통 방식인 필사본만으로는 이미 광범위하게 형성되어 있던 소설 독자층의 욕구를 충족할 수 없게 되었다는 것을 의미한다. 이에 그동안 여러 형태로 상업적 자본을 꾸준히 축적해왔던 비교적 영리에 밝은 상인 계층이 방각업자로 나서게 된 것이다.

이들이 관심을 가진 작품들은 독자들에게 이미 널리 알려져 있어 쉽게 팔릴 수 있는 작품들이었다. 잘 알려진 작품의 필사본을 구해다가 제한된 판목에 새기기 위해서는 원래 필사본이 가지고 있던 내용을 적당히 누락하거나 축약하기도 하고, 경우에 따라서는 부분적인 부연을 하기도 하면서 판목의 수를 조절하였다. 누락과 축약이 나타난다는 점에서 이미 방각본의 형태로 간행되는 소설의 지향점을 알 수 있다. 출판을 하기 위해서 전체의 사건 가운데 특정한 사건들을 누락시키는 방법을 취하기도 하였지만, 주된 방법은 구체적인 묘사나 설명과 관련된 행문들을 누락시키고 사건의 선조적(線條的) 진행과 관련된 행문만을 중심으로 축약하는 것이 보통이었다. 따라서 모든 소설이 방각화될 수 있었다기보다는 비교적 선명하고 짧은 사건을 중심으로 구성되어 있으면서 아울러 독자의 흥미를 끌 수 있는 작품들이 방각의 대상이 되었다.

인본印本의 형태인 방각본으로 소설을 간행하기 위해서는, 사본寫本이 일반적으로 가지고 있는 정제성에 비하여 방각본은 한층 엄격한 외양적 정제성을 갖추어야만 하였다. 이를 위하여 초간본初刊本으로 간행할 방각본의 등재본登梓本은 정사精寫된 사본寫本이어야만 하였다. 그러나 개판改板을 거듭하면서 이러한 외양적 정제성이 무너지기도 하고, 내용의 심각한 축약이나 변개變改가 나타나기도 하였다. 이러한 현상은 방각소설이 기본적으로 가지고 있는 시장적 거래라는 속성에서 결코 자유로울 수 없었기 때문에 나타나며, 바로 이러한 점이 방각소설의 중요한 특성이다.

이처럼 방각본에도 축약과 누락이 있었지만, 필사본에 비하면 동일한 텍스트를 여러 사람이 함께 공유할 수 있다는 점에서 텍스트를 고정해주었다는 의의를 지닌다. 그러나 텍스트의 고정이 반드시 긍정적인 면만을 가지고 있는 것은 아니다. 왜냐하면 문학작품이 지닐 수 있는 다양성을 억제하고 획일성을 강제한다는 점에서 부정적인 의미도 있기 때문이다.

그리고 이들 방각소설은 경우에 따라서는 부분적으로 토판土版을 사용한 것을 볼 수 있지만, 목판으로 간행하는 것이 가장 보편적이었다.

1780년 「임경업전」의 간행 이후, 방각소설은 19세기 중엽에 왕성하게 간행되었으며, 그 주된 지역은 서울·전주 등이었고 후에 안성에서 일부 방각이 추가로 이루어지기도 하였다. 방각이 이루어지기 위해서는 방각에 필요한 재료―특히 종이―가 원활히 공급되고 이러한 일을 할 수 있는 전문인 집단―각수 및 인출장 등―이 있어야 함은 물론이다. 그러나 무엇보다도 일정한 규모 이상의 시장이 있어야만 한다.

경판 방각소설을 간행한 방각소로는 경기京畿, 남곡南谷, 동현銅峴,

무교武橋, 미동美洞, 석교石橋, 송동宋洞, 야동冶洞, 어청교漁靑橋, 유곡由谷, 유동由洞(油洞), 유천由泉, 자암紫岩, 포동布洞, 합동蛤洞, 홍수동紅樹洞, 화산華山, 화천華泉, 효교孝橋, 안성의 동문리(안성동문이) 등이 있다. 1909년 출판법 시행 이후에는 신구서림新舊書林, 한남서림翰南書林, 지물서포紙物書舖, 회동서관匯東書館, 북촌서포北村書舖, 박성칠서점朴星七書店, 태화서관太華書館 등이 방각소설을 취급하였다. 이들 외에 방각본을 취급한 서점으로 박원식서점, 신안서림 등이 있다.

경판으로 간행된 방각소설은 현재 52종을 확인할 수 있어, 여기에 제목만을 열거하기로 한다. 「강태공전」, 「곽분양전」, 「구운몽」, 「금방울전」, 「금향정기」, 「김원전」, 「김홍전」, 「남정팔난기」, 「당태종전」, 「도원결의록」, 「백학선전」, 「사씨남정기」, 「삼국지」, 「삼설기」(「금수전」 및 「토생전」 포함), 「서유기」, 「설인귀전」, 「소대성전」, 「수호지」, 「숙영낭자전」, 「숙향전」, 「신미록」, 「심청전」, 「쌍주기연」, 「양산백전」, 「양풍전」, 「옥주호연」, 「용문전」, 「울지경덕전」, 「월봉기」, 「월왕전」, 「이해룡전」, 「임장군전」, 「임진록」, 「장경전」, 「장백전」, 「장자방전」, 「장풍운전」, 「장한절효기」, 「장화홍년전」, 「적성의전」, 「전운치전」, 「정수정전」, 「제마무전」, 「조웅전」, 「진대방전」, 「징세비태록」, 「춘향전」, 「현수문전」, 「홍길동전」, 「황운전」, 「홍부전」.

초기에 이들을 출판할 때에는 각 권당 30여 장의 분량을 기준으로 방각하다가, 차츰 각 권에 수용하는 장수를 줄이는 방향으로 변모하여, 마지막에는 매권 15~16장으로 축소된 것으로 보인다. 이러한 노력은 방각소 사이의 경쟁이라는 점뿐만 아니라, 경제적 여건의 변화에 방각업자들 스스로 적응한 결과라고 볼 수 있다. 반면에 완판방각소설은 경판방각소설과는 달리 급격히 축약한 양상이 보이지 아니하고 오히려 장수가 늘어난다. 이는 서울을 중심으로 하여 형성된 경제적 활동 구역에서 사용된 화폐 가치와 전주를 중심으로 하여 형성된 경제적 활동 구역에서 사용되던 화폐 가치가 각각 다름으로써 나타난 현상으로 보입니다. 전주를 중심으로 이루어진 경제 활동 구역에서는 기존의 화폐인 엽전이 주요 통화로 사용되고 있음에 비하여, 서울을 중심으로 한 지역에서는 엽전이 아닌 새로 발행한 악화들의 유통으로 말미암아 심각한 경제적 변동이 지속되었기 때문에, 경판과 완판이 후대적 변모 양상에서 차이가 나타난 것으로 추정된다.

완판을 주로 간행한 방각소로는 완서계完西溪, 완산完山, 구동龜洞, 완구동完龜洞, 완남 구석리完南龜石里, 완서完西, 완남完南, 풍패豊沛, 완산 양책방完山梁冊房 등이 보이며, 출판법 시행 이후에는 서계서포西溪書鋪, 다가서포多佳書鋪, 창남서관昌南書舘, 칠서방七書房, 완흥사서포完興社書鋪, 양책방梁冊房 등이 있다. 모두 19종의 방각소설이 간행된 것을 확인할 수 있다.

이들 방각소설은 상설시장에서 매매되었을 뿐만 아니라, 보부상과 같은 이들의 활동에 힘입어 정기 시장 및 비정기 시장에서 독자에게 공급되었던 것으로 보인다.

방각업자들은 이들 방각소설을 간행하기 위하여 "소설의 원고를 구하고, 판목을 새기고, 종이를 사서 인쇄를 하고, 출판된 소설을 판매하는" 일련의 과정에 적극적으로 참여해야만 하였다. 이러한 일을 하기 위한 자본의 규모가 정확히 어느 정도였는지는 알 수 없다. 1900년대 초에는 목판본 한 권을 만드는 데 400여 원이 들었다고 한다. 매권 16장 내지는 17장 규모로 판목을 제작하던 시기는 1900년대 초반이었다. 그때에 목판 1장을 새기는 데 20원의 비용이 들었다. 판목을 제작하던 비용 외에도 소설 원고를 구하고 종이를 사서 인쇄를 하는 비용을 지불해야 한다는 점에서, 소설책 한 권을 방각하기 위하여 400여 원이 소요

되는 시기는, 매권 20여 장으로 간행하던 시기를 지난 1900년대 초반임이 분명하다.

이를 근거로 하여 계산한다면, 권당 15전짜리 목판본 소설을 최소한 2,700부 정도 판매해야만 생산 원가에 해당하는 비용을 회수할 수 있다. 또한 적정한 이윤을 확보하기 위해서는 이것보다는 많은 부수를 판매해야만 영업을 계속할 수 있었던 것으로 보인다. 당시에 쌀 한 가마가 4원이었다는 증언을 고려한다면, 소설책 1종을 출판하기 위해 400여 원 규모의 자산을 운용해야 하는 초기 자본 투자는 결코 적은 금액이 아니라는 것을 알 수 있다. 방각업이 비록 소규모로 이루어졌다고 하지만 한두 권의 책을 판각한다고 보았을 때에도 그 규모는 현재 우리가 추정하는 것보다 큰 규모의 사업이었음을 알 수 있다.

이들 방각소설의 인행은 "처음에는 궁체宮體로 조각한 백지판 목판白紙版木版이 나왔고, 양지洋紙인 백노지白鷺紙가 수입되니 백지판白紙版을 양지판洋紙版으로 바꾸었다. 이리하여 양지판 고대소설 목판본은 한 권에 3전, 4전씩 해서 경향간京鄕間에 날개 돋치듯 팔렸다"고 한다. 처음에는 조악한 한지를 사용하다가 양지가 수입되어 이를 사용하여 인행한 결과, 소설책의 값이 급격히 하락하는 모습을 보여준다.

"책冊값은 백지 시세白紙時勢의 고저高低를 수隨하여 일정一定치 안키로 기재記載치 못함"이라는 「규장전운」奎章全韻 판권지 기록이나, 서목書目에 값이 표시되어 있지 않은 한남서림의 판권지 기록을 통하여, 백지판 목판의 경우 책의 값이 주로 종이값에 좌우되던 상황을 짐작할 수 있다. 이런 점을 고려한다면 방각업자들은 지물포를 경영하면서 아울러 방각업을 병행하였던 것으로 추정된다. 양지洋紙(白鷺紙)의 수입이라는 값싼 종이의 공급은 책값의 하락을 가져와 이들 소설의 유통을 더욱 촉진시킨 것으로 보인다.

이들 방각소설의 출현은 곧 서민 문화의 팽창이라는 문화적 현상이기도 하다. 방각본의 출현 자체가 일부 계층의 소유물로만 여겨지던 서적의 대중화에 기여한 것이라면, 방각소설의 출현은 일부 계층의 소유물로만 여겨지던 문학 활동이 대중화되는 것을 말한다. 비록 방각이라는 상업적 목적에 충실한 형태로 나타난 현상이기에 조악한 면은 있었으나, 비교적 자유롭게 그리고 값싸게 서적 및 문학작품을 공급한다는 점에서 방각소설의 출현은 문학사적으로 커다란 의미를 지닌다 하겠다.

소설의 생산과 유통을 둘러싼 경제적 여건의 변화는 소설의 유통 방식에도 일정한 영향을 미쳤다. 이는 세책가의 점차적인 쇠퇴라는 현상으로, 그리고 방각소설의 권당 장수가 축소되는 현상으로 나타났다. 경제적 여건의 변화에 대응하여 방각업자들은 우선 새로운 작품의 방각에 필요한 투자를 중단한 것으로 보인다. 그리고 기존의 판목을 수정하거나 축약하여 생산 단가를 줄이는 방법으로 이를 극복하였다. 방각업자들은 자신들이 가지고 있던 판목 자체만을 수정함으로써 자신들이 앞으로 생산해낼 소설책의 생산 단가를 조절하여 이러한 변화에 비교적 빠르게 대처할 수 있었다.

그러나 세책가의 경우는 사정이 달랐던 것으로 보인다. 세책가가 취할 수 있는 가장 쉬운 방법은 대여료를 인상하는 것이었다. 그러나 이 방법은 이미 한정되어 있는 독자들의 구매력 역시 증가한다는 전제 아래에서만 가능한 방법이다. 실제로 독자들의 절대적 구매력은 더욱 약해졌고, 대여료 인상은 궁극적으로 대여 회수율의 축소를 가져왔으며, 이로 말미암아 세책가의 적정한 수익은 보장될 수 없었던 것으로 보인다. 세책가가 취할 수 있는 다른 방법은 대여료를 인상하지 않고 소장하고 있던 세책들의 분권 체재를 수정하는 것이었다. 그러나 이 방법은 소장하고 있던 세책 전체를 대상으로 하여야 한다는 점에서 현실적인 방법이 되지 못하였다. 따라서 세책가가 궁극적으로 취할 수 있는 방법은 대여료의 인상뿐이었다고 보는 것이 타당하다.

경제적 여건의 변화로 말미암은 대여료의 인상은 결국 세책가의 영업에 많은 어려움을 가져다주었고, 권당 장수가 줄어든 방각소설은 단위 시간당 생산량을 늘릴 수 있었다는 점에서 열악한 처지의 세책가를 더욱 압박해간 것으로 보인다. 특히 세책가의 책을 선호하던 독자들의 취향이, 단편물을 중심으로 한 사건 자체에 대한 관심보다는 장편물을 중심으로 한 행문 자체에 대한 관심이었다는 점을 고려한다면, 그 독자층은 꾸준히 증가하는 것이 아니라 답보 상태를 면치 못했던 것으로 보인다. 세책가의 몰락에 대하여 "이러한 장사가 서울에는 전에 아주 많았으나 이젠 퍽 희귀해졌다고 한국 사람들이 내게 말해줬다"고 쿠랑은 『한국서지』에 적고 있다.

세책가의 몰락으로 말미암아 행문 자체에 관심을 갖고 있던 독자들은 이를 대신할 수 있는 새로운 소설 형태를 찾게 되는데, 이때 찾아낸 것이 판소리라 할 수 있다. 판소리는 대표적인 강창문학이라고 할 수 있는데, 19세기 중반기 이후의 판소리는 발생기의 판소리와 달리 사설이 좀더 다듬어지고 부연되면서 언어적 표현의 확장이라는 양상을 보여, 세책가에서 이탈한 독자들의 관심을 끈 것이라 하겠다. 세책가의 몰락은 결국 소설의 주류를 방각소설이라는 단편물들이 차지하게 하는 결정적 계기를 마련한 것이다.

소설의 상업적 유통이라는 점에서 세책가와 방각업자는 공통점을 가지고 있으나, 소설의 유통 방향이라는 점에서는 분명한 차이가 있었다. 세책가를 중심으로 한 소설의 유통에서는 소설의 차람과 이의 반납이라는 양쪽 방향의 유통이 가능한 것임에 비하여, 방각업자에 의해 생산된 방각소설은 생산자로부터 독자를 향한 일방적인 유통이라는 것을 유통의 기본적인 틀로 자리잡게 한 것이다. 이 점에서 세책가의 몰락은 생산자와 독자 사이에 교환되는 소설이라는 개념을 넘어서서 일방적으로 판매되는 상품으로서 방각소설을 확고히 자리잡게 한 것이라 하겠다. 이는 곧 문학작품인 소설이 하나의 상품으로만 거래되는 부정적 계기를 가져온 것이다.

어려운 가운데에도 그나마 명맥을 유지하고 있던 방각소설에 가장 큰 타격을 준 것은 1909년에 시행된 출판법이다. 그동안 비교적 자유롭게 방각소설을 인출할 수 있었던 전과는 달리, '조선총독부 경무총감부 인가' 朝鮮總督府 警務總監部 認可 또는 '허가' 許可를 받은 출판사들만이 발행자와 인쇄자의 성명과 주소를 밝힌 판권지를 첨부하고서 비로소 서적을 간행할 수 있게 된 것이다. 따라서 영세한 방각업자들 특히 판권지를 붙일 수 없었던 방각업자들은 자신들이 가지고 있던 판목을 사장시키거나 그렇지 아니하면 결국 헐값으로 '인가' 認可 또는 '허가' 許可를 받은 방각업자에게 넘겨줄 수밖에 없었다. 뿐만 아니라 이러한 출판법의 시행은 결국 독자들이 바라는 새로운 작품을 방각할 기회조차도 봉쇄한 것으로 보인다.

구활자본 舊活字本

납활자를 이용한 활판 인쇄라는 새로운 인쇄 방법의 도입은 방각소설의 쇠퇴를 더욱 부채질한 것으로 보인다. 이미 만들어져 있는 활자를 조판하여 빠른 속도로 인쇄할 수 있다는 점에서, 또 값이 비싼 한지 대신에 비교적 값이 싼 양지를 사용할 수 있다는 점에서, 활판본인 구활자본의 출판은 급격히 증가할 수밖에 없었다. 이들 활판 인쇄술의 도입은 방각이라는 방법으로는 거의 불가능하였던 장편물까지 출판할 수 있게 하였으며, 단위 시간당 생산해내는 책의 양을 증가시켜 급격하게 팽창하는 독자들의 수요를 충족시킬 수 있었다.

그러나 이들 활판으로 인쇄한 소설 역시 경제적 여건의 변화로 인하여 지속적으로 전체 분량을 줄이는 노력을 한바, 처음에는 한자漢字를 병기倂記하고 띄어쓰기를 일부나마 하는 형태로 간행하다가, 다음에는 병기한 한자를 없앤 형태로 간행하고, 마침내는 띄어쓰기조차 무시한 채 간행하기에 이른다. 이러한 현상은 결국 가장 싼 값으로 많은 부수의 소설을 많은 독자에게 판매하려는 노력의 결과이며, 이를 통하여 소설의 유통에 관여한 매개자들은 일정한 수준 이상의 이윤을 얻을 수 있었다 하겠다. 따라서 활판본의 보급은 방각본 값보다 싼 값으로 독자에게 소설을 보급할 수 있었다는 점에서, 그리고 급증하는 독자들의 수요를 충분히 감당할 수 있었다는 점에서, 많은 결함에도 불구하고 소설 독자층을 확장하는 데 큰 공헌을 하였다 하겠다.

● 이창헌

| 참고 문헌 |

김동욱, 「판본고-한글소설 방각본의 성립에 대하여」, 『증보춘향전연구』, 연세대출판부, 1976.
류탁일, 『완판방각소설의 문헌학적 연구』, 학문사, 1981.
류탁일, 『한국문헌학연구』, 재판, 아세아문화사, 1990.
김종철, 「장편소설의 독자층과 그 성격」, 『고소설의 저작과 전파』, 아세아문화사, 1994.
이주영, 『구활자본 고전소설 연구』, 월인, 1998.
권순긍, 『활자본 고소설의 편폭과 지향』, 보고사, 2000.
이창헌, 『경판방각소설 판본 연구』, 태학사, 2000.
세책고소설연구회 편, 『세책고소설연구』, 혜안, 2003.
천정환, 『근대의 책읽기』, 푸른역사, 2003.
이창헌, 『경판방각소설 춘향전과 필사본 남원고사의 독자층에 대한 연구』, 보고사, 2004.

11
한국 고전소설과 인접 장르의 관련

▄ 소설의 본질과 인접 장르의 중요성

문학 장르들을 "논리적인 의미에서의 종種이 아니라 역사적 친족 집단으로 보아야 한다"는 말은, 장르 간의 관계를 연역적으로 설명하기 어렵다는 것을 보여준다. 장르라는 것은 '경험적으로' 발견되고 묘사될 수는 있으나, '정의와 연역'으로 설명하기는 어렵다는 것이다.

그러나 이러한 어려움은 관점을 바꾸어 생각해볼 때 장르들의 변모와 교섭을 살필 수 있는 좋은 기회를 주는 것이기도 하다. 즉 장르들의 '체계화' 혹은 '분류'를 거부하는 듯한, 장르들 사이의 경계에 있거나 장르들 사이의 복합적인 면을 보이는 개별 작품들이야말로 문학사의 역동성을 보여주는 것이기도 하기 때문이다. 특히 문학사의 거대한 변화의 시기에 장르들은 서로 부딪치고 영향을 주고받으며, 때로는 새로운 장르의 출현을 예고하기도 하는데, 이 경우 장르 교섭을 '혼란'의 표지가 아니라 '생성 중인 또 다른 질서'로 볼 수도 있는 것이다.

　소설은 다른 어느 것보다도 이러한 장르의 생성과 교섭의 한복판에 있는 장르다. 즉 문학사에서 장르 사이의 역동적 교섭은 소설이라는 장르를 중심에 놓고 볼 때 가장 명확하게 보이는 것이다. 이는 소설 장르가 갖는 특징 때문인데, 소설이라는 장르는 다른 장르에 비해 혼합성, 불확정성, 미완결성이 두드러지고 오히려 그것을 장점으로 삼기도 한다. 그 결과 소설은 다른 장르들을 다양하게 받아들이고 다른 장르들에 소설적 특성을 건네주면서, 다른 장르들과의 넘나듦이 활발했던 것이다.

　이 장에서는 이러한 점을 중시하여 고전소설과 여러 '인접 장르' neighboring genre의 교섭 양상을 살펴보고자 한다. 이때의 '인접 장르'란 '서정, 서사, 극'과 같은 '이론적 장르'가 아니라, 문학사에서 개별적으로 존재해온 '역사적 장르'로서의 개별 장르들이다. 이러한 개별 장르들 가운데 소설과 관련 있는 것으로 주목받아온 것을 추려보면, 설화·야담·가전假傳·전傳·몽유록·판소리·서사무가·시조·가사·한시·민요 등이 있다. 이는 우리 문학사의 주요 장르들을 거의 망라하고 있음을 알 수 있다.

　이들 장르들은 소설사 안팎을 넘나들며 사실상 소설의 영역을 혼란스럽게 혹은 풍성하게 해왔다. 여기에다가 오늘날 문학의 범위에서 약간 밀려나 있는 편지·제문·상소문 등과 같은 것까지 합친다면, 소설사는 소설만의 역사가 아니라 그 안팎으로 비문학적 실용문까지 포함하는 다양한 장르들과의 교류를 포괄하는 역사, 즉 '인접 장르와의 교섭사'였음을 알 수가 있다. 이 점을 중시한다면, 주변 혹은 인접 장르와의 관련성은 단순한 소설사의 외부 문제가 아니라 소설사 내부의 문제라고도 할 수 있을 정도다.

　그런데 소설이라는 장르 자체가 조선 후기에 융성한 것이므로, 이

장의 논의도 자연스럽게 조선 후기의 여러 인접 장르와의 관련에 초점을 맞추게 될 것이다. 우리 소설사에서 17세기는 중요한 전환기인데, 그 전에는 '필기'筆記 또는 '패설'稗說 등과의 관련 속에서 '전기'傳奇라는 장르가 소설사의 주류였다. 그러다가 17세기 이후 다양한 분기分岐를 보여주는데, 바로 이 시기부터 인접 장르와 본격적인 교섭이 이루어진다.

고전소설과 산문 장르: 설화·야담·전

설화·야담·전傳은 고전소설과 서사적 속성을 공유하고 있기에 때로는 서로 구별이 어려운 경우가 있을 정도로 소설과 가까운 인접 장르들이다. 같은 산문 장르로서 이들은 인접을 통해 어느 한 장르가 다른 장르 속으로 삽입되는 것이 아니라 서로 영향을 받는다.

비슷한 산문 장르로서 가전과 몽유록이 더 있어, 가전은 이른바 후대의 「천군연의」天君演義와 같은 '심성가전' 心性假傳이 나와 소설사의 영역에 들어서기도 하고, 몽유록 역시 '전기'와의 관련성이나 「운영전」雲英傳 등과의 연관성 때문에 주목할 만하기는 하나, 둘 다 소설과 얽히는 양상이 미약하므로 여기에서는 제외한다.

고전소설과 설화

그동안 소설의 인접 장르로서 가장 주목을 받아온 것은 같은 서사 양식의 '설화'였다. 서구의 주요 소설 이론가들은 소설을 '서사시'와 대비하면서 논리적으로 해명하려 하는 경향이 강하다. 반면 우리의 경우는 '서사시'보다는 '설화'를, 소설이라는 장르 자체의 발생부터 시작해서 소설사의 구비마다 소설과 긴밀한 관련을 맺어온 대표적인 장르로 주목해왔다.

두 장르의 관련 양상 가운데 먼저 주목을 받은 것은 '설화의 소설화'라는 발생론적인 혹은 진화론적인 과정이었다. 이러한 '설화의 소설화'에서 중시된 것은 일차적으로는 주요 모티프와 삽화, 소재 등의 유사성이었기에, 개별 소설작품의 '근원(또는 발생) 설화'를 찾아 둘 사이를 대비하는 작업이 이루어졌다. 예를 들어「춘향전」을 '열녀설화', '암행어사 설화', '신원(伸寃)설화' 등과 관련시키면서 그 연원을 설명하려는 것이나「토끼전」을 인도와 중국의 불교설화를 거쳐『삼국사기』의「구토지설」龜兎之說 등과 연관지어 살피는 것들이 그러한 예이다. 이러한 예들은「토끼전」과 같은 예를 제외하면 대체로 여러 설화가 모여 하나의 소설이 되었다는 식의 논의로 이어지기도 하는데, 이런 경우 자칫하면 소설을 설화의 집적集積으로 보는 일종의 '설화적 환원론'으로 빠질 위험도 있다.

이와는 약간 다르게 이미 소설의 성격을 어느 정도 갖추고 있던 설화가 거의 독자적으로 소설화하는 경우도 있는데, 불전佛典 속에 있던 국문으로 된 설화가 소설사에 편입되면서 불교계 국문소설로 바뀐 것이 그 예이다. 즉 조선 초기의『석보상절』釋譜詳節 등에 실려 있는「안락국태자전」·「선우태자전」·「금우태자전」은 그 자체로는 소설이라 하기에 부족한데, 17세기 이후 소설 독자층의 욕구에 따라 소설로 만들어져「안락국전」·「적성의전」·「금송아지전」으로 된 것이다.

설화와 소설의 관련은 다른 방향에서도 주목할 만한데, 특히 중요한 것은 두 장르의 서사 구조적 유사성이다. 설화와 소설의 상당수가 '전기적傳記的 유형'을 공유하고 있다거나, 신화에서 영웅서사시를 거치면서 형성된 '영웅의 일생'이라는 주인공의 일대기적 구조가「홍길동전」

과 이후의 영웅소설들까지 이어지고 있다는 것은 그러한 점을 지적한 것이다. 이런 공통점의 확인은, 설화에서 소설로 이어지는 한국 서사문학사의 내적 연속성을 확인하게끔 해주었을 뿐 아니라, 나아가 이들 소설작품을 분석하는 유력한 도구를 제공해주기도 하였다.

아울러 이 설화와 소설의 관련에 대한 연구는, 자연스럽게 소설의 발생 문제 및 소설의 장르적 본질(설화와 대비된) 문제로 이어져 소설 장르론을 활성화하기도 하였다. 한국 소설사의 시작을「최치원」崔致遠과 같은 신라 말 고려 초의 '전기'傳奇에서 보거나, 김시습金時習의『금오신화』로 보거나, 이들이 최초의 소설이 되기 위해서는 기존의 '설화'와 장르적으로 어떻게 다른지 설명하여야 했던 것이다. 그러한 논의 가운데 가장 정밀한 것은 조동일의 것이다. 그의 논의의 핵심은, 소설은 자아와 세계가 상호 우위에 입각한 소설적 대결을 벌이고 있다는 점에서 설화와 다르고, 이런 점에서『금오신화』가 최초의 소설이라는 것이다.

그러나 조동일의 주장에 따르면「최치원」과 같은 '전기'는 기본 성격이 설화의 영역에 있되 그 문체만 달라진 것이 되는데, 문제는 이 전기가 설화의 단순한 기록과는 크게 다르다는 데 있다. 사실 '설화'라는 것도 소설만큼이나 그 내부의 층위層位가 다양하여, 단순한 설화에 머문 것도 있고 소설에 육박하여 연구자에 따라 소설로 보기도 하는 것도 있다. 그래서 나말여초의 전기 작품을 소설로 보는 견해도 만만치 않은 것이다.

이상에서 보듯, 설화와 소설은 단순한 인접 장르가 아니라 '폭넓은 전이 지대'를 공유하는 장르이기도 하다. 그리하여 설화는 소설사의 영역을 끊임없이 넘나들면서 소설사를 풍요롭게 하기도 하면서 소설의 장르적 성격이 무엇인지에 대한 집요한 질문을 던지고 있는 셈이다.

고전소설과 야담

　소설로 대표되는 오늘날의 서사 문학과는 달리 전근대 문학에서는 '소설'이 아닌 수많은 서사 장르들이 '설화'의 범주 안팎에 포진하여 있었다. 이들 수많은 서사 장르들 가운데 우리가 일반적으로 설화라는 이름으로 떠올리는, 실제 구술 현장에서 전승되는 우리말로 된 '구비설화'口碑說話도 있지만, 한문으로 기록된, 이른바 '문헌설화'文獻說話 또는 '야담'野談이라고 할 만한 것들도 있다. 이들은 단순한 구비설화와는 달리 기록자의 의식이 끼어들면서 그들 나름의 상대적인 독자성을 보여주는데, 이런 것들이 따로 모여 『청구야담』靑丘野談·『계서야담』溪西野談·『동야휘집』東野彙輯 등의 여러 야담집으로 집성되기도 하였다. 여기에는 전설·민담·소화·일화·야사·'야담계 소설' 등이 혼재되어 있어 그 장르적 성격이 복잡하지만, 어쨌든 이들 중 '야담계 소설'을 빼면 대개는 설화의 범주에 드는 것들이다.

　그런데 이 '야담계 소설'은 말할 것도 없고, 설화의 범주에 있는 것 중에도 그 표현 내용이 상당히 사실적이고 구체적이어서 이미 단순한 설화의 성격을 넘는 것들이 제법 많다. 그리하여 연구자들 중에는 이처럼 서사적 전형성이 두드러진 것들을 따로 '한문 단편'이라 규정하기도 하는데, 서구의 근대적 단편소설과는 다르지만 짧은 형식에 조선적인 인정과 세태를 반영한 독자적인 양식임을 부각시키고 있는 것이다.

　이들 한문 단편은 판소리계 소설과 함께 조선 후기 사회를 사실주의적으로 보여주는 양대 장르로 평가받고 있다. 특히 『청구야담』에 실려 있는 「결방연이팔낭자」結芳緣二八娘子와 같은 작품은 조선 후기 사회 변동과 관련되는 인물 묘사나 인물 간의 대립을 섬세하게 보여주는 뛰어난 작품이라 할 수 있다.

　이처럼 야담은 이미 그 자체로서 내부에 소설 혹은 소설적 성격이 짙은 개별 작품들을 담고 있어, 비교적 서사적 전형성이 약한 일부 야담들이 소설과의 연관성을 보여주기도 하지만, '설화의 소설화'와 같은 큰 흐름은 보여주지 않았다. 즉 야담은 구비설화에 비하면 '문헌으로 된 서사'로서 구심력이 있었고, 또 그 안에 '야담계 소설'까지 포괄할 정도로 독자적인 영역을 구축하고 있었던 것이다. 그러나 어쨌든 이 야담 혹은 한문 단편은 소설이 문학사의 중심으로 떠오르는 커다란 흐름 속에서 자기 고양을 했다는 점에서 소설사의 영향을 배제할 수는 없을 것이다.

고전소설과 전傳

전은 야담보다도 더 오래된 전통을 갖고 있는 장르다. 중국 사마천司馬遷의 『사기』史記 열전列傳에서 한 전범典範을 이룬 이래 한문학에서는 상당히 공신력을 인정받은 것이었다. 그리하여 과거 문인들의 문집에는 이런 전들이 실려 있는 경우가 많다(반면 소설은 실릴 수가 없었는데, 이 점은 중세 문학의 범위와 체계를 보여주는 『동문선』에서도 마찬가지다). 따라서 이 '전'傳은 소설보다는 유래도 길고 격도 높은 것이어서 인접 장르로서는 이질적일 수도 있다. 그러나 이 전과 소설은 의외로 긴밀한 관련을 맺으면서 문학사를 풍부하게 하였다.

먼저 주목할 것은, 소설이 그 작품 이름에 「홍길동전」과 같이 제목에 '전'을 쓰는 경우가 대단히 많다는 점이다. 이 점은 물론 소설이, 전이 이미 확보하고 있던 공신력을 이용하고자 했기에 나타난 현상으로 볼 수 있다. 하지만 이러한 깃도 두 장르 사이에 유사성이 있었기 때문에 가능해진 것일 텐데, 그 유사성이란 이들 소설들이 대개는 전傳과 같이 한 인물의 일대기적인 삶을 그리고 있다는 것이다. 이 점 「홍길동전」을 보면 금방 이해가 될 것인데, 이 작품은 홍길동의 탄생부터 영웅적 행위를 거쳐 죽음에 이르는 과정을 그대로 서사적 뼈대로 삼고 있어 전의 구성 방식과 상당히 흡사하다. 물론 이 작품의 '영웅의 일생'은 전이라는 장르에서 직접 영향을 받았다기보다는 앞에서 말한 대로 설화에서 소설로 이어지는 긴 전통에서 나온 것이다. 이름만 전에서 따온 셈이다.

그런데 이와는 반대로 조선 후기가 되면 전 가운데 소설적 성향을 보이는 개성 있는 작품들이 나와 달라진 관계를 보여주기도 하였다. 즉 조선 후기에 들어 전이 그 내부적 활력을 잃고 매너리즘에 빠졌을 때, 소설적 성향을 보여주는 전들이 나와 전의 새로운 면모를 보여주었고 나아가 소설로 볼 수 있는 작품도 내놓음으로써 소설사를 풍요롭게 해주었던 것이다. 이는 전이 입전 인물의 다양화, 설화의 수용, 허구적 상상력의 개입, 인물 개성의 중시, 형식과 문체의 변화 등을 겪으면서 생긴 변화인데, 이는 전 스스로가 갖고 있던 내적 가능성의 발현이기도 하지만 문학사의 측면에서 보면 이 시기 소설사의 견인력에 기인하는 것이기도 하다. 이처럼 전의 전통에서 나와 소설로 인정받고 있는 것을 '전계 소설'傳系小說이라 하는데, 주요 작품으로는 허균許筠의「남궁선생전」, 박지원朴趾源의「양반전」등을 들 수 있다.

고전소설과 시가 장르: 시조·가사

시가 장르는 산문 장르와 달리 그 장르적 속성이나 길이의 측면에서 차이가 많아 서로 영향을 받으며 장르적 성격을 변화시키기도 하지만, 소설에 삽입되는 특유한 관련 양상을 더 가진다. 따라서 이들 시가와의 관련에서 소설과 인접 장르는 장르론적인 경계보다는 뒤섞이는 양상을 어떻게 볼 것이냐가 더 관심의 대상이 된다.

그리고 산문 장르와 마찬가지로 이 시가 장르 중에도 민요와 한시(엄격히 말하자면 시가는 아니지만)를 고려할 만도 하다. 그러나 판소리계 소설에서와 같은 특수한 경우를 제외하면 그 장르 간 얽힘이 시조와 가사만큼 두드러지지 않으므로 이 글에서는 논외로 한다.

고전소설과 시조

소설과 시조가 장르 교섭을 할 경우, 우리가 쉽게 확인할 수 있는 것은 '시조의 소설 소재 및 소설 담화 방식 수용'과 '소설의 시조 삽입'일 것이다. 이 가운데 전자의 경우 사설시조를 주목할 필요가 있는데, 사설시조 중 소설 소재를 수용한 작품들이 상당히 많기 때문이다. 아울러 사설시조에 소설(서사)적 요소가 있는 것도 소설의 영향으로 파악된다. 그리하여 시조가 소설의 내용을 소재로 삼은 결과 시가 자체의 적극적인 소재 확대가 이루어졌고, 소설(서사)적 요소를 수용한 결과 시조의 담화談話 방식에 변화를 일으켰다.

두 장르의 교섭에서 사설시조가 먼저 주목받은 것은 판소리 사설과 사설시조의 유사성이 거론되어 오면서 이미 예견된 것이었다. 최근의 연구에 따르면, 소설 내용이나 소설 속 인물을 소재로 한 시조는 18세기 『진본 청구영언』珍本 靑丘永言(1728)에서부터 나타나기 시작하여 20세기 초에 이르기까지 70~100여 수 정도나 된다고 한다. 물론 소재를 제공한 작품은 『삼국지연의』·「숙향전」·「구운몽」·「천군연의」·「심청전」·「서유기」 등으로 상당히 세한되어 있는데, 이 중 『삼국지연의』가 입도적이다. 아울러 사설시조뿐 아니라 평시조에서도 소설 수용이 많이 일어나고 있다는 것도 밝혀졌다.

'시조의 소설 소재 수용'과는 달리, '시조의 소설 담화 방식 수용'은 시조의 담화 방식의 변화에 관심을 두고 있다. 서정적 진술陳述에 치중하던 시조가 다른 담론을 수용하고 이중적二重的 시점視點을 수용하는 등 단일 언어가 아닌 다양한 언어 의식이 구현되는 변화를 보이는데, 여기에 소설의 영향이 있었다는 것이다.

이러한 시조의 소설적 요소 수용은, 물론 시조 작자층의 소설 독서 체험이 반영된 것이다. 시조는 일찍부터 현실이나 역사의 한 국면을 소재로 삼아왔는데, 18세기 들어 허구적 세계가 시조 수요층의 현실적 삶에 육박해온 것이다. 그리고 이는 그만큼 소설이라는 장르가 인접 장르로서 시조에 영향력을 행사했다는 것을 보여주는 것이다. 반면 시조 장르 쪽에서 볼 때는, 한시나 민요와의 교섭에 이어 소설과의 교섭이라는 새로운 시도를 한 것이 된다. '높은 장르'의 위세를 버리고 '인기 장르'와의 교섭에 나선 것이라고나 할까? 그런 가운데『삼국지연의』가 주로 다루어진 것은 이 작품이 갖는 '유사 역사 담론'類似歷史談論으로서의 품위와도 관련이 있어 보인다.

이상에서 본 '시조의 소설 소재 및 소설 담화 방식 수용'을 '시조의 소설 수용'이라 한다면, 그 반대의 흐름은 '소설의 시조 수용' 즉, 소설 속에 시조가 들어가는 것이다. 「이진사전」李進士傳(회동서관)에 시조 3수, 「조웅전」趙雄傳에 2수가 있고, 「금산사몽유록」의 한문본 이본인 「금산사기」金山寺記에 국한문 혼용체로 된 사설시조가 4편 들어 있는 것이 그러한 예이다.

소설 속에 시조가 들어가는 것은 한문소설 속에 한시가 들어가는 오래된 서사 전통과 접맥되는 것이라 할 수 있다. 그때의 한시가 서사적 맥락에 서정적 요소를 도입하여 서술의 입체성을 확보하거나 등장인물의 시적 재능과 내면의식을 드러내는 등의 역할을 한다면, 시조 삽입은 삽입된 시조가 문인적 풍류를 보여주는 것이라기보다는 술자리에서 기녀가 유흥을 고취시키기 위한 것이어서, 유흥적인 분위기에서 시조창을 하는 당대 현실을 반영하고 있다 하겠다.

그러나 이러한 소설 속의 시조 삽입은 그리 흔한 경우는 아니었다. 명확히 시조라고 규정하기에는 어렵지만 시조와 비슷한 3행 시가와 사설시조와 가사, 잡가가 서로 뒤얽힌 다소 모호한 형태로 삽입된 경우도 있어 시조의 소설 삽입을 좀더 포괄적으로 볼 필요가 있기는 하지만, 어쨌든 비중 있는 교섭 현상은 아니었던 것이다.

시조라는 장르가 이처럼 소설 속에 그 순수한 모습을 잘 드러내지 못하는 것은, 다른 시가와의 경쟁에서 밀렸기 때문인 것으로 보인다. 경쟁 상대는 가사·민요·한시·잡가 등으로 보이는데, 이 가운데 문제가 되는 것은 (가창)가사와 잡가. 연대를 추정할 수 없으나 비교적 후대에 나온 것으로 보이는 소설들에 가사와 잡가적인 성격의 시가들이 상당히 많이 삽입되어 있고, 신작 구소설에 이르러서 한시와 더불어 가사·잡가의 삽입이 두드러진다는 점을 보아도 그렇다. 가사는 그 길이의 자유로움, 산문과의 친연성 등에서 유리한 위치에 있었고, 잡가는 가사·민요·시조·판소리 장르들과 종횡으로 얽혀 유흥 공간에서 불려지던 노래들이어서 유리했던 것이다.

고전소설과 가사

소설과 가사의 장르 교섭은 소설과 시조에 비해 더욱 다양하고 비중도 큰 편이다. 그것은 가사가 '장르'로서뿐만 아니라 '문체'로서도 관련을 맺기 때문이다. 여기에서는 먼저 '문체'로서 관련을 맺는 양상을 간단히 살펴보고, '장르'로서 관련을 맺는 양상을 나중에 보기로 한다.

고전소설의 특징을 말할 때, 한동안 '운문체'(율문체)라는 것이 거론된 적이 있었다. 근래는 고전소설이 모두 이런 문체로 되어 있다는 주장은 거의 사라졌다. 그러나 일부 소설에 이런 '율문체'律文體가 사용되는 것은 사실인데, 그 '율문체'라는 것은 사실상 '가사체'이기에 가사 장르와의 연관이 문제가 되는 것이다.

'가사체'는 주로 판소리계 소설에 나타나는바, 예를 들어 신재효申在孝본「춘향가」는 거의 전편을 가사체로 정리할 수 있을 정도이다. 그러나 연행演行과 관련된 이런 판소리계 소설을 빼고 나면, 전면적으로 가사체를 쓰고 있는 경우는 많지 않아서, 「구운몽」의 일부 이본과 필사본「조생원전」등 몇 작품에 그친다. 이들은 가사체의 기계적인 리듬을 어느 정도 벗어나면서 한 편의 소설 내용을 훌륭하게 소화하고 있는데다가 판소리 문체를 부분적으로 수용하여 단조로움에서 벗어나고 있다. 가사는 이미「일동장유가」와 같이 산문적인 장편 가사를 산출한 바 있기에 그 연장선에서 이러한 가사체 소설이 가능했던 것이다.

반면 부분적으로 가사체를 활용하고 있는 작품은 정도는 달라도 상당히 많은 것으로 보이는데, 「유충렬전」劉忠烈傳과「삼설기」三說記가 대표적인 예가 된다. 「유충렬전」의 경우 명백히 가사체라 할 수 있는 대목이 30군데 정도나 나오고, 그 외 가사체 율문을 지향하는 대목도 많다. 아무리 가사체 율문이 우리말의 언어 조건에서 자연스럽게 나올 수 있는 것이라 해도, 이른바 문어체 소설에는 이런 것이 드물다는 점에서 이는 상당히 의도적인 활용이라 볼 수 있다.

이러한 가사체 율문이 나오는 곳도 다양해서, 인물의 언어나 서술자의 언어를 가리지 않고 있다. 서술자의 언어 중에는 요약적 서술이나 경치 묘사를 하는 데가 많지만, 때로는 인물의 상황을 비장하게 그리는 데도 가사체가 사용되고 있다. 특히 주인공 가족의 이산과 분리 과정에 집중적으로 나오면서, 고난과 절망이 비장한 어조로 서술되기도 한다. 그리고 이러한 대목에는 서술자의 언어에 인물의 시각이 침투하기도 하여 문어체 소설 일반과는 다른 서술 방식을 보여주기도 한다.

이러한 가사체 율문의 활용을 작품 외적 차원에서 본다면, 그 리듬 효과 때문에 작품의 '낭독'에 도움이 되었으리라는 것도 생각해볼 수 있겠다. 낭독이 다 율문체를 전제로 하는 것은 아니지만, 낭독에 율문이 유리하다는 것 또한 사실이다. 판소리처럼 '연행'은 할 수 없겠지만, 산문과 율문이 섞인 이 작품을 흥미 있게 낭독하는 것은, 판소리의 창과 아니리를 교체하는 것에 버금가는 감흥을 주었을 것이다.

'문체'가 아닌 '장르'로서의 가사가 소설과 관련을 맺는 양상은, 크게 '소설의 가사 삽입'과 '가사의 소설 지향'으로 나누어볼 수 있다.

소설 속에 가사가 지문과 구별되면서 나타나 '삽입'되었다고 볼 수 있는 경우 '시가' 형태가 주류이지만, 그 외 '노정기'나 '편지'와 같은 특수한 형태도 있어 가사가 폭넓게 사용됨을 보여주기도 한다. 시가로 삽입된 경우를 「장경전」·「권익중전」·「장익성전」·「정두경전」 등에서 보면, 주로 '이별'이나 '신세 한탄' 대목에 나온다. 초기 한문소설 등에 들어 있는 한시가 만남이나 이별 대목에서 많이 나오는 것과 비교해보건대, 이 '신세 한탄' 대목은 주목할 만하다. 바로 이 대목에서 가사 삽입의 장점이 부각되고 있기 때문이다.

가사의 삽입은 그 이전의 '삽입 시가' 전통을 따른 것이면서도 이런 면에서 다른 점을 보여준다. 인물의 내면 심리나 정서를 표출하고 있다는 점은 비슷했지만, 가사가 한시처럼 인물의 재능이나 문예 취향을 보여주는 것은 아니었던 것이다. 오히려 기나긴 한탄이나 하소연에 적합했다. 이울러 가사체라는 것이 한시보다는 지문 속에 융화肉化되기 쉬운 면도 있어 때로는 삽입 여부를 알기 어려운 경우도 있다. 뿐만 아니라 한시에 비해 이들 가사가 삽입되는 곳에는 다른 시가詩歌 갈래에서 익숙한 표현들이 하나의 관습적 표현구로 사용되는 경우도 많다. 그리하여 짧은 가사의 경우, 민요나 잡가, 가창 가사 등의 분위기를 어느 정도 공유하고 있기도 한 것이다.

그렇다고 해서 이들 삽입 가사가 판소리의 삽입 가요처럼 다채롭거나, 여러 판소리들 사이를 넘나드는 그런 유동적인 것은 아니었다. 대부분이 소설 창작 때에 기존의 가사체에 익숙했던 체험을 가지고 작품 분위기에 맞게 새로 지어 넣은 것으로 보인다. 아마「상사별곡」류의 가사만이 기존의 어느 정도 유행하던 것에서 따왔을 것이다. 그러다보니 한 편의 독립된 가사 작품의 의미는 아주 약하다.

그런데 20세기 전후해서 나온 것으로 보이는「채봉감별곡」彩鳳感別曲·「청년회심곡」靑年回心曲의 장편 가사 삽입은 여태까지의 가사 삽입 전통을 크게 바꾸어 놓았다. 즉 특정 가사 작품이 유명해지자 그것을 소설로 감싸는 현상이 벌어진 것이다. 이러한 현상은 이들 가사가 그 자체로서 상업화되고 널리 알려지면서 일어난 것이다(이들과 비슷한 것으로「芙蓉의 相思曲」이 있지만, 이는 삽입 시가의 측면에서 보면 성격이 좀 다르다.「채봉감별곡」속의「秋風感別曲」이나「청년회심곡」속의「萬言詞」와 같은 것은, 자체 사연이 비교적 구체적인 것들이어서, 그것을 핵심으로 해서 소설화할 가능성이 있었던 것이다. 반면「부용의 상사곡」의 경우 이 작품에 들어 있는「상사별곡」은 구체적 사연이 없고「상사별곡」외에 수많은 한시 등을 함께 삽입시키면서 이루어진 것이다).

「채봉감별곡」이나「청년회심곡」의 장편 가사 삽입 양상은 소설 속 시가 삽입의 특이한 면을 보여주고 있어 흥미롭다. 이 두 작품은 널리 알려진 바와 같이 애정소설이다. 이 애정소설에서는 남녀가 처음 만날 때 대개 한시를 주고받는다. 그러나 이별의 고통을 노래할 때는 한시보다는 가사를 선택한다. 만날 때의 한시 선택은 한문소설에서부터 내려온 전통인데, 국문소설에서도 그 전통은 이어졌다.

그런데 이와 함께 한시나 가사가 삽입되는 상황의 차이도 주목할 필요가 있을 것 같다. 만남은 대체로 서로를 강하게 의식하되 순간적인 것이므로, 이런 상황에서는 서정적 집약을 매개로 하여 서로의 심정을 교환하는 것이 효과적이었을 것이다. 반면에 이별의 고통이나 유배지의 고난과 같은 것은 혼자서 겪는 길고 긴, 약간 산문적인 것이다. 이런 경우 가사의 서술적인 성격이 오히려 적합할 수도 있다. 소설의 가사 삽입은 어디까지나 가사의 갈래적 성격을 활용하는 것이다.

「채봉감별곡」과 「청년회심곡」 같은 경우는 가사가 소설적 외피를 입으면서 소설로 된 경우이지만, 그러한 외피를 입지 않고도 가사 스스로 서사적 지향을 강화하면서 소설로까지 나아가는 경우도 있다. 그 대표적인 작품들이 「괴똥전」, 「신가전」, 「노처녀가」 등이다. 「괴똥전」은 가사 「복선화음가福善禍淫歌」 계열에서 나온 것으로, 제목과 표기 방식, 서두와 끝을 소설식으로 바꾸고, 부분적으로 가사체 율문을 파괴하고 있다. 아울러 1인칭 화자나 '인물'과는 구별되는 3인칭 서술자의 존재가 드러나기 시작했다. 「신가전」은 서술자가 작품세계를 통괄한다는 점에서는 앞의 「괴똥전」보다도 더 소설 쪽으로 변모했다고 할 수 있다. 더구나 단순히 한림댁이라는 한 인물의 언어를 주조로 해서 서술자가 간간이 끼어드는 것이 아니라, 인물의 언어가 독립적으로 나오고 이 인물들의 언어를 서술자가 감싸고 있는 점은 주목할 만하다. 서술자의 부각은 '서사 양식'의 중요한 특징이기 때문이다. 「노처녀가」는 제목은 그대로 두되 서두와 끝의 3인칭 서술 부분을 붙여 소설을 지향했는데, 그 서사적 구성도 소설에 접근하고 있지만 특히 허구적 인물 형상에서 돋보인다.

이처럼 다양한 각도에서 소설을 지향하던 흐름에서 이제 완전히 소설이라 할 수 있는 작품들이 나왔는데, 「꼭독각씨전」과 「김부인열행록」이 그런 예이다. 이들은 3인칭 서술자에 의한 서술을 완전히 정착시키고, 1인칭 화자의 독백적 서술에서 등장인물들을 완전히 해방시켰다.

그리하여 여러 인물 형상이 좀더 생생해졌으며, 이들 간의 다면적 관계를 통해 작품세계의 서사적 긴장이 형성되었다. 즉 서사적 구성 면에 있어서도 완전히 소설로 된 것인데, 이들을 '가사계 소설'로 부를 수 있을 것이다. 이들은 개별 작품이 가사에서 소설로 바뀐 것은 아니지만 가사라는 장르적 영역에서 생산 유통되던 것이 소설로 변모하였다는 점에서 '가사의 소설화'라 할 수 있다.

이러한 과정을 통해 소설과 혼합하거나 소설로 전환한 작품들은 일차적으로는 가사의 수용층이 갖고 있던 소설적 욕구의 일단을 충족시켜 주었을 것으로 보인다. 그것은 당시 국문소설의 세계에서 상대적으로 제외되어 있던 향촌 사회의 여성을 주인공으로 한 좀더 현실적인 소재를 담은 소설에 대한 욕구의 표현이었을 것이다. '뺑덕어미 유형'이라고나 함직한 인물이나 시집 못 가 한탄하는 「노처녀가」의 '노처녀 유형'이라 함직한 인물이 그러한 예라 하겠다. 이런 인물들은 당대의 세태를 보여주는 몫도 있고, 그 악행이나 고민 내용이 거창한 것이 아닌 비교적 흔한 것이어서 시대적 밀착도가 컸던 것이다.

고전소설과 판소리

판소리는 산문과 시가의 구별을 넘어 상당히 독특한 장르이고, 또 소설의 인접 장르 비중도 어느 장르 못지않게 크므로, 따로 다루기로 한다. 판소리와 긴밀한 관련을 맺고 있는 서사무가도 함께 거론할 만하나, 고전소설과 서사무가의 연관은 대개 판소리를 매개로 하므로 뒤에 약간 덧붙이는 정도로 그치기로 한다.

고전소설이 판소리와 맺는 관계는 어느 장르와도 다른 독특한 것이어서, 소설은 판소리 작품을 거의 통째로 넘겨받아 소설로 수용하였다고도 할 수 있다. 즉 판소리의 소설화란 판소리라는 공연물의 사설을 정착시켜 그대로 소설로 받아들였다고도 할 수 있을 정도로, 성숙한 판소리는 소설과 거의 구별이 안 될 만큼 가까웠던 것이다.

이러한 작품을 보통 '판소리계 소설'이라고 하는데, '설화 → 판소리 → (판소리계) 소설'의 도식은, 앞에서 본 '설화의 소설화'와 함께 우리 소설사의 핵심적인 도식이었던 것이다. 그리하여 학계의 관심도 판소리와 판소리계 소설의 관계에 집중되었는데, 이 경우 현존 판소리 가운데 「변강쇠가」와 같은 드문 예를 제외하고는 대부분이 판소리와 판소리계 소설이 공존하고 있다. 그리고 「삼국지」의 일부를 판소리로 만든 「적벽가」를 빼고는 대부분 근원 설화의 집적으로 판소리가 된 다음 소설본으로 정착된 것으로 본다(물론 「심청가」가 정착된 「심청전」의 경우 판소리 문체와는 무관한 이른바 문장체 소설본인 '경판 24장본'이 있어 소설과 판소리의 선행 여부에 이설이 있기는 하다. 그러나 이런 이본의 존재가, 판소리라는 독자적인 장르가 형성된 후 소설사로 그 영향력을 확장했다는 거시적 흐름의 방향을 바꿀 정도는 못 된다).

그렇다고 해서 모든 판소리가 다 판소리계 소설로 된 것은 아닐 것이다. 「변강쇠가」는 사실상 소설 텍스트나 별 차이는 없지만 소설로 유통된 것 같지는 않고, '판소리 12마당'에 속하지 않는 군소 판소리로서 소설로 정착되기 전에 사라진 것들도 있었을 것이다. 뿐만 아니라 판소리로 불렸다는 기록은 없지만 혹 판소리계 소설의 범주에 넣을 수 있음 직한 것으로 「옥단춘전」·「두껍전」 등이 있다. 이들 작품은 판소리적 성격이 강하기 때문이다.

그리고 판소리 사설이 판소리계 소설로 정착 유통되었다 해서 판소리가 사라진 것은 아니었다. 판소리가 소설로 정착되면서 판소리와 소설은 서로가 상승 효과를 내어 독자적인 유통 경로로 활발하게 전승되었던 것이다.

먼저 판소리는 판소리계 소설로 소설 시장에 뛰어들면서 제한된 연행 공간을 벗어나 수많은 독자를 얻게 되었다. 물론 판소리의 인기 때문에 수많은 소설 이본이 나왔겠지만, 소설본의 힘을 빌어 판소리가 더 많은 인기를 얻은 면도 있었을 것이다. 더구나 판소리가 '부분창'을 하는 경우가 많은 반면, 소설은 한꺼번에 전체 내용을 읽어낼 수 있어 나름대로 장점도 있었을 것이다.

한편 소설은 '판소리계 소설'을 소설사에 끌어들임으로써, 어느 인접 장르와 교섭한 것보다도 커다란 성과를 얻었다고 할 수 있다. 즉 인기 있는 소설 목록을 크게 확충했을 뿐 아니라, 이때까지 소설에는 빈약했던 몇 가지(조선 후기 사회의 풍부한 반영. 관념적이지 않은 현실적인 인물의 형상화. 비속어를 포함한 당대의 구어를 생생하게 보여주는 언어의 리얼리티 등)를 갖춘 양질의 작품들을 얻은 것이다. 이 가운데 사회와 인물의 현실주의적 경향은 이른바 '한문 단편'과 함께 판소리계 소설이 이룩한 최대의 성취이고, 당대의 생생한 언어 반영은 소설의 여러 하위 유형 중 판소리계 소설만이 성취한 독특한 면이었다.

그런데 고전소설과 판소리의 관계가 이렇게 단순한 것만은 아니었다. 판소리와 판소리계 소설처럼 직접적인 관계가 드러나지 않은 폭넓은 영역에서 두 장르가 교섭하는데, 이는 판소리가 판소리계 소설이라는 개별 작품으로의 전환을 넘어 국문소설 일반에 영향을 미친 것으로 볼 수도 있고, 반대로 판소리 개별 작품과 무관한 국문소설이 판소리적인 요소를 적극 수용했다고도 볼 수 있는 현상이다.

예를 들어 국문소설 중에는 인물형이나 작중 세계 등에서 판소리의 영향을 받은 경우도 있고, 문체와 미학에서 영향을 받아 일종의 '문체

실험'을 한 경우도 있는 것이다. 특히 앞에서 본 가사체를 부분적으로 혹은 전면적으로 활용한 국문소설은 대체로 '판소리 문체'도 수용하였는데, 이 경우 판소리 문체가 가사체를 상당히 포함하고 있다는 점을 중시한다면, 문체 변이의 궁극적 원인은 가사보다는 판소리에 있었던 것으로 보인다. 요컨대 판소리는 문체의 측면에서도 동시대와 이후의 국문소설에 영향을 주었는데, 이러한 조선 후기 국문소설의 판소리 문체 수용은 정도의 차이는 있지만 의외로 널리 퍼져 있는 현상이었다.

판소리 뒤에 버티고 서 있는 서사무가의 경우, 특히 판소리의 기원과 관련하여 판소리계 소설과의 관련성도 자동적으로 인정받아 왔다. 판소리의 기원에 대한 설 중 유력한 것이 이른바 '서사무가 기원설'이고, 또 동해안 별신굿에서는 「심청굿」이 연행되고 있으니 그 관련성은 대단한 것이 아닐 수 없다. 그러나 이런 판소리계 소설을 논외로 하더라도 서사무가와 고전소설의 관련은 소재 혹은 서사 구조의 유사성이라는 측면에서 몇 작품이 거론될 수 있는데, 「세민황제본풀이」와 「당태종전」과 같은 것이 그러한 예라 하겠다. 그리고 좀더 거시적으로는 서사무가의 일대기적 전기 유형은 설화와 함께 소설의 '전기적 유형' 또는 '영웅의 일생' 구조와 깊은 연관이 있을 것이다.

장르 교섭의 복합성

이상의 서술은 제목이 그러하듯, 소설을 중심에 놓고 소설이 주요 인접 장르들과 교섭하는 양상을 살펴본 것이었다. 자연히 문학사의 중심에 소설이 자리잡고 있다는 식의 과도한 접근이 아니냐는 비판이 있을 수도 있다. 이런 비판을 어느 정도는 용인한다 하더라도, 조선 후기의 여러 장르 간의 얽힘에서 소설만큼 중요한 역할을 한 장르가 없다는 것 또한 사실이다. 사실 "소설이 지배적인 시대에 다른 모든 장르들은 다소간 소설화된다"는 바흐친의 말이 있듯이, 조선 후기 문학사는 소설이 화려하게 부상하는 역사이기도 했던 것이다.

다만 약간 보완할 여지는 있는 것이, 장르 간의 교섭은 실험실에서 실험하듯 순수하게 두 장르 사이에서만 일어나는 것은 아니라는 점이다. 장르 간의 교섭은 때로는 세 개 혹은 그 이상의 복합적인 관계 속에서 일어나는 경우도 많은 것이다.

그러한 것을 보여주는 대표적인 예가 소설과 판소리의 교섭인데, 위에서는 비교적 단순하게 큰 줄기만을 보았지만, 이 두 장르 사이의 교섭은 사실은 가사와 서사무가까지 개입되어 대단히 복잡하다. 이 가운데 특히 가사의 개입은 주목할 만한데, 일찍이 고정옥은 "가사가 헤게모니를 갖는, 가사·소설·판소리의 삼각관계에 착목하는 것이 중세기 문학 이해의 한 방법"이라고 한 바 있다. 판소리를 비롯하여 일부 소설이 가사체를 수용하고 있음에 착안한 것이리라. 그리고 서사무가의 경우, 판소리의 장르적 기원 문제와 맞물리면서 판소리가 얽히는 데 자연스럽게 따라 얽히게 되어 있다. 뿐만 아니라 서사무가나 판소리가 설화와도 상당히 깊은 관계를 맺는다는 점까지 고려하면, 상황은 더욱 복잡하다. 즉 고정옥이 언급한 '가사-소설-판소리'의 영역 외에 '설화-소설-무가-판소리'라는 확장된 영역이 조선 후기 문학사에 '울창한 밀림(?)'처럼 존재하고 있는 것이다.

물론 이런 점은 고전소설과 인접 갈래가 개인의 창작 의식에서 논리적·상상적으로 얽히는 것이 아니라, 거대한 집단의 문화적 창고에서 얽히기 때문에 생길 것이다. 고전소설은 일부를 제외하면 작자가 알려져 있지 않다. 저작권이 중시되는 개인작이라기보다는 공동의 문화유산을 마음대로 활용하는 가운데, 다양한 장르 간의 교차점에서 이루어진 것들도 많은 것이다.

오늘날의 소설과 인접 장르

소설사는 다양한 인접 장르와 역동적 관계를 맺으며 풍요로움을 보여왔다. 장르 교섭을 인접 장르 쪽에서 보면, 시가가 하층 민요에서 새로운 활력을 얻었듯이, 소설의 독서 체험으로부터 소재 확장, 문체 혹은 장르적 변화를 했다고도 할 수 있다. 그러나 이를 소설 중심으로 보면, 장르 교섭은 소설이 초기의 특징에서 벗어나 새로운 문체를 형성해가는 과정이었고, 아울러 소설 장르가 그 본질적 특징이라 할 수 있는 혼합성·불확정성을 확대해가는 과정이기도 하다. 특히 인접 장르와 교섭하면서 전계 소설, 야담계 소설, 가사계 소설, 판소리계 소설 등 다양한 계통의 소설을 산출하여 소설사를 그만큼 풍요롭게 했던 것이다.

그러나 오늘날 이 '인접 장르'라고 할 만한 것들은 거의 사멸하고, 근대적 장르 체계에 의해 시·소설·희곡·수필 장르만이 남았다. 그리고 이 주변에 '전기'傳記라는 조금 어정쩡한 장르가 배치되어 있다. 그리하여 소설사는 이제 더 이상 다른 장르와의 교섭사가 아니라 거의 배타적인 소실만의 역사가 되고 있다. 이 경우 다른 장르의 영향이란 미미하기 짝이 없어, 소설에 시나 수필적인 짧은 실용문들이 '리얼리티'를 위해 삽입되거나 소설의 사색적 경향을 위한 수필적 성향의 도입이 문제가 될 뿐이다. 이 경우도 전자는 비문학적인 것이어서 '장르' 간의 관계라는 의식이 희박해졌고, 후자는 수필이 소설에 비해 아주 열세이므로 그 영향력이 거의 무시될 정도다. 소설이 서사문학을 독점하는 시대, 이 시대에 소설은 이제 끊임없이 자가발전自家發電을 해야만 하는 고독한 장르가 되어버린 것이다.

● 서인석

| 참고 문헌 |

■ 참고 논저

김일렬, 「설화의 소설화」, 『한국문학 연구 입문』, 지식산업사, 1982.
최원식, 「가사의 소설화 경향과 봉건주의의 해체」, 『민족문학의 논리』, 창작과비평사, 1982.
조동일, 『한국문학의 갈래 이론』 서장·3장, 집문당, 1992.
박희병, 「조선후기 '전'의 소설적 성향 연구」, 성균관대 대동문화연구원, 1993.
김헌선, 「서사무가와 고소설의 관련 양상 재론」, 『고소설사의 제문제』, 집문당, 1993.
박일용, 「〈유충렬전〉의 문체적 특징과 그 소설사적 의미」, 『홍대 논문집』 25, 1993.
사재동, 『불교계 국문소설의 연구』 제1부, 중앙문화사, 1994.
서인석, 「가사와 소설의 갈래 교섭에 대한 연구 – 소설사적 관심을 중심으로」, 서울대 박사 논문, 1995.
김병국 외, 『장르교섭과 고전시가』 1장·6장·7장, 월인, 1999.

■ 참고 자료

『이조한문단편집』(상·중·하), 이우성·임형택 역편, 일조각, 1973~1978.
『활자본고전소설전집』 권10, 김기동 편, 아세아문화사, 1976.
「삼설기」, 김동욱 교주, 『단편소설선』, 민중서관, 1978. (교문사 재출간)
『유충렬전』, 서대석 교주, 형설출판사, 1982.

12
한국 고전소설 비평의 양상

■ 검토를 위한 예비적 이해

한국 고전소설사에서 소설에 대한 비평이 어떻게 전개되었는가를 검토하려고 한다. 검토의 방향은 크게 두 갈래로 나누어볼 수 있을 것이다. 하나는 소설 비평의 근거가 되는 소설 이론이 어떻게 형성되고 전개되었는지를 살피는 것이다. 또 하나는 소설작품에 대한 비평의 실제를 살피는 것이다.

한국 고전소설에 대한 이론적 논의와 비평은 패관소설의 효용에 대한 논의를 중심으로 시작하여 본격소설에 대한 다양한 논의로 발전되었다. 소설의 효용에 대한 문제는 그동안 고전소설론 연구에서 소설 긍정론과 부정론이라는 틀에서 주로 다루어져 왔다. 고전소설의 효용에 대한 논의가 논쟁적인 형태로 고전소설론을 관통하고 있기 때문에 양자의 논리를 각각 천착하는 것이 중요하다. 그러나 고전소설 비평은 이러한 효용론의 틀을 넘어서 창작 의식, 창작 방법, 소설의 형식, 기법, 이념, 양식적 특성, 장르적 원리 등 다양한 분야로 전개되었다. 이런 다양한 문제들에 대한 논의가 전개된 과정을 통시적으로 살피되, 논쟁이 일어난 문제들에 대하여 입장과 관점의 대립이 어떤 양상을 띠었는지를 '역동적'으로 살펴서 소설 이론과 비평이 발전되어온 전체적인 동향을 이해하는 것이 고전소설 비평의 총체적 인식을 위하여 필요하다.

패관소설, 패설 등으로 불린 원시적 소설들을 장르의 관점에서 본다면 소설 이전의 것인 만큼 소설이라고 부르는 것이 합당치 않을 것이다. 그러나 이들을 소설이라는 범칭 속에서 다룰 수밖에 없는 고전소설의 역사적 특성을 고려하지 않을 수 없다. 그래서 불가피하게 이들을 장르로서의 소설과 구별할 적당한 방안을 강구할 필요가 있다. 원시적 개념의 패관소설을 하나의 양식적 범주로 사용하기 위해서는 이들을 소설의 장르화 과정상의 선행 형태라는 의미로 '선형소설先形小說 또는 '선소설先小說로 규정하여 장르로서의 소설과 구별해줄 필요가 있다. 또한 장르화한 소설들에 대하여는 소설 장르로서 본격화되었다는 의미에서 '본격소설'이라고 따로 구별해주는 것이 경우에 따라서는 논의의 갈피를 잡기 위하여 필요할 수 있다.

물론 이러한 용어들은 본격소설과 선소설을 따로 지시할 필요가 있는 자리에서 특수하게 사용할 편의적인 것일 뿐이다. 이렇게 구별을 해야만 소설론의 혼돈을 피할 수 있고, 그에 따라 소설비평론도 적절하게 가닥을 잡고 논의할 수 있는 것이 우리 고전소설의 특수성이다. 전통적 소설 개념의 두 범주를 구분하지 않고 한 묶음으로 취급하면 논의가 혼잡해져서 고전소설 비평의 역사적 단계와 논의의 층위를 적절하게 드러내지 못할 것이다.

한국 고전소설사에서 소설 비평의 양상을 이해하기 위해서는 비평이 이루어진 자리, 비평의 공간을 살펴볼 필요가 있다. 한국 고전소설사에서 소설 비평의 단초적인 형태가 나타난 것은 소설이 이념적으로나 사회적으로 논란거리가 된 상황에서다. 소설이 정통적 문학관에 해를 끼치고 지배 이념과 지배 체제를 위협한다는 비판이 제기되었을 때, 그에 대한 논란의 차원에서 소설에 대한 비평이 자연적으로 발생되었다. 소설이 정치적 문제가 되어 정치 공간에서 논변의 대상으로 되면서 소설에 관한 비평적 견해들이 발언된 것이다. 이러한 발언들은 주로 실록에서 찾을 수 있다. 이들은 전문적이고 본격적인 비평은 아니지만, 본격 비평이 많지 않은 고전소설 비평사에서 소설 비평의 형성과 전개 경위를 살피는 데에 중요한 의의를 가지는 것들이다.

소설 비평이 본격 비평으로 나가는 중요한 공간은 잡기류 저서들과 소설의 서발문序跋文이다. 잡기류 저서들에는 선소설에 대한 비평과 본격소설에 대한 비평이 혼재하여 나타난다. 본격소설의 서발문에는 당연히 소설에 대한 장르적 인식이 담긴 이론과 비평이 들어 있다. 이런 각 공간에 나타나는 소설 이론과 비평적 담론들은 양과 질에 있어서 다양한 수준을 보이고 있다. 촌평 수준에 그치는 언급이 있는가 하면, 소설에 대한 체계적인 이론을 전개한 것도 있고, 작품에 대하여 전문가적인 깊은 통찰을 보인 높은 수준의 담론도 있다.

선소설 비평론의 쟁점

선소설에 대한 이론과 비평은 엄밀하게는 고전소설 비평의 본격적 영역으로 간주될 수 없는 것들이다. 비록 그것들이 고전소설 비평론의 전경前景이 될 수는 없지만, 그럼에도 불구하고 전경을 이해하기 위한 배경으로 검토의 대상이 되어야 한다는 것은 분명한다. 이런 층위적層位的 구분을 엄밀하게 하고 두 층위에서 이루어진 이론과 비평을 그 자체의 척도로 이해하는 한편, 둘 사이의 연속 관계를 이해하는 시각이 필요하다.

한국 고전문학에서 패관소설에 대한 장르적 인식이 드러나 있는 최초의 글은 이제현李齊賢의 『역옹패설』櫟翁稗說 자서自序이다. 그는 자신의 책 제목을 『역옹패설』이라 하여 자신의 글을 패설로 자처하고, 거기에 대하여 자못 구구하게 설명을 붙여 군자의 학문을 해야 할 자신이 패관소설을 짓는 것을 변명하였다. 여기에서 당대의 지도적 사대부요, 유학자인 그가 비난을 무릅쓰고 패설을 짓는 이중적 심리와 그에 따르는 적지 않은 부담을 보게 된다. 그는 자신의 글이 실질이 없어 비천하지만, 잡박한 글을 짓는 것이 도리어 기쁘다고 말한다. 여기에 패설에 대한 유자의 비판 논리와 아울러 패설의 창작 심리가 함축되어 있다. 그의 패설에 대한 이중적 태도, 패설에 대한 비판과 정당화라는 문제는 이후 사대부 문인 학자 사이에서 반복되는 논쟁의 유장한 쟁점이 되었다.

이제현의 말은 패설의 근본 성격을 함축하고 있다. 패설이 잡스럽고 거칠며 실질이 없다는 것은 패설이 이념이나 소재에 구애받지 않고, 내용의 진위에 구애받음 없이 자유롭게 창조적으로 표현할 수 있는 글임을 말한 것이기도 하다. 패설이 비속하다 하면서도 도리어 그 때문에 기쁨을 준다고 한 것은 패설의 본질을 꿰뚫어본 것이다. 그는 겉으로는 패설의 가치를 비하하고 있지만, 이면에서는 공식적 규범을 벗어나서 인간사의 다양한 진실을 이야기하는 문학 양식으로서 패관소설의 본질적 가치와 효용을 깊이 긍정하고 있는 것이다.

유교를 지도이념으로 건국한 조선 왕조에 들어서는 유교 이념에 따라 문학 규범이 강화되었고, 문학에 대한 이념적 통제가 더욱 강화되었다. 한편에서 유교 이념에 의한 통치 질서를 확립하려는 지배층의 이념적 강경성이 표출되었고, 다른 한편에서는 체제가 안정되어감에 따라 문학 수준이 고급화되고 문학적 표현 욕구가 다양해져서 이념 논리와 문예 논리가 부딪치는 현상이 나타났다.

조선 전기의 문화 융성기에 접어든 성종대에 이르러 문학관 상의 갈등이 확연하게 노출되기 시작하였다. 성종은 특히 예술 편향인 사장문학詞章文學을 애호한 숭문 군주였으며, 이 때문에 그와 규범 편향적인 경술문학가經術文學家들 사이에서 문학관의 날카로운 대립이 야기되었다.

『성종실록』에서 당시의 이러한 사정을 전하는 기록들을 찾아볼 수 있다. 성종은 각종 문학을 섭렵하고자 하는 욕구가 강한 군주였다. 그래서 제왕의 학學으로서 규범적 경술문학만을 하도록 요구하는 사림파 관인들과 마찰을 빚었다. 성종이 경연經筵에서 노자와 장자를 강講하게 하고, 홍문관에『유양잡조』酉陽雜俎·『당송시화』唐宋詩話·『파한집』破閑集·『보한집』補閑集 등을 주석하라는 등의 명을 내린 바 있는데, 이에 대하여 사림파 관인들은 왕은 수신과 정치에 필요한 경전과 사서에 침잠해야 하고, 그 밖에 괴상하고 불경한 이야기, 겉만 번지르르한 글 등은 치도에 무익하고 유학에 방해가 되므로 마땅히 물리쳐야 한다고 주장하였다.

성종은 이런 주장에 대하여 자신의 취향을 강경하게 변호하였다. 성현의 글을 읽고는 그것이 옳음을 알게 되고, 이단의 글을 읽고는 그것이 그름을 알게 된다면 이단을 읽는 것이 불가할 것이 없다 하였다. 괴탄불경怪誕不經한 이야기는『국풍』國風·『좌전』左傳에도 있고『사문유취』事文類聚와 같은 책에도 다 들어 있는데, 그런 책들은 다 읽지 말고 오직 사서 오경만 읽어야 하느냐고 반박하였다. 왕의 이러한 태도는 당대의 문풍에 크게 영향을 미쳐 이후 패관소설에 대한 기호를 다양하게 확산시키는 데 기여하였고, 패관소설을 옹호하는 데 유력한 배경이 되었다.

서거정徐居正(1420~1488)은 『태평한화골계전』을 저술하기 전에 성임成任(1421~1484)이 편찬한 『상절태평광기』詳節太平廣記의 서문을 썼는데 거기서 패관소설에 대한 자신의 견해가 정립된 경위를 소개하였다. 이에 의하면 패관소설은 세교世敎에 관계된 것이 아니므로 읽어서는 안 된다는 것이 그의 생각이었다. 『사기』史紀의 「골계전」 같은 글조차도 지어서는 안 된다고 생각했을 정도였다. 경술문학관을 고집하던 그가 생각을 바꾸게 된 것은 성간成侃(1427~1456)과 한 토론을 통해서였다. 문장에 뜻이 있다면 마땅히 육경六經에 침잠해야 하고, 성현의 글이 아니면 읽지 말아야 한다는 것이 서거정의 지론이었다. 서거정의 경술주의에 대하여 성간은 막힌 선비가 아니라 통달한 선비가 되어야 한다고 반론하였다. 성간은 군자와 선비는 박학하여 막힘이 없어야 한다고 하였다. 성현의 글을 다 읽은 후에야 다른 글을 읽는다면 상하고금을 드나들고 꿰뚫는 천하의 통달한 선비가 될 수 없다는 것이었다. 서거정은 성간의 '통유론'通儒論을 받아들여 이후 다원적 문학관으로 전향하였다.

서거정의 술회에는 당시 사대부층의 대립된 문학관 사이의 갈등이 반영되어 있다. 문학을 경술에 종속시키는 일원주의적 문학관과 문학의 다양성을 인정하는 다원주의적 문학관 사이의 대립이 팽팽하게 맞서 있는데, 서거정이 처음에는 경술문학관만을 고집하다가 성간의 이론을 듣고 다원주의적 문학관을 받아들이게 되었다는 것이다.

이승소李承召(1442~1484)도 같은 책에 서문을 썼는데, 그는 패관소설에 대하여 매우 적극적으로 옹호론을 펼치며 전례 없는 소설론을 내놓았다. 그는 천하의 이치가 무궁하므로 사물의 변화도 그와 더불어 무궁하다고 하였다. 그렇기 때문에 경전과 사서 외에도 온갖 학파와 갖가지

기예의 무리가 각기 소견을 따라 주장을 세우고 책을 쓰게 된다고 하며, 학술과 문학의 다양성을 대범하게 긍정하였다. 그는 『상절태평광기』에 대하여, 읽으면 읽을수록 기이하여 부지런히 읽게 하고 지루한 줄 모르게 한다고 하였다. 또 저승 세계에서는 귀신의 정상이, 밝은 세계에서는 인물의 변태가 모두 요연瞭然하게 앞에 펼쳐져 있다고 하여 소위 불경괴탄不經愧誕한 문학까지도 기꺼이 긍정하였다. 상도에서 벗어나 괴이해 보이고, 그렇기 때문에 경험적 현실의 기준으로 볼 때 진실과 어긋나고 거짓되어 보이지만, 사람의 마음 깊숙이 감동을 주고 재미를 주는 다양한 진실들이 있다는 생각이다. 이승소는 이것을 소설의 진실이라 보고, 소설의 독자적 가치를 깊이 인정한 것이다.

이승소는 적적하고 답답한 때에 『태평광기』 같은 소설을 얻어서 읽는다면, 옛 사람으로 더불어 한 의자에서 담소하고 농담을 하게 되어 무료하고 불평한 기운이 얼음 녹듯 풀어지고 답답한 마음 속을 탁 트이게 쓸어낼 수 있을 것이라 하였다. 그는 이것이 서경에서 말한바 "한 번 당기고 한 번 늦추는 도"〔一張一弛之道〕라고 하였다. 소설을 경전과 비등한 차원으로 높이고 소설의 독자적 가치를 전폭적으로 옹호한 것이다.

서거정은 자신의 저술인 『태평한화골계전』 서문에서, 자신의 골계전에 대하여 '세상 근심을 풀어 없애기 위한 글'이라고 하였다. 서거정의 소설에 대한 생각은, 세교를 위한 문학이 사대부의 정통문학이지만 사대부에게 소견세려消遣世慮를 위한 문학도 필요하다는 것이다. 서거정이 패관소설의 효용을 박학다식에 둔 다분히 공리적 문학관을 보이기도 하지만, 근심을 풀어 없앤다는 내면적·심리적 가치에서 문학의 효용을 찾는 비공리적 문학관을 표명한 것은 이 시기 사대부 관인층의 소설에 대한 욕구의 추이를 반영한 것이라고 말할 수 있다. 이승소가 말한 "무료하고 불평한 기운을 풀어버린다"는 것이나 "답답한 가슴을 탁 트이게 쓸어낸다"는 것도 같은 맥락에서 이 시기의 소설관의 변모를 보여주는 것으로 이해할 수 있다.

정사룡鄭士龍(1491~1570)은 『어면순』禦眠楯 후서後序에서 소설가의 창작 심리를 분석함으로써, 소설의 본질에 대한 새로운 통찰을 보여주었다. 정사룡은 작자 송세림宋世琳(1479~?)의 불우를 깊이 연민하면서 선비 중에 재능을 품고도 그것을 당대에 쓰지 못하는 이들은 반드시 소설에서 장난하여 그 뜻을 붙인다고 말하였다. 여기에는 소설이 당대 현실과의 갈등을 심각하게 겪는 작가가 현실에 대한 자신의 문제의식을 담아내는 양식이라는 인식이 들어 있는데, 이것은 패관소설에 대한 인식의 중대한 변화라고 하겠다. 이것은 패관소설이 파한破閑과 박문博聞의 차원을 넘어서 자아와 현실의 갈등 관계를 문제삼는 소설 장르의 차원으로 옮겨가는 초기 양상에 대한 인식을 보여주는 것이라고 할 수 있다.

그동안 정통문학의 자리에서 소설을 평론한 사람들이 소설을 변호하면서도 소설을 오락거리 정도로 취급해왔는데, 정사룡은 그러한 인식을 근본적으로 뒤집었다. 이것은 소설을 저술하는 작가층이 분화하고, 소설이 씌어지는 자리가 달라진 데 따른 인식의 변화라고 할 수 있다. 그는 소설을 시대에서 소외된 불우한 선비가 자신의 불평한 마음을 풀기 위해 행하는 치열한 자의식적 행위요 심각한 자기 구제적 행위라고 봄으로써, 소설의 이면에 작가의식의 심각성과 치열함이 내재될 수 있음을 인식한 것이다.

정사룡은 소설 창작 심리를 이해하는 데 머물지 않고, 소설 속에 내재된 작가의식을 살피는 비평적 소설 독법의 중요성을 제기하였다. 그는 소설에 대하여 이러한 변화된 인식을 가지고 소설의 독법을 '훑어보기'[覽]와 '자세히 보기'[觀]의 두 가지로 구분하였다. 그는 훑어보는 사람[覽者]은 단지 문장의 골계적 표현을 볼 뿐이지 그 속에 숨은 지향, 즉 작가의식을 찾지 못한다[不究其指]고 말하였다. 그는 소설을 단지 유희적 차원에서 읽는 것을 비판하고, 작품 이면에 숨어 있는 작가의식을 자세히 살펴내는 '비평적 관점'을 가지고 읽을 것을 요구하였다. 그는 비평가[觀者]로서의 위치를 뚜렷하게 확보한 선구적 소설 비평가였다고 할 수 있다.

성여학成汝學은 『어우야담』於于野談 서문에서 유종원柳宗元의 『용성록』龍城錄, 소동파蘇東坡의 『동파지』東坡誌 등 중국 문장 대가들의 패관소설들을 마음에 차지 않는다 하고, 『송계만록』松溪漫錄·『패관잡기』稗官雜記 등 조선의 패관소설들을 밋밋하고 평이하다고 하였다. 이것은 성여학이 패관소설을 평가하는 기준이 어디 있는가를 드러내준다. 패관소설의 가치는 단순히 잡다한 이야깃거리로 무료함을 푸는 데 있지 않고, 경이롭고 괴이한 경지에까지 이르는 상상으로 독자에게 충격적인 감동을 주고, 웅위한 정신의 비약을 맛보게 해주는 데 있다는 것이다. 이러한 소설관은 전통적인 패관잡기류 소설관과는 달리 전기적 세계관과 형식에 깊이 공명하는 소설관이라고 하겠다.

성여학은 자신이 직접 패관소설(『속어면순』)을 저술하였는데, 홍서봉洪瑞鳳(1572~1645)이 쓴 이 책 발문은 패관소설에 관해 주목할 만한 견해를 담고 있다. 홍서봉은 『어면순』의 내용이 모독하고 업신여기는 말들이 많아서 덕에 해를 끼친다는 비난이 있자, 그에 대한 변명을 통하여 자기의 소설관을 피력하였다. 그는 성여학이 시인으로서의 재능이 일세에 비길 사람이 드물 만큼 높음에도 불구하고, 혼탁한 세상을 만나 육십이 되도록 아무 벼슬도 하지 못하고 야인으로 자취를 숨겼기 때문에 어쩔 수 없이 맹랑한 말에 뜻을 맡겨 소견消遣하는 도구로 삼았다고 하였다. 이 소견은 서거정과 같은 달관 명인이 태평스런 겨를에 하는 사치한 소견이 아니고, 정사룡이 말한 재능을 품고도 세상에 쓰지 못한 자가 이승소의 말대로 불평한 기운을 풀고, 막힌 가슴이 탁 터지도록 쓸어 없애는 것과 같은 소견이다. 그러므로 이들의 소설에서 나타나는 소견 의식은 서거정의 경우에 비하여 자신의 불평한 뜻을 가탁假托하고 우의寓意하는 성향이 보다 강렬하다는 차이가 있다.

홍서봉이 말한 또 한 가지 중요한 개념은 성여학의 패관소설 저술이 왕성한 재주를 가지고도 쓰지 못해서 "재주가 근질거린 병"이라고 하는 기양技癢의 개념이다. 패관소설을 한 시대에 높은 재주를 가지고도 쓰지 못하는 불우한 문인이 재주가 가려워서 긁은 것이라고 하는 기양론技癢論은 소견론과 함께 조선 후기 소설 비평에 있어서 창작 심리를 설명하는 중요한 개념의 하나다.

선소설, 즉 전통적 패관소설에 대한 비평 공간은 대부분 저서의 서발序跋이다. 여기에서 소설 비평 이론의 주요한 개념으로 제기된 것은 박문博聞, 빙기騁氣, 일장일이一張一弛, 소견消遣, 우의寓意, 구지究指, 관인觀人, 기양技癢 같은 것들이다. 이러한 개념은 비록 선소설에 대한 논의에서 사용된 개념이지만, 선소설이 본격소설과 연속적·병행적 관계에 있었기 때문에 이 가운데는 본격소설에 대한 비평에서도 계속 사용되어 그 함의가 더욱 심화된 것들도 있다.

조선 전기 소설 비평의 성장

조선 왕조가 선 지 얼마 안 되어 갑자기 『금오신화』金鰲新話라는 소설사의 높은 봉우리가 출현하였는데, 이것은 간단히 설명하기 어려운 현상이다. 김시습은 그가 영향을 받았던 『전등신화』剪燈新話에 대한 비평을 통하여, 소설에 대하여 시대를 앞지르는 깊은 통찰을 보여주었는데 이것은 그가 한국 고전소설사의 우뚝한 단애斷崖를 이룬 사실을 이해하는 데 도움을 준다. 김시습은 『전등신화』를 읽고 지은 「제전등신화후」題剪燈新話後라는 독서시에서 구우瞿祐의 『전등신화』에 대하여 자신의 평론을 펼쳐보였다.

이 시는 구우와 구우의 지인들이 『전등신화』에 붙인 서문들을 참고하여 지었기 때문에 서문들에서 사용한 구절들이 섞여 있다. 그렇다고 그의 평론이 독자성이 없다고 할 수는 없다. 그는 앞 사람들의 평론을 수용하고 있지만, 거기에 머물지 않고 자신의 관점과 생각을 더욱 적극적으로 심화시켰기 때문이다.

김시습은 『전등신화』의 심미적 가치, 특히 현실을 벗어나 상상적 세계에 몰입하여 현실 초월의 감동을 맛보게 하는 허구적 상상력과 자유자재한 표현의 묘미를 찬탄하였다. 그는 소설이 창조하는 허구의 진실을 심미적 감동에서 찾았다. 『전등신화』가 허구의 이야기를 통하여 심미적 감동을 무궁무진하게 준다는 것이다.

그는 현실을 초월하는 허구적 진실이 가져다주는 해방적 감동을 체험하기까지 하였다. "재미있게 한 편을 읽는 사이에 웃음이 나오고, 평생의 무겁게 눌린 마음이 씻은 듯 후련해진다"는 것이다. 그는 이 고백으로 소설의 효용을 세교라는 공리적 가치에 두던 전통적 관점을 넘어서서 억눌린 마음의 해방이라는 주관적 가치를 인식하게 되었음을 보여준다. 이렇게 마음의 억눌림에서 풀려나는 데서 느끼는 해방감을 소설 향유의 근본적 동기로 보는 소설관은 동시대의 서거정과 이승소에게서도 보이지만, 그 감정의 질과 강도는 큰 차이가 있다. 골계를 통한 억압적 감정의 해소와 초월적 환상을 통한 그것 사이의 질적 차이, 그리고 영달한 사대부와 불우한 선비의 마음의 억눌림의 강도의 차이는 크지 않을 수 없다.

중종 6년에 발생한 채수蔡壽(1449~1515)의「설공찬전」薛公瓚傳 사건의 파문은 매우 돌발적인 것 같지만, 사실은 이 사건은 그 시기에 소설 장르 향유의 분위기가 상·하층에 얼마나 깊이 침투되어 있었는지, 향유층의 저변이 얼마나 넓어져 있었는지, 향유 욕구의 수위가 얼마나 높아져 있었는지를 단적으로 보여주는 사태라고 할 수 있다. 이 사건은 당대의 달관명인達官名人이었던 채수가 설공찬이라는 사람의 귀신 이야기를 한문소설 형태로 지어 상·하층에 큰 물의를 일으킨 사건이다. 개혁파 관인들은 이 소설에 담긴 윤회화복의 내용을 문제삼아 채수를 탄핵하여 중형에 처할 것을 주장하였다. 얼핏 보기에는「설공찬전」에 대한 조야朝野의 반응이 너무 과열되고, 사헌부의 대응이 지나치게 극단적이어서 자못 의아하게 여겨진다. 그러나 이면에 깔려 있는 사정을 자세히 살펴보면, 양측의 반응은 모두 현실을 절실히 반영하고 있다.

유교 이념적 통치 질서를 확립하는 데에 개혁의 목표를 두었던 개혁 관인들은「설공찬전」의 사태가 교화와 치도에 심각한 해악이 된다고 보았다. 이 때문에 그들은 극단적인 강경책으로 대응하였던 것인데, 그러나 그것은 현실을 외면한 극단론이어서 만만치 않은 반론에 부딪쳤다. 소설이 유행하고 있던 당시 현실을 들어 사태를 온건하게 처리하려는 논리가 맞섰기 때문이다. 중종은 절충론에 동의하여 죄는 있지만 사형은 지나치다는 것으로 결론을 내렸다.「설공찬전」에 대한 이러한 처리는 조선 왕조에서 소설의 영역이 점차 확대되고, 소설에 대한 인식이 제도권 안에 자리잡아 가는 추세를 보여주는 것이라 하겠다.「설공찬전」사태는 조선 왕조에서 소설에 대한 인식의 이념적 탄력을 키워가는 과정에서 하나의 경계를 긋는 사건이었다고 하겠다.

「설공찬전」이 조야에 큰 물의를 일으킨 반면, 비슷한 시기에 유교 윤리 덕목들을 지고하게 구현한 오륜전伍倫全 형제의 행적을 극화한 중국의 희곡 「오륜전비기」伍倫全備記를 소설로 개작한 「오륜전전」五倫全傳(낙서거사의 「오륜전전」에서는 오륜전의 성씨를 五로 썼음) 같은 교화소설이 나오기도 하였다. 중종 때의 문신 낙서洛西 이항李沆(1474~1533)으로 추정되는 낙서거사洛西居士가 소설로 개작하고 서문을 썼는데(1531), 그는 서문에서 개작 동기와 자신의 소설관을 밝혔다. 그는 「오륜전전」이 읽는 사람의 본연지성을 감동시키기 때문에 사람들이 다투어 배우고 외운다면서, 이 소설이 밝힌 오륜으로 사람들을 깨우쳐서 이끌어 주고, 이 소설을 좋아하는 사람들의 정서에 가까이 다가가서 권유한다면 오륜의 도리를 다시 회복할 수 있을 것이라고 하였다.

그는 전기소설을 음탕하고 외설스러우며 망령되고 허탄한 것들이라고 천시하면서 격하게 비난하면서도, 부녀자들을 비롯하여 무식한 사람들을 교화하는 데는 엄청난 효력이 있음을 분명하게 긍정하고 있다. 낙서거사가 비록 소설을 유교 윤리를 선양하는 도구로서만 그 의의를 인정하는 목적론적 관점으로 인해 인식의 한계를 가지고 있지만, 소설이 사람들 내면의 성정에 깊이 파고드는 엄청난 위력이 있다는 사실을 인정하고 인간 본성을 형상화하기 위한 소설론을 펴기에 이른 것은, 조선 후기 소설론의 전개에 있어 하나의 의미 있는 새로운 흐름의 시작이었다고 할 수 있다. 후에 성리학이 완숙해지면서 유학자들이 심성을 의인화하여 소설을 짓는 일이 유행하게 된 것도 이러한 소설론의 연장선상에서 일어난 현상이었다고 할 수 있을 것이다.

조선 후기 소설 비평의 본격화

소설이 급진적으로 성행하는 가운데 임진왜란을 전후해서는 『삼국지연의』를 필두로 연의소설이, 『수호전』을 필두로 군담소설이 유행하는 등, 원명元明 장편소설들이 유행하여 장편소설 시대의 막이 올랐다. 소설사적으로는 이것이 조선 후기를 전기와 구분짓는 특징적인 현상이라고 할 수 있다. 그런데 이러한 소설 유행의 급격한 추세는 보수적 이념가들을 불안하게 하고, 체제의 위협을 느끼게 하였기 때문에 이들은 소설의 해악을 격렬하게 비판하고 나섰다. 심지어 왕이 내린 전교에 『삼국지연의』의 구절이 인용될 정도가 되자, 경연에서 강관講官이 이를 비판하는 일까지 있게 되었다.

기대승奇大升(1527~1572)은 선조에게 그가 『삼국지연의』를 읽어보았더니 정녕 무뢰한 자가 잡스런 말을 주워 모아 고담 짓듯하여 잡박하고 무익할 뿐만 아니라 의리를 심하게 해친다고 강력하게 '소설 해악론'을 제기하였다. 『초한연의』를 비롯하여 그와 같은 부류가 허다하고, 『전등신화』· 『태평광기』도 다 사람의 심지를 그릇되게 하는 것들이기 때문에 그것들이 속이는 글들임을 알아서 경계해야 한다는 것이었다. 특별히 『전등신화』를 지목하여, 비속하고 외설스럽기가 심히 놀랄 만한데 교서관에서 재료를 대어 판각까지 하니 식자들이 모두 통탄한다 하였다.

기대승의 소설 비판, 나아가 소설 배격론은 보수적인 유학자들이나 보수적 문인들의 소설관을 대변한 것이라 할 수 있다. 당대의 거유 이황李滉(1501~1570)이 김시습을, 은둔을 추구하고 괴상한 행동을 하는 무리에 가깝다 하고, 마침 때가 그래서 높은 절의를 이룬 것일 뿐이며, 『금오신화』를 고상하고 원대한 식견을 지닌 것으로 인정할 수 없다고 혹평한 것은 보수적인 주자 유학의 입장에서 볼 때 당연한 것이었다. 이황의 논평은 짧지만 당대 최고 유학자의 학문적 식견이 깔려 있는 것이기 때문에 무게가 있는 비평이었고, 퇴계를 추종하는 후대 문인 학자들의 소설관에도 적지 않은 영향을 끼쳤을 것이다.

허균許筠(1569~1618)은 한국 고전소설사에서 작가로서뿐만 아니라 선구적인 소설 애호가로서, 또한 탁월한 안목을 가진 비평가로서 중요하게 평가되어야 할 인물이다. 그는 중국 소설 수십 종을 읽었다고 스스로 말할 정도로 광범한 소설 독서가였다. 『성소부부고』惺所覆瓿藁「서유록발」西遊錄跋을 보면, 그는 중국 오대 기서五大奇書를 비롯하여 각종 연의소설들을 섭렵하였고, 그것들에 대하여 일가견을 가지고 평론을 하였음을 알 수 있다. 『삼국지연의』와 『수당지전』隋唐志傳을 제외하면 『양한지』兩漢志는 앞뒤가 어긋나고, 『제위지』齊魏志는 서툴고, 『오대잔당지연의』五代殘唐志演義는 거칠고, 『북송지』北宋志는 소략하고, 『수호전』水滸傳은 간교하게 속이고 거짓으로 꾸몄다 하여, 이 소설들의 창작 기법상의 결함을 한마디로 비평하였다.

허균의 극히 간단하지만 핵심을 찌르는 비평은 그가 소설에 대해 정통한 안목을 갖고 있었기 때문에 가능한 일이었다. 「서유록발」은 허균이 소설에 대하여 당대의 누구보다도 해박한 식견을 가지고 있었음을 보여준다. 그는 특별히 『서유기』西遊記에 대하여 자세히 비평하였는데, 『서유기』의 결구를 도가 수련 과정을 모의한 것으로 분석하고, 『서유기』의 숨은 의도를 진기眞氣 수련에서 찾는 독특한 해석을 하고 있어서 흥미롭다.

이식李植(1584~1647)은 고문을 문장의 규범으로 삼는 당대 고문주의의 대표자답게 극단적인 소설 배격론을 폈다. 그는 특히 연의소설의 폐를 말하고, 나라에서 엄금하기를 진나라 때 분서焚書한 것같이 해야 한다고 하였다. 그는 진수陳壽의 『삼국지』가 사마천司馬遷·반고班固의 사서에 버금가는 것인데, 연의소설에 가려 사람들이 다시 보지 않게 되어 버렸다고 개탄하였다. 『태평광기』와 같은 패관소설은 사이사이에 남녀의 풍요風謠가 끼어 있어 보고 추릴 만한 것들이 있기도 하지만, 그 나머지는 거칠고 괴이한 이야기들이라 학문에 뜻을 둔 사람은 거기에다 힘을 소비해서는 안 된다고 하였다. 자신은 일체 잡서를 보지 않았고, 경서經書·사기史記·정주전서程朱全書·『성리대전』性理大典 등의 글들만 읽었다며, 결벽적인 고문주의자의 극단적 태도를 보여준다.

보수적인 경학자들과 문인들은 연의소설 가운데서도 특히 『수호전』을 도적을 가르치고 반역을 선동하는 책이라 하여 격심하게 배격하였는데, 이식은 그러한 배격론의 선발 주자였다. 그는 『수호전』 작자의 자손 삼대가 벙어리가 되어 그 보응을 받았다는 이야기를 전하고, 허균이 『수호전』을 좋아하여 소설 속 두령의 별명을 가져다 호를 삼아 장난을 하는가 하면, 『홍길동전』을 지어 『수호전』을 본뜨고, 그를 추종하던 무리가 실제로 그것을 답습하여 한 고을이 박살났고, 자신도 반역하여 처형당했으니 이는 삼대 벙어리의 보응보다 더 심하다고 하였다. 이식의 이 말은 후에 소설을 배척하는 논의의 강력한 배경이 되었다.

정태제鄭泰齊(1612~1669)는 「천군연의서」天君演義序에서 자신의 소설관을 피력하고 『천군연의』를 비평하였다. 정태제는 『천군연의』를 누구의 작품인지 모른다고 하였으나 그의 5세손 정교의가 정태제의 작이라고 밝힌 것이나, 정태제의 서문 외에 다른 서문이 없고, 작품의 서문을 쓰면서 그것이 누구의 작품인지 모른다고 하는 것은 작자가 자신을 은휘하는 의례적 기법임을 생각할 때, 이 서문은 정태세의 자서임을 일 수 있다. 정태제는 자신을 타자화시키는 서술 기법을 써서 자신의 작품을 스스로 비평한 것이다.

정태제는 연의소설이 내용이 근거 없이 과장되었다고 비판하였다.

그는 사건을 분단하여 서술하는 연의소설의 장회체 형식에 대하여서도 사람들의 인기를 끄는 데 힘쓰는 짓이라고 비판하였다. 나아가 그는 전기소설이나 잡기에 대해서도 비판적인 태도를 취하였다. 그는 세간에 유행하는 소설 잡기들이 참으로 많지만, 귀신 이야기나 괴탄한 이야기가 아니면 남녀가 만나 연애하는 일이어서, 역사 연의에도 한참이나 못 미친다고 하였다.

정태제가 소설을 비판한 이유는 흥미 본위의 통속성과 내용상 불경성이다. 연의소설의 경우, 사실을 왜곡한다는 문제도 있지만, 근거 없는 말로 과장하여 사람들을 재미에 빠지게 한다는 데에 보다 더 심각한 문제가 있다는 것이다. 전기와 패관잡기는 그 내용의 불건전성이 심하다고 보았고, 이러한 소설들이 재미가 있기 때문에 놀라운 속도로 독자층을 확대해가고 있다는 것을 문제로 여겼다. 이러한 현상을 개탄하면서도 연의소설을 비롯한 소설의 위력을 인정할 수밖에 없다는 데에 당시 보수적 유학자들의 고민이 있었다. 그래서 정태제는 자기 모순에도 불구하고, 마음의 타락과 본성의 회복이라는 성리학의 주제를 연의소설 형식을 빌려서 그려낸 것이다. 그럼으로써 어그러지는 시대의 추세를 막고자 한 것인데, 이것은 비록 시대착오적인 대응이지만 소설 발달의 추이를 반영하는 것이기도 하였다.

김만중金萬重(1637~1692)은 스스로 최고의 소설가였을 뿐만 아니라, 패관잡기로부터 연의소설에 이르기까지 소설 일반을 두루 섭렵한 소설 독자였다. 그는 「서포만필」西浦漫筆에서 당대 최고의 문예 평론가답게 소설에 대해서도 광범한 독서와 해박한 지식을 바탕으로 한 전문적 비평을 가하였다.

그는 당나라 시인 이상은李商隱이 『삼국지연의』에 묘사된 장비의 수염을 그의 시에 인용한 것을 두고, 전거 없이 소설을 인용하였다고 비판하였다. 그가 이상은을 비판한 것은 조선의 문사들이 『삼국지연의』를 정사처럼 여기는 오류가 심각한 지경이라는 것을 말하기 위해서였다. 그는 『삼국지연의』가 임란 이후 조선에서 성행하여 심지어 부녀자까지도 외우고 이야기할 정도로 유행하였는데, 조선의 선비들이 사서를 많이 읽지 않아서 삼국시대의 역사를 『삼국지연의』에 의존한다고 개탄하였다. 『삼국지연의』의 문구가 선배들의 과문科文에까지 인용되었고, 이것이 상습화되어 진실과 거짓이 뒤섞여 분간하지 못하는 지경에 이르렀다는 것이다.

그런데 이러한 비판은 실은 연의소설의 해악을 이야기했다기보다는 소설과 사실을 구분하지 못하거나, 지식을 분별력 없이 남용하는 선비들의 천박함과 그릇된 태도를 비난한 것이라고 하겠다. 그는 소설의 폐해가 나타난다 해서 소설을 배격해야 한다는 주장을 하지는 않았다.

김만중은 『동파지림』東坡志林을 인용하여 길거리에서 사람들이 모여 앉아 삼국시대 이야기를 듣다가, 유비가 패하면 찡그리고 울다 조조가 패하면 기뻐하며 통쾌하다고 소리치는데, 나관중의 『삼국지연의』가 이러한 데서 싹텄다고 하였다. 그는 진수의 『삼국사』나 사마광의 『자치통감』을 가지고 사람을 모아 들려주면 사람들 가운데 눈물을 흘리는 사람이 없을 것이라며, 통속소설을 짓는 까닭이 여기에 있다고 하였다. 여기에서 그가 통속소설의 필요성을 오히려 적극적으로 인식하고 있음을 볼 수 있다. 이렇게 소설에 대하여 이해가 트여 있었기 때문에 그가 『구운몽』, 『사씨남정기』 같은 걸출한 장편 통속소설들을 지을 수 있었다고 하겠다.

홍만종洪萬宗(1643~1725)은 조선 사상사에서 도가道家 계보를 잇는 중요한 인물이다. 그래서 그의 소설에 대한 입장과 인식도 유가儒家 문사들과는 현저하게 다르다. 그는 소설을 도가적 취향에 따라 개방적이고 적극적인 태도로 수용하였고, 자신이 스스로 도가적 관심을 담은 방대한 잡기소설을 저술하기도 하였다.

홍만종은 『수호전』을 비평하였는데, 그의 비평은 『수호전』이 나라에 반역하는 도적을 가르치는 책이라는 식의 보수적 유학자 문사들의 정치적 비평 내지 이념 비평과는 달리 작가의 창작 정신, 창작 의도, 창작 기법 등을 척도로 분석하는 솜씨를 보임으로써 소설 비평이 본격적인 내재비평으로 나아가는 새로운 조짐을 나타내었다. 그는 『수호전』의 창작의식에 대하여 그것이 창졸간에 엿볼 수 있는 것이 아니라 하였다. 그는 세간에서는 다만 그 형용이 곡진한 것만 알 따름이라며 기존의 소설 비평에 대하여 비판적 시각을 보였다. 그런가 하면 소설의 형식에 대한 분석적 비평의 기준을 제시하기도 하였다. 그는 『수호전』에서 백팔 두령에 대한 서술의 분량과 경중의 배치가 가는 터럭 하나도 비지 않는다 하였고, 억양, 음영, 상호 어울림, 영탄 등의 표현이 바로 언어 밖으로 튀어나오는 것이 있다고 하였다. 그의 분석은 간략하지만 그가 『수호전』을 비평적 시각을 가지고 상당히 분석적으로 정밀하게 읽었다는 것을 알 수 있다. 그는 『수호전』의 작자가 좌구명左丘明(춘추시대 노나라 학자)과 사마천의 장점을 지녔다고 옛 평자의 말을 긍정함으로써, 『수호전』에 대한 최고의 찬사를 보냈다.

홍만종은 『수호전』을 지배 체제와 이념의 옹호를 위하여 정치적으로 평가하였던 체제 문인들의 외재비평과 달리, 작품을 문예 자체의 논리로 평가하는 내재비평을 보여주었다. 이것은 그가 조선사회에서 방외方外의 길인 도선道仙의 입장에 섰기 때문에 가능하였던, '체제로부터의 자유로움'에서 온 측면이 있다고 할 수 있다.

홍만종은 소설 배격론자가 아니었지만 그렇다고 전적인 소설 옹호론자도 아니었다. 그는 상투적인 통속소설들의 범람을 비판하였다. 예컨대 관청에서 문서를 작성하는 관리가 직무를 제쳐놓고 새로운 말을 지어 괜찮다는 말을 들으면, 이것저것 끌어다 붙이고 부풀려서 권을 이루고 질을 이루어 호사자들의 오락거리를 만든다고 하였다. 소설의 창작이 치열한 작가 의식을 통하여 얻을 수 있는 창조성과 진실성을 확보하지 못하고 단순히 오락거리를 만들어내는 일에 불과해진 현상을 비판한 것이다.

홍만종이 『서유기』·『수호전』 등 잘된 소설과 상투적 연의소설들을 구분한 척도는, 단순히 역사적 사실과 일치하는가, 이념에 부합하는가, 세교에 유익한가 하는 등의 것이 아니라, 서사의 내적 진실성이라는 소설 장르의 논리였다. 그의 비평이 작품을 세부적으로 분석해 들어간 것은 아니지만, 그의 내재비평의 시각과 방법은 본격적인 소설 비평의 길을 예시한 것이었다.

이익李瀷(1681~1763)은 『성호사설』星湖僿說에서 연의소설에 대하여 깊은 주의를 기울였다. 특히 『수호전』·『삼국지연의』 같은 연의소설에 대해서는 직접 자세히 비평하여 배격하였다. 비록 배격하기 위한 것이지만 『수호전』에 대한 그의 비평은 박학한 대학자답게 엄밀한 실증을 가하여 비평의 무게가 있다.

이익은 시내암施耐庵이 『수호전』에서 엄연한 사실을 멋대로 왜곡하였다는 것을 구체적인 예를 들어 비판하였다. 예컨대 송강宋江·관승關勝은 『송사』宋史에 실제로 실려 있는 인물들로서 관승은 결코 송강을 좇아 도적이 되지 않았고, 오히려 그는 제남의 효장으로 금金의 장군 달라撻懶기 제남을 공격하였을 때 여러 번 출성하여 항전하다가 배반한 부하에 의해 살해당한 송의 충현이라는 것이다. 그런데 『수호전』에서 그를 거꾸로 도적으로 만들었다는 것이다. 장순의 시신이 돌아온 이야기는 더욱 가관이라고 비판하였다. 이익은 시내암 자신이 수호전의 사태를 만나지 않아서 그 역모의 주역이 되지 않았기에 망정이지 반역을 한 것이나 다름이 없다고 신랄하게 단죄하였다.

이익이 소설을 비판하고 배격하는 논조는 이식의 분서론처럼 과격하지는 않으나, 그 강도는 결코 약하지 않다. 연의소설의 유행이 이식의 시대보다 훨씬 폭넓어지고 층이 두터워졌기 때문에 그것이 기존 질서와 체제에 끼치는 폐해에 대한 대책도 더욱 절박해진 상황이었다. 사실 이러한 상황은 갈수록 심화되어가고 있었기 때문에 체제 지식인들이 탈규범적 문학인 소설에 대처하는 태도 역시 강경해지는 한편, 대처하는 이론과 방법도 더욱 다양해지고 치밀해지는 양상을 띠게 되는 것이 당연한 추세였다.

정조의 문체반정과 소설 배격론의 경화

정조는 당시의 문체가 경박하고 느긋하지 못해서 관각館閣의 문학을 맡을 큰 문장가가 없다고 개탄하였다. 그런 문풍文風의 근원을 명말청초의 문집들과 패관 잡설들이라고 지목하고, 문체의 폐단을 발본색원하는 방책으로 중국에서 그러한 책들을 구입해 들여오지 못하게 하는 금령을 내리기까지 하였다. 정조는 소설을 인심을 좀먹는 것으로, 이단과 다름이 없다고까지 배척하였다. 일시의 경박한 재사들이 이름 얻기에 지름길이라 여겨 본뜨는 자들이 많기 때문에 문풍이 낮아지고 나약해져 쇠퇴해 간다고 하였다. 그래서 정조는 패관 잡서의 구입을 금하는 한편, 성균관의 시험에서 답안에 패관잡기에서 나온 말이 하나라도 들어 있으면 비록 주옥 같은 문장이 가득하더라도 성적을 하위로 매기고, 이름을 확인하여 정거停擧시키도록 하였다.

　정조가 문체 문제를 가지고 일대 정치적 파란을 일으킨 것은 크게 보아서는 명청明淸 패사소품稗史小品의 혁신적 문체 속에 들어 있는 반정통적 사상의 유행이 몰고올 체제 위협의 위험성에 대한 대응이었다고 할 수 있다. 패사소품 문체의 성행이 주자 성리학을 종지로 하는 정통 이념 체계와 지배 체제를 위협하게 되리라는 것을 정조는 당연히 직시하였던 것이다.

　정치 상황이라는 면에서 볼 때, 문체반정에는 당시 정치 판도의 거대 세력이었던 노론 정파에 대한 견제와 포섭, 그리고 소수 세력인 남인 정파의 보호라는 다목적 포석이 있었다. 남인 정파의 측근들이 서교(천주교) 신앙 문제로 노론의 공격을 받아 위기에 몰리는 상황에 처했을 때, 정조는 국면을 전환하기 위한 비상책을 쓸 수밖에 없었다. 당시에 노론계 신진들이 패사소품 문체에 급진적으로 경도되고 있었기 때문에 문체반정책은 국면을 전환할 수 있는 시의적절한 대응책이었다. 문체 문제를 강하게 걸어 노론 강경파의 예봉을 둔화시키고, 노론 신진들을 순치시켜 그들을 왕권에 더욱 밀착시키면서, 동시에 궁지에 몰린 남인계 측근들이 화를 비껴갈 수 있게 한 것이다. 이러한 요인들에 의하여 다시 한번 소설 배격론은 격화되었고, 이로 인하여 부정적으로나 긍정적으로나 소설에 대한 인식과 비평 논리가 더욱 치밀해지는 결과가 초래되었다.

　이덕무李德懋(1741~1793)는 소설의 폐해를 극론한 소설 배격론자이다. 그러나 그 자신은 소설을 널리 읽어 소설에 대하여 해박한 식견을 가지고 있었다. 박지원의 문하인 그는 스승을 따라 패관소품에 대해 개방적인 취향이었고, 자연스럽게 그의 문장에는 패관소품체가 깊이 배어 들어 있었다. 그랬기 때문에 그는 정조로부터 그의 문체가 전부 패관소품에서 나왔다는 엄중한 질타를 받기도 하였다. 그는 순정한 문학관으로 정조의 문체반정에 적극 응하지 않을 수 없었고, 이러한 상황에서 나온 그의 소설 배격론은 이전의 배격론자들보다 한층 급진적이면서 정교하였다.

『청장관전서』靑莊館全書 「영처잡고」嬰處雜稿에 그의 소설관이 피력되었는데, 그는 소설이 사람의 심술을 가장 잘 무너뜨리는 것이어서 자제들이 책장을 열어보게 해서는 안 된다고 하였다. 그의 소설 배격론은 단순히 소설에 담긴 이념적 불건전성 때문만이 아니다. 그는『수호전』에 대하여 인물 정태를 묘사한 문장의 착상이 교묘하여 가히 소설의 우두머리라 할 만하다고 하면서, 그래서 사대부가 한번 빠지면 헤어나지 못한다고 하였다. 소설의 매력이 어느 정도인지를 아는 그는 소설을 나라를 망하게 하고 도를 해치는 난서亂書라고 말하였다. 그래서 그는 옛 소설은 불태우고, 새 소설의 창작을 금해야 한다고 하였다. 폐단을 없애기 위해서는 위반하는 자를 엄벌하여 인류에 끼지 못하게 해야 할 것이라고까지 하며, 가장 극단적인 소설 배격론을 폈다.

이덕무는 패관소설과 지괴·전기, 그리고 소설을 구분하여 인식하였다. 그가 말하는 소설은 연의소설을 가리킨다. 이 시기에 이르러 연의소설이 소설을 대표하게 된 실정을 말해주는 것으로 볼 수 있다. 흥미로운 것은 이덕무가 이 세 가지 부류의 넓은 의미의 소설에 가치 서열을 매기고 있는 점이다. 그가 사대부 정통 문학관에 입각하여 이 세 가지 부류의 탈규범성을 그렇게 층서적으로 파악하였다는 것이다. 그중 연의소설을 가장 천하게 평가한 것은 그것의 탈규범성이 가장 심했기 때문만이 아니라, 그것이 가장 대중적인 유행문학이었기 때문이기도 하다. 이 두 가지 면에서 연의소설이 주는 지배 체제와 기존 질서에 대한 위협이 다른 무엇보다 크다고 여겼던 것이다. 이러한 소설의 위협에 대한 조선조 지배층의 대응은 갈수록 삼엄해지지만 그렇다고 시대의 추세인 소설의 번성을 막을 수는 없는 일이었다.

이옥李鈺(1760~1812)은 정조의 문체반정의 대표적 희생자였다. 그가 성균관 상재생上齋生이었을 때, 그가 성균관시成均館試에서 지은 표문表文이 순전히 소설체 문장이라 하여 정조는 일벌백계로 그의 과거 응시를 정지시켰다. 이로 인하여 그는 일생을 재야의 문사로 지내면서 자신의 취향대로 자기 문학세계를 펼쳐나갔던 것이다.

이옥이 모든 소설을 지지했던 것은 아니다. 그는 『담정총서』潭庭叢書의 「봉성문여」鳳城文餘에서 영웅소설류의 국문소설이나 한문 연의소설에 대하여 날카롭게 비판하였다. 그는 「소대성전」蘇大成傳에 대하여 도무지 제대로 된 것이 없고 단지 껄껄 웃게 할 따름이라고 혹평하였다. 그는 그래도 국문 영웅소설이 패사稗史(연의소설)보다는 낫다고 하였다. 패사 작가들은 정사에서 의심가는 곳을 교묘히 엿보아서 금방 이야기를 지어낸다면서 그들의 기괴한 눈과 귀의 죄가 크다고 비판하였다. 그는 연의소설의 오락 성향을 비판하고, 소설이 삶의 진지성을 추구해야 함을 주장하였다고 할 수 있다. 국문소설 및 연의소설에 대한 비판을 통하여 이옥은 자신의 사실주의적 소설관을 강하게 드러냈다.

이옥은 구우의 『전등신화』와 임기林芑의 『전등신화구해』剪燈新話句解를 비평하였는데, 이들에서 그가 얼마나 폭넓고 심도 깊게 소설 작법을 탐색하였으며, 얼마나 치밀한 실증적 지식에 근거하여 소설을 비평하였는지를 볼 수 있다. 『전등신화』에 대한 이옥의 평가는 매우 박하다. 그는 『전등신화』의 문장이 모두 속되고 빈약하여 이해하기 쉽고 본뜨기가 쉽기 때문에 조선의 이서吏胥들이 필독한다고 혹평하였다. 또 그는 『전등신화』가 구우의 전적인 창작이 아니고 원명元明 간의 소설들에서 추리고 자신의 창작을 보탠 것이라는 주장을 하였다. 그는 「취경원기」聚景園記・「추향정기」秋香亭記 등은 구우의 작이나, 「모란등기」牡丹燈記・「금봉차기」金鳳敍記·「녹의인전」綠衣人傳·「위당기우록」渭塘奇遇錄 등은 구우의 작이 아니라 진음陳愔·유관柳貫·오연吾衍·마룡馬龍 등의 작이라고 밝혔다. 전거를 구체적으로 밝히지 않았지만, 그의 이러한 비평은 이전의 소설 비평에서 유례를 볼 수 없는 실증적 태도를 보여준다.

정약용丁若鏞(1762~1836)은 「문체책」文體策에서 패관 소품을 천재지변이나 다름없는 큰 인재人災라고 지탄하였다. 자제들이 이것을 일삼으면 경사經史 공부에 담을 쌓게 되고, 재상이 이것을 일삼으면 정사를 덮어놓게 되며, 부녀가 이것을 일삼으면 길쌈과 바느질을 집어치우게 되니, 천지간에 이보다 심한 재앙이 없다고 하였다. 그러니 나라 안에 유행하는 패관 잡서를 모두 모아 불사르고, 그것을 중국에서 사 들여오는 자는 중형으로 처단하여야 폐단이 그치고 문체가 떨치게 될 것이라는 주장을 하였다. 정약용의 이와 같은 극단적인 주장은 정조가 추진하였던 문체반정을 정확하게 대변하는 것이었다. 정약용은 정조와 관점을 전적으로 같이하였고, 「문체책」·「오학론」五學論 등의 글로써 더욱 철저하게 이론을 전개하여 정조의 정책을 지지하였다.

정약용은 「오학론」五學論에서 한유韓愈·유종원柳宗元·구양수歐陽修·소식蘇軾 등 소위 중국 역대 고문가들에 대해서조차도 이들이 모두 순수하지 못하고, 근본을 잃은 채 겉만 답습하였다고 비판하였다. 그는 문장가를 유교의 좀벌레라고까지 극언하고, 문장학을 성명性命의 근본과 민국民國의 의무를 잃어버린 것이라고 비난하였다. 그는 특히 당시 청조 문인들의 패사소품稗史小品 문학을 기괴하고 음란하기 그지없다고 비판하였고, 일체가 남의 눈을 현혹시키는 것을 목적으로 하는 것들이라고 혹평하였다. 요컨대 그는 유교의 근본 정신에 충실한 순정한 문학 외에 일체의 문예주의적 문학을 철저히 배격한 것이다.

고전소설에 대한 본격 비평의 실제

우리 고전소설 중 몇 작품에 대하여는 전문적인 수준에 접근했거나 전문적 수준에 이르렀다고 볼 수 있는 본격적인 비평이 가해졌다. 고전소설 비평에서 한 작품을 집중적으로 폭넓고 깊이 있게 평한 본격적인 비평들은 많지 않다. 본격적 비평에 가깝거나 본격적 비평으로 볼 수 있는 몇 개의 실제를 살펴보자.

이양오李養五(1737~1811)는 「사씨남정기후서」謝氏南征記後序와 「사씨남정기」에 부록한 「사단」史斷에서 「사씨남정기」에 대한 비평을 남겼다. 「후서」는 「사씨남정기」 전체에 대한 총론적 비평이다. 여기에서 보여주는 그의 비평적 시각이 새롭다. 먼저 「사씨남정기」가 유연수의 인간적 성숙에 이르는 변화의 과정, 즉 작중 인물의 변모 과정을 그렸다는 점을 든 것이다. 유연수가 여러 가지 사변을 겪어보고 나서, 두려워하며 잘못을 깨닫는 마음이 생겼고, 어려워하며 착한 사람으로 돌이키는 마음이 생겼다고 말한다. 그는 유연수가 여러 가지 사변들을 거친 것을 "성숙에 이르는 체험"〔老成之驗〕이라고 해석했다. 그가 유연수의 변모를 일러 "재앙이 옮겨서 복이 되었다"〔轉災爲祥〕고 한 것도, 여러 갈등적 사변을 거쳐 인간적 성숙에 이른 과정을 두고 말한 것이다. 이러한 이해는 소설의 본질을 깊이 통찰한 것이라고 할 수 있다.

반면에 사부인과 교부인, 동청의 경우는 그들이 거친 과정을 "착한 사람이 복을 받고, 악한 사람이 화를 받는다는 것"〔福善禍淫〕으로 해석하였다. 이들은 선인형과 악인형으로 인간형이 고정된 인물들이라는 것이다. 이들은 많은 사변을 거치지만 선인과 악인으로 일관하여 끝내 복 받을 사람은 복 받고, 화 받을 사람은 화 받는 것으로 끝났다고 본 것이다. 그는 사부인이 무함을 당하였지만 결국은 그 이름이 높임을 받았고, 반면에 간사한 무리는 남을 역경에 빠뜨렸지만 마침내 자기 몸을 해쳤으니, 착한 사람에게 복이 오고 악한 사람에게 화가 미치는 이치를 믿지 않을 수 없다고 하였다.

「사단」은 「사씨남정기」의 장회 23회의 내용에 대하여 사평의 형식을 빌어 논단한 것이다. 이양오는 여기에서 「사씨남정기」를 「남정일록」南征日錄이라고 제목을 바꾸어 붙였다. 그는 사씨 부인의 사적을 「남정일록」이라 하여 작중 현실을 하나의 견고한 사실史實로 취급하려는 의도를 강하게 드러냈다. 이러한 평자의 의식은 「사씨남정기」를 허구로 대하지 않고 실제 현실의 완벽한 모사로 대하게 하였고, 그래서 그의 비평에는 실제 현실과 작중 현실이 분리되어 있지 않다. 「남정기」를 그대로 현실의 모사로 대하기 때문에 비평자가 작중의 현실에 직접 뛰어들어 작중 사실을 평가하는 일차원적인 비평을 하였다. 현실을 재현하는 소설의 문법과 논리를 파악하여 실제 현실과 재창조된 현실을 분리하는 비평적 거리를 그는 아직 확보하지 못했던 것이다.

그럼에도 불구하고 「사단」은 우리 고전소설 비평이 개괄적인 서발序跋 비평의 단계를 넘어, 소설의 본문을 세밀하게 분석하는 작업을 통하여 작품을 비평하는 본격 비평 내지 전문 비평의 단계를 열었다는 의의를 가진다.

홍석주洪奭周(1774~1842)는 「서의열녀전후」序義烈女傳後에서 김소행金紹行(1735~1839)의 「삼한습유」三韓拾遺를 비평하였다. 먼저 홍석주가 평론하는 글의 형식이 독특하다. 그는 한 사람의 가상 논객을 설정하여 그와 논객이 변론하는 형식으로 자신의 비평적 견해를 피력하였다. 가상의 객과 작자 또는 비평자가 문답을 통하여 작품을 비평하는 방식은 전통적으로 사용되어 왔지만, 대개는 객이 작자나 비평자를 찾아와 비난하고 작자나 비평자가 그에 답하여 설득하거나 변명하는 단순한 방식인데, 이 글에서는 종래의 문답 구조를 복잡하게 뒤집는 방식으로 문답을 전개시켰다.

연천자와 객은 다같이 「삼한습유」의 작자 죽계竹溪 김소행의 예찬자들인데 연천자는 「삼한습유」를 읽고 나서 마음에 들지 않는 것이 있어서 불편해하고 있었다. 객은 「삼한습유」에 대한 연천자의 예찬을 기대하고 왔다가 뜻밖의 사태를 대하고 그 이유를 알고자 하나 연천자는 말하기 어렵다고 대답한다. 이에 객이 스스로 「삼한습유」의 결점이라고 볼 만한 문제들을 찾아서 연천자에게 확인을 받음으로써 궁금증을 풀려고 한다.

연천자는 객의 비판을 듣고는 그것이 그렇지 않음을 자세히 반론하고, 객은 다시 문제를 제기하는 과정이 여러 번 반복된다. 이 과정을 통하여 연천자는 객이 「삼한습유」의 결점이라고 했던 것들을 오히려 미덕으로 역전시키기도 하고, 객의 비판이 부정확함을 밝히기도 하고, 일부의 결점에 대해 변호하기도 한다. 이렇게 하여 「삼한습유」의 미덕들이 더욱 심도 깊게 해명된다. 그러다가 마지막에 연천자가 자기가 「삼한습유」에 대하여 석연치 않게 여기는 문제를 자연스럽게 꺼내 비판을 제기함으로써, 다시 한번 비평의 흐름을 역전시켜 객과 더불어 독자를 놀라게 한다.

홍석주는 「삼한습유」에 대하여 가해질 수 있는 비판들을 「삼한습유」의 열광적인 지지자인 객으로 하여금 제기하게 만들고, 그것들을 자신이 차례차례 논파함으로써 「삼한습유」의 소설 미학을 최대한 곡진하게 설파하는 역설적 수법을 교묘히 구사하였다. 범속한 관점들을 부정하는 점층적인 과정을 통하여 자신의 비평적 관점을 예각화시키다가 마지막에 자신의 비평적 관점을 내놓음으로써 자신의 비평에 대한 억양 효과를 극대화했다.

홍석주의 비평은 글 전체가 역동적인 균형을 유지하고 있다. 그는 「삼한습유」를 예찬도 하고 비판도 하였는데, 어느 쪽에 비평자의 궁극적인 의도가 있는지 분간하기 어려울 정도로 두 의론 사이의 긴장 관계가 팽팽하게 되어 있다. 전통적인 소설 비판론과 옹호론들을 동원하여 비판과 옹호를 주고받으면서, 「삼한습유」의 탁월성에 대한 비평자의 통찰을 고조시켜가다가 막판에 비평자의 예리하고 치밀한 비판을 들이댐으로써 균형의 우열을 일시에 역전시키고, 다시 죽계의 문장이 천하의 기관奇觀이라 자기는 한 글자라도 그 사이에 낄 수 없다며 말을 닫아, 기울었던 균형을 다시 잡아 놓았다. 변증적 역동성을 고도하게 끌어가는 기법이 탁월한 것도 사실이지만, 그가 「삼한습유」를 비판하는 전통적 소설 비판론들을 한 자리에 모아 놓고 그것들을 비판한 것은 고전소설 비평사상 최초의 비평의 비평이라는 점에서 특별한 의의를 갖는다.

홍관식洪觀植은 「삼한습유」에 붙인 「의열녀전말」義烈女傳末에서 「삼한습유」의 창작 동기를, 작자가 굉장한 언변과 학식을 자부하되 그 재주를 세상에서 펼칠 데가 없어서 한번 가슴속의 기이한 것들을 토해내 보고자 하였을 것이라고 하였다. 이것은 정사룡이 선비 중에 재능을 품고도 그것을 당대에 쓰지 못하는 이들이 소설에서 장난하여 그 뜻을 붙인다고 한 '우의론'이나, 홍서봉이 왕성한 재주를 가지고도 쓰지 못해서 재주가 근질거린 병이라고 한 '기양론'과 상통하는 것이어서, 비평사의 관점에서 주목된다.

홍관식은 「삼한습유」의 문장을 인정과 의리의 묘사가 입신의 경지에 들어 오묘함이 측량할 수 없다느니, 우주가 손 안에 있고 만 가지 변화가 몸 안에 있다느니 하여 경탄하였다. 그는 문장이 이런 경지에 가게 되면 허구적 진실의 위력이 압도하여 작중의 사실이 실제 사실보다 더 사실적이게 되어 허구가 역사적 사실과 다를 바 없는 하나의 엄연한 사실로 화하는 일이 일어난다고 말한다. 그는 「삼한습유」가 그릇된 설과 황당한 말을 가지고 만고의 기이한 장관을 이루어 삼한의 실지 역사 밖에 한 부의 훌륭한 역사를 이루어 놓았다고 말하였다. 문장이 사적 때문에 기이해졌고, 사적이 문장 때문에 실감 있게 되어서 완연한 실제 사적이 되었고 길이 향낭 사후의 글로 남게 되었다는 것이다.

역사적 향낭과 「삼한습유」의 허구화된 향낭은 서로 다른 향낭이다. 홍관식은 소설에서 역사적 인물을 허구적으로 재창조할 때 초래되는 역사적 진실과 허구적 진실 사이의 괴리를 놓고, 작자나 비평자가 두 진실 사이에서 갈등이 없지 않음을 토로한다. 소설에서 허구와 실제, 허구적 진실과 역사적 사실 사이의 미묘한 뒤섞임과 갈림을 어떻게 대해야 하는지를 두고 적이 난감한 심경을 토로한다. 작자나 자신이 모두 자기를 위하여 향낭을 빌려 소설도 짓고 비평도 하지만, 역사적 향낭의 혼은 지금까지 지하에서 깊은 원한을 품고 있을까 두려워 무익한 말에 대하여 거리낌이 없지 않다는 것이다. 소설이 창조하는 허구적 현실과 실제 현실, 허구적 진실과 실제 역사적 진실의 상호 관계에 대하여 이러한 인식의 깊이에 이르렀다는 것은 고전소설 비평의 수준이 어느 지점에 이르렀는가를 알려준다. 홍관식의 이 글에는 소설 장르에 대한 근대적 비평에서 볼 수 있는 인식과 문제의식이 방불하게 드러나 있다.

「광한루기」廣寒樓記(1830년 전후, 혹은 1890년 전후 추정)는 수산水山 조항趙恒(생몰 미상)이 판소리 「춘향가」를 격조 높은 한문소설로 개작한 작품이다. 「광한루기」에는 운림초객雲林樵客의 「광한루기서」廣寒樓記敍와 「광한루기소인」廣寒樓記小引, 소엄주인小广主人의 「광한루기후서」廣寒樓記後敍와 「독광한루기법」讀廣寒樓記法, 수산과객水山過客의 「제광한루기」題廣寒樓記가 실려 있어 이들에서 「광한루기」에 대한 다양하고 심도 깊은 비평을 볼 수 있다.

운림초객은 「광한루기서」에서 수산선생이 문장법을 금강산 그리는 데에 비하고, 근세 소설 중에 이 묘를 얻은 것은 오직 「광한루기」뿐이라고 하는 말을 듣고 나서 한번 보기를 고대하였는데, 나중에 보았더니 광대들이 창하는 춘향전일 뿐이더라고 했다. 그래서 이 이야기라면 읽을 것이 무엇이냐고 하였더니 수산선생이 말하기를 만약 시내암·금성탄 같은 작가들이 우리나라에 태어났더라면 반드시 그녀를 가지고 명문을 지었을 것이요, 광대들에게 일임하여 두지는 않았을 것이라고 하더라는 것이다. 그때는 수산선생의 말을 수긍하지 않았는데, 십여 년 뒤 영호남을 유람하여 천여 리 강산을 두루 구경하고 돌아온 후 문장의 경지를 조금 깨달은 것이 있어서 「광한루기」를 꺼내서 읽었더니, 과연 절세의 기이한 사적이요, 오묘한 문장이더라고 하였다.

운림초객은 수산의 「광한루기」를 시내암·금성탄의 소설들과 대등하게 놓고, 절세의 기이한 사적이요 오묘한 문장이라고 절찬하였는데, 이것은 당시로서는 상식 선을 넘은 대담한 평가이다. 여기에는 「광한루기」에 대한 민족적 자부심이 강하게 묻어 있다. 이 같은 자국 문학에 대한 강한 자긍심은 비록 중세사회의 틀 안에서이기는 하지만 이 시기에 발현한 민족문학에 대한 주체적 의식의 한 두드러진 표현이라고 볼 수 있는 것이어서 주목된다.

운림초객은 '실경산수적 구성'이라고 부를 수 있는 수산선생의 창작방법론을 소설 읽는 법으로 바꾸어 놓았는데, 그가 말한 독법의 요점은 소설의 참된 재미를 감상하기 위해서는 서사 전체의 입체적 구성을 파악하고 거기에 들어 있는 작자의 의도를 깊이 이해해야 한다는 것이다. 이것은 정사룡이 작자의 숨은 의도를 찾아 작품의 참된 재미를 감상하는 것을 말한 '관' 觀, '구기지' 究其指의 개념과 상통하는 바가 있어서 고전소설 비평의식의 발전적 전개라는 측면에서 볼 수 있는 개념이기도 하다.

「광한루기후서」廣寒樓記後敍를 쓴 소엄주인小广主人은 수산의 「광한루기」를 "천하 후세에 다시없을 기문"이라고 극찬하였다. 그는 전에 「서상기」를 천하 후세에 다시없을 기문이라고 여겼었는데 「광한루기」를 보니 「광한루기」가 「서상기」보다도 오히려 낫다고 하였다. 두 글에 실린 사람들이 다 천하 후세에 다시없을 재자가인들이지만, 오히려 「서상기」의 앵앵과 장군서보다 「광한루기」의 춘향과 이화경이 인물의 격이 훨씬 높다고 하였다. 그렇기 때문에 글의 격조도 달라 「서상기」의 문사는 애절하면서 급하고 「광한루기」의 문사는 즐거우면서 느긋하다고 하였다.

「광한루기」를 「서상기」보다 더 높이 치는 소엄주인의 기염은 대단하다. 소엄주인의 「광한루기」에 대한 이 같은 자부심은 성리학의 주체적 전개와 진경산수眞景山水의 개현으로 표출되었던 조선 지식인의 문화적 자존의식과 흐름을 같이하는 민족문학 의식의 표현으로 볼 수 있는데, 소엄주인의 「광한루기」에 대한 평가는 이 자존의식의 한 정점을 보여주었다고 말해도 지나치지 않을 것이다.

소엄주인은 「광한루기」를 읽을 때, 최상의 재자가인들의 풍류를 감상하려면 풍류의 네 가지 조건인 기氣·운韻·신神·격格을 일으켜야 하고, 그러기 위하여 음주飮酒·탄금彈琴·대월對月·간화看花 등 네 가지 방법으로 분위기를 도와야 한다고 하였다. 그 중 "술을 마셔 기운을 돕는다"[飮酒以助氣]라고 한 「광한루기」 감상법 해설은 금성탄이 「서상기서」에서 "옛사람을 통곡한다"[慟哭古人], "훗사람에게 남겨준다"[留贈後人]라는 제목으로 실게 논한 소설론에서 개념을 빌려온 것이다. 「광한루기」의 창작뿐만 아니라 비평까지도 「서상기」의 영향을 깊이 받았음을 알 수 있다.

그러나 수산선생과 운림초객이 「광한루기」에 대하여 「서상기」보다 뛰어나다는 자부심을 가졌듯이, 소엄주인도 자신의 「광한루기」 비평이 금성탄의 「서상기」 비평보다 낫고자 하는 바람을 가졌던 듯하다. '음주이조기'飮酒以助氣로 금성탄이 「서상기」를 비평한 근본 취지를 총괄하고, '탄금이조운' 彈琴以助韻ㆍ'대월이조신' 對月以助神ㆍ'간화이조격' 看花以助格으로 세 경지를 더 나아가 「광한루기」 비평 방법론을 제시한 것은 소엄주인의 그러한 의도를 분명히 보여준다. 소엄주인은 이러한 비평적 관점을 가지고 「광한루기」 본문을 구구절절 세밀하게 비평하였다.

 18세기 후반에서 19세기 후반에 이르는 동안에 이루어진 세 비평은 한국 고전소설 비평이 전문적이고 본격인 비평의 영역으로 들어서서 근대적인 소설 이론을 확보해가는 비평 양상을 각기 인상 깊게 보여준다. 이양오가 「사씨남정기」 비평에서 인물들의 성격과 삶의 방식을 치밀하게 분석하여, 자아와 세계의 갈등 관계 속에서 노성지험 老成之驗을 거쳐 성숙하는 인간형과, 처음의 자아가 나중까지 그대로인 고정된 인간형으로 인간형의 두 유형을 구별해낸 것은 서구 근대 소설 비평에서 찾아낸 인물 유형론에 상응하는 것으로 평가될 수 있다.

 「삼한습유」 비평에서 홍석주가 전통적인 소설 비판에 대한 비판을 통하여 조선 후기 소설론을 종합하고, 한 걸음 나아가 중세 이데올로기적 관습을 넘어서 진정한 인간과 세계에 대한 성찰을 소설 비평의 중심 문제로 가져오는 고전소설 비평론을 시험한 것은, 중세적 한계를 벗어난 것은 아니지만 근대적 소설 인식과 비평을 향한 의미 있는 방향 전환을 보여준 것이라고 할 수 있다. 홍관식이 소설의 허구적 진실이 역사적 사실이나 경험적 실제와 동등한 하나의 독자적인 가치를 갖는 엄연한 진실이라는 것을 철저하게 인식하고, 나아가 허구적 진실과 역사적 진실 사이의 괴리를 놓고 윤리적 갈등과 고뇌를 해소하지 않는 비평의식의 긴장을 보여준 것 또한 전통적 비평에서는 찾아볼 수 없는, 중세적 패러다임을 벗어나는 비평 양상이다.

운림초객이「광한루기」비평에서 조선 후기 진경산수 화법에 바탕을 둔 수산선생의 소설 창작 방법을 깊이 통찰하여「광한루기」를 회화적 구성법인 파노라마적 투시기법으로 분석한 것은 소설의 내적 구성을 읽어내는 근대적 형식비평 내지 구조비평의 가능성이 엿보이는 흥미로운 사실이다. 소엄주인이「광한루기」의 춘향과 이화경에 대하여「서상기」의 앵앵과 장군서보다 인물의 격이 높다 하고,「광한루기」가「서상기」보다 문사의 품격이 높다고 하여, 자국문학에 대한 커다란 자부심을 갖고 거침없는 비평을 한 것은 전례 없는 주체적 민족문학 의식을 드러낸 것이다. 이러한 일들은 한국 고전소설이 근대적 정신과 접촉하고 교섭하면서 점진적으로 진행되던 성숙 현상이, 근대로의 급격한 전환이 이루어지던 이 시기에 현저하게 집중적으로 발현된 것들이라고 할 수 있을 것이다.

• 조태영

| 참고 문헌 |

■ 참고 논저

윤성근, 「유학자의 소설 배격」, 『어문학』 25, 한국어문학회. 1971.
최철, 「조선시대 소설의 범주에 관한 고찰」, 『민족문화연구』 9, 고려대학교, 1975.
최웅, 「소설이란 용어의 개념에 대하여」, 『관악어문연구』 4, 서울대학교, 1979.
소재영, 『기재기이 연구』, 고려대 민족문화연구소, 1990.
오춘택, 「한국 고소설비평사 연구」, 고려대 박사논문, 1990.
조동일, 「중국·한국·일본 '소설'의 개념」, 『한국문화와 세계문학』, 지식산업사, 1991.
김풍기, 「수산 광한루기의 비평에 나타난 비평의식」, 『어문론집』 31, 고려대 국어국문학회, 1992.
김경미, 「조선후기 소설론 연구」, 이화여대 박사논문, 1993.
조혜란, 「〈삼한습유〉 연구」, 이화여대 박사논문, 1994.
정하영, 「〈광한루기〉 평비연구」, 『한국고전연구』, 한국고전연구회. 1995.
성현경 외, 『광한루기 역주 연구』, 박이정, 1997.
간호윤, 『한국고소설 비평연구』, 한국고소설비평연구, 경인문화사, 2002.
이문규, 『고전소설 비평사론』, 새문사, 2002.
조태영, 「조선전기 문학관의 역동과 소설비평의 진전」, 『고전문학연구』 26, 2004.
조태영, 「한국고전소설 비평에서의 소견론의 전개」, 『한중인문학연구』 13, 2004.

■ 참고 자료

「중종실록」, 『조선왕조실록』 14, 국사편찬위원회 편, 1980.
「어면순」, 『한국문헌설화전집』 7, 민족문화사, 1981.
「속어면순」, 『한국문헌설화전집』 7, 민족문화사, 1981.
『사가집』 문집 권4, 『한국문집총간』 11, 민족문화추진회, 1989.
『삼탄집』 문집 권10, 『한국문집총간』 11, 민족문화추진회, 1989.
「매월당집」 권4, 『한국문집총간』 13, 민족문화추진회, 1989.
류탁일 편, 『한국고소설비평자료집성』, 아세아문화사, 1994.
무악고소설자료연구회 편, 『한국고소설관련자료집 I』, 태학사, 2001.

13
한국 고전소설의 현대적 의의

▪ 전통과 현대

시간은 이미 지나간 일들에 대한 기억과 감각을 지운다. 여기, 지금, 나에게 가장 근접한 순간들이 주목받고 거듭 지적되는 것도 이 시간의 가공할 위력 때문이다. 아직 휩쓸려 내려가지 않은 한 줌 빛을 감싸안고 이것이야말로 나의 꿈이며 길이며 거울이라고 주장하는 이들도 많다. 시간에 의해 망각의 어둠 속으로 사라진 것들은 정녕 아무런 의미도 없는 것일까?

개화기 이후부터 시작된 '근대'의 표정들만이 지금의 '나'와 이어진다는 주장은 더 이상 낯선 목소리가 아니다. 이렇게 빛과 어둠을 선명히 가르고 가치를 다르게 부여하자는 주장은, 개화기에도 있었고 해방 후에도 있었으며, 지금도 역시 제기되고 있다. 이 단절은 근대 이전의 문화와 그 문화를 만든 인간들을 '비非근대', '반反근대'의 틀에 가둔다. 그 이질적인 인간과 문화는 지금의 '나'와 아무런 연관이 없다. 연관이 있다고 주장하는 것은 그리움에 젖은 환상이며 혈연에 대한 집착이며 처음의 것으로 나머지 전부를 환원하려는 망상이라는 공격이 쏟아진다.

반대편에서는 지금의 빛 역시 언젠가는 어둠이 된다는 사실을 강조한다. 한 줌 빛으로 거대한 어둠을 비추려 하지 말고, 겸허하게 지금의 빛과 예전의 어둠이 이어져 있음을 인정하라는 것이다. 지금 가장 눈부시게 빛나는 것도 언젠가는 늙고 병들어 저 아득한 어둠 속으로 잠길 것이다. 그 어둠, 개인적인 죽음은 과연 모든 것의 종말일까? 내가 겪은 일들, 느낀 감정들은 영원히 사라지고 마는 것일까?

수백 년 혹은 수천 년 동안 시간의 위력과 맞서 싸우며 인류의 곁에 머무르는 기억도 있다. 성현으로 추앙받는 이들의 말과 행동은 지금 현재를 살아가는 우리들에게도 깊은 감동을 준다. 그들의 가르침이 담긴 책을 읽고 유적을 순례하며, 그들이 창시한 종교에 귀의하기까지 한다. 시간을 거슬러 올라가는 이들은 모두 환상과 집착과 망상에 빠진 사람들일까? 그들은 왜 지금의 나로부터 수백 년 혹은 수천 년 전에 살다가 죽은 이들의 가르침을 자신들의 뼈에 아로새기는 것일까?

시간을 자르고 다듬는 것은 흔한 일이다. 사람이라면 누구나 고통과 상처의 나날을 빨리 지우고 악몽의 순간을 망각 속으로 밀어넣고 싶다. 여기서 주목할 것은 그런 단절 혹은 지움이 상대적이라는 점이다. 근대와 비근대의 분절 역시 얼마든지 다르게 나뉠 수 있다. 이런 자세를 취할 때만이 잊혀진 것들과 내가 아닌 것들에 대한 배려가 가능하다. 근대에 탄생하지 않은 소설을 지금, 여기의 내가 어떻게 읽고 느낄 것인가의 문제 역시 이런 배려를 전제로 한다.

'고전'古典이란 무엇인가?

'고전'古典은 오랜 시간이 흘렀어도 가치를 잃지 않고 독자들에게 감동을 주는 작품이다. 이 간단한 정의에서도 알 수 있듯이, 고전은 시간이 지닌 망각의 위력과 맞서 싸워 이긴 작품이다. 지금은 고전으로 인정받더라도 작품이 발표된 시절에는 형편없이 폄하된 경우도 있고, 세상에 선을 뵌 당대에는 주목과 사랑을 받았으면서도 지금은 그 이름조차 잊혀진 경우도 있다. 시간의 흐름에서 어떤 작품은 고전의 반열에 오르고 또 어떤 작품의 망각의 강에 빠지는 것이다.

고전의 가치는 시간의 흐름에 따라 자연스럽게 변하기도 하지만, 무엇을 고전으로 할 것인가를 놓고 다투고 피 흘린 결과 재정립되기도 한다. 현재 '세계문학전집'으로 출간된 책의 면면을 살피면 이런 다툼의 흔적이 더욱 분명해진다. 서구 문학의 걸작들이 목록의 대부분을 차지하는 반면, 아시아나 아프리카는 겨우 한두 작품이 끼어 구색을 맞출 뿐이다. 고전의 목록이 이런 식으로 정착된 것은 근대의 여명기에 서구 세력의 팽창과 더불어 시작된 제국주의적인 식민 통치와 연관이 깊다. 무력으로 약소국들을 정복한 서구 열강은 뒤이어 문화적 가치를 새롭게 정립하고자 했다. 이때 피지배 민족의 문화는 철저하게 배제되거나 멸시당했으며, 서구 열강의 문화가 가장 높고 옳고 아름다운 것으로 강요받았다.

근대 이전까지 축적된 문화적 성취는 '반反근대적', '봉건적', '비이성적'이라는 이유로 지워졌다. 그 대신 서구의 문화유산들이 보편의 얼굴로 교육되기 시작했다. 그렇게 100년이 지난 지금, 우리에게 고전이란 무엇인가를 묻는 물음은 참으로 답을 찾기 어려운 상황에 이르렀다. 우리의 격조 높은 옛 문헌 대신 서구의 중요한 작품이 그 자리를 차지한 것이다.

　1998년 71회 아카데미 작품상의 영예는 〈셰익스피어 인 러브〉로 돌아갔다. 이 영화의 핵심은 셰익스피어(1564~1616)가 자신의 연애 경험을 바탕으로 「로미오와 줄리엣」을 지었다는 데 있다. 이 영화를 음미하기 위해서는 「로미오와 줄리엣」의 내용을 미리 알고 있어야 한다. 영국이나 미국을 비롯한 영어권 국민들은 물론이고 비영어권 국민들 가운데 「로미오와 줄리엣」을 모르는 사람은 거의 없다. 17세기 영국의 대문호와 작품에 대해서는 탄복하면서도 우리의 17세기 대문호는 누구이고 또 어떤 작품이 널리 읽혔는지는 알지 못한다. 셰익스피어의 사랑은 친숙하면서도 김만중의 사랑에는 왜 어색한 것일까? 셰익스피어가 살았던 시대에서부터 지금 우리가 살고 있는 시대까지 그 연결이 자연스러운 이유는 무엇일까? 그것은 셰익스피어의 작품들이 고전의 반열에 오르는 동안, 그 작가와 작품에 대한 현재적 의미를 되새기고 국민 모두가 널리 공유했기 때문이다. 그러나 우리는 김만중과 박지원이 지은 작품들의 현재적 의미를 셰익스피어의 작품처럼 탐구하고 이를 국민들이 모두 공감하는 데까지 나아가지는 못하고 있다.

▪ 고전소설의 두 가지 성격

　현재 사용되고 있는 '고전소설'이라는 정의는 두 가지 이질적인 의미를 지닌다. 하나는 현대소설(근대소설)과 대비되는 개념으로 근대 이전에 창작된 작품을 통칭하는 것이고, 또 하나는 앞서 설명한 대로 '고전'의 반열에 오를 만큼 가치가 뛰어난 작품을 가리키는 것이다. '고전'을 단지 예스러움과 연결할 경우, 고전소설은 '오래된 것'·'낡은 것'이란 한계를 벗어나기 힘들다. 근대 이전에 지어진 고대古代 소설이 아닌, 고전소설이 되기 위해서는 그 작품들의 문학적 성취를 밝히는 작업이 병행되어야 한다.

고전소설― 나아가 고전문학― 의 현대화에 대한 논의는 대중 매체로의 응용이나 접합으로 모아지는 경우가 많다. 현대인들이 이해하기 쉽도록 여러 가지 대중 매체에 맞게 각색하여 전달하자는 것이다. 이 경우 고전소설 연구자와 대중 매체 종사자의 결합이 필수적이다. 지금까지 이 결합은 성공보다 실패한 경우가 더 많았다. 고전소설 연구자는 독자들에게 고전소설을 좀더 쉽게 전달하는 길 정도로 대중 매체를 파악하려는 경향이 강하다. 대중 매체 종사자는 고전소설을 또 하나의 흥미 요소로만 인정한다. 문화적 가치보다는 대중의 호응이나 상업적 이익을 고려하려는 경향이 있는 것도 사실이다.

지금까지의 실패는 고전소설의 현대화를, 흥미로운 옛날 이야기들을 정리·포장해서 문화 상품으로 만드는 일로 간주했기 때문이다. 문화 상품으로 보는 시각 자체를 부정하는 것은 아니지만, 그것이 목표가 되어서는 곤란하다. 현대인에게 어떻게 팔 것인가를 고민하기에 앞서 현대인에게 이 작품의 가치를 어떻게 전할 것인가에 논의의 초점이 모아져야 한다. 그 논의를 위해서 다음과 같은 질문이 반드시 제기될 필요가 있다. 근대 이전에 창작된 소설 중에서 시간의 흐름에 망각되지 않고 현재까지 이어져 내려온 작품들이 있는가? 있다면 그 작품들의 시간을 초월한 가치는 무엇인가? 그 보편적인 가치를 계승하고 발전시킬 방법은 없는가?

「서유기」와 「삼국지」의 현대적 계승

　1992년 텔레비전용 애니메이션으로 제작되어 선풍적인 인기를 끈 〈날아라 슈퍼보드〉를 예로 들어보자. 동양사상과 현대 캐릭터의 결합으로 관심을 모았고, 허영만의 원작 만화와 김수철이 작곡한 주제가가 큰 인기를 끈 이 작품은 중국의 소설 「서유기」를 각색한 것이다. 「서유기」는 삼장법사가 손오공, 저팔계, 사오정이라는 세 제자를 데리고 법문을 찾아 서역(인도)으로 떠나는 여행의 기록이다. 보물을 찾기 위해 여행을 떠나는 모티프는 소설의 정의를 내릴 때 흔히 사용된다.

　근대 소설의 효시로 꼽히는 「돈키호테」도 공주를 구하기 위해 떠난 여행의 기록인 것이다. 여기서 중요한 지점은 그 여행의 결과―보물을 얻느냐 얻지 못하느냐―가 아니라 여행의 과정―여행을 통해 어떤 깨달음을 얻었는가―이다. 「서유기」에서 삼장법사 일행은 인간이 상상할 수 있는 가장 흉측하고 무서운 괴물들과 맞서 싸운다. 그 괴물들은 작가가 임의로 창작한 것이 아니라 불교나 도교에서 이야기하는, 삶을 괴롭히는 온갖 번뇌와 고통을 형상으로 그려낸 것이다. 삼장법사 일행은 괴물들과의 대결에서 승리하면서 점점 더 그들이 궁극적으로 원하는 도道의 길에 가까워진다. 그들이 갈구하던 도는 서역에 있는 것이 아니라 서역까지 이르는 길의 체험에 있었던 것이다.

　〈날아라 슈퍼보드〉에서 그들을 괴롭히는 괴물은 과학문명의 발달로 인해 만들어진 로봇이나 첨단 무기로 바뀐다. 손오공이 슈퍼보드를 타고, 삼장법사가 운전을 하며, 저팔계가 바주카 포를 쏘는 것도 근대 이후 발달한 과학문명의 반영이다. 서역 여행이라는 구조는 변한 바 없지만, 그 과정에서 얻는 깨달음은 큰 차이가 있다. 인류를 괴롭히는 상대는 더 이상 상상 속의 괴물이 아니다. 인간은 그들이 만든 문명에 억압

당하고 목숨까지 잃는다. 그들에게 평화는 비인간화된 문명을 사라지게 만든 후에야 가능해진다. 삼장법사 일행의 여행은 문명이 얼마나 인간을 파괴할 수 있는가를 보여주는 기록에 다름 아니다. 시청자들은 손오공이나 저팔계의 활약에 박수와 환호를 보내면서, 진정한 행복이란 물질문명에서 비롯되지 않는다는 깨달음을 얻는 것이다.

〈날아라 슈퍼보드〉의 성공은 고전소설의 현대적 계승 방식에 강력한 시사점을 던져준다. 이미 잊혀진 것들에 대한 복원이나 향수도 중요하지만, 현대적 삶에 대한 문제를 전면에 내세우면서도 새로운 개성과 사건을 만들어낼 수 있어야 하는 것이다.

또다른 중국의 고전소설『삼국지연의』역시, 현대인들에게 가장 널리 읽히고 또 다양한 매체로 각색되어 현대인들과 만나고 있는 작품이다. 나관중이 창작한『삼국지연의』는 임진왜란 이후 조선에 유입되어 널리 읽혔으며, 소설이 폄하되던 시대적 분위기 속에서도 판소리「적벽가」를 비롯한 많은 아류작들을 양산하였다.

해방 이후『삼국지연의』는 우리 작가들에 의해 거듭 출간되었다. 박종화·정비석·이문열·조성기·황석영·장정일에 이르기까지 삼국지는 각 세대에 맞는 새로운 문체로 독자들을 찾아갔다. 이들 삼국지는 작가에 따라 평역訐譯에서 정역正譯까지 차이는 있으나, 나관중의『삼국지연의』를 번역하는 데 주력하였다. 따라서 사건의 전개와 인물의 형상화도 나관중의 원본과 크게 다를 바가 없다. 앞으로『삼국지연의』를 출간하려는 작가들에게는 평역이나 정역의 한계를 뛰어넘어 새로운 '역사 이해'를 바탕으로 한 작품의 창작이 필요할 것이다.

소설이 아닌 다른 장르나 매체에서도『삼국지연의』의 재창작 작업이 이루어졌다. 특히 일본에서는 '삼국지학學'이라 불릴 만큼 이 작품에 대한 총체적이고 다양한 분석과 응용이 시도되고 있다.

1985년 일본에서 개발된 게임 〈삼국지〉를 예로 들어보자.

코에이KOEI에서 만든 게임 〈삼국지〉는 역사 시뮬레이션이라는 새로운 장을 연 것으로 높이 평가받고 있다. 게임 〈삼국지〉는 『삼국지연의』의 역사적 배경과 등장인물들을 충실히 따라가면서 만들어졌다. 게임에 참여하는 사람은 위·촉·오 세 나라를 중심으로 자신이 선택한 나라를 부강하게 만들어간다. 이를 위해 여러 인물들을 각지에 배치하여 전쟁을 벌이고, 경제적·정치적 이득을 취한다. 며칠 밤을 새워 이 게임에 몰두하게 만드는 힘은 황건적의 난이 일어나는 때부터 삼국을 통일하는 순간까지, 박진감 넘치는 사건이 끊임없이 이어지기 때문이다. 게임에 참여한 사람은 마치 자신이 유비나, 조조, 혹은 손권이 된 것 같은 착각에 빠져 완전한 승리를 찾을 때까지 게임을 멈출 수 없다.

소설을 게임으로 바꾸는 것에 대한 부정적인 시각도 있다. 게임 〈삼국지〉에는 소설 『삼국지연의』가 지니고 있는 비극성이 없다. 나관중이 진수의 「삼국지」를 『삼국지연의』로 바꾸면서 가장 심혈을 기울인 부분이 바로 촉나라가 지닌 슬픔이다. 나관중은 한나라 왕실의 친척인 유비가 관우·장비와 도원 결의를 하는 대목에서부터 제갈량을 얻어 촉나라를 세우고 나아가 삼국 통일의 대업을 꿈꾸는 과정을 『삼국지연의』의 기본 축으로 잡았다. 그러나 이렇듯 공을 들인 인물들은 꿈을 이루지 못하고 모두 죽어간다. 결국 최후의 승자는 위나라를 세운 조조였던 것이다. 옳지만 승리할 수 없는 인간들의 파란만장한 삶에 매료된 독자들로서는 등장인물들의 삶을 숫자로 계량화한 게임이 낯설 수밖에 없다. 인간이 등장하되 그 인간의 고뇌와 슬픔은 사라지는 것이다. 삼국의 역사가 단지 게임의 흥미를 북돋는 수단으로만 쓰일 뿐, 그 역사의 의미에 대한 통찰에는 이르지 못한다는 비판 역시 이와 궤를 같이한다. 그러나 과연 소설에 담긴 이러한 장점이 게임에도 중요한 부분을 차지하고 있어야 하는가에 대해서는 다양한 의견이 제기될 수 있다. 최근에 게임으로 제작된 「임진록」의 경우도 『삼국지연의』처럼 평가가 엇갈리고 있다.

이 외에도 『삼국지연의』는 대만臺灣에서 제작된 연속 드라마가 케이블TV의 보급과 함께 낮 시간대에 방영되기도 하고, 극장용 애니메이션으로 만들어져 상영된 적도 있다. 지금까지 나온 『삼국지연의』의 각색 중에서 가장 주목을 받고 있는 작품은 고우영의 『만화 삼국지』이다.

고우영은 나관중의 『삼국지연의』를 정독한 후 자신만의 독창적인 인물 분석과 역사 이해를 만화를 통해 시도하고 있다. 유비를 '쪼다'로 본다거나 관우와 제갈공명이 병법으로 겨루기를 하는 장면, 차갑고 용의주도한 조조, 제갈공명을 누르기 위해 몸부림치는 주유 등은 고우영의 『만화 삼국지』에서만 찾아볼 수 있다. 인물들의 특징을 살리기 위하여 지루한 역사적 사실을 과감하게 생략한 점이나, 유비의 삶을 고우영 자신의 삶과 비교하며 세상을 제대로 산다는 것이 무엇인가에 대한 물음을 자의식을 자극하는 방식으로 끊임없이 던지는 점, 후한 시대의 사건과 현대의 사건을 병치시켜 설명하는 점 등은 단연 돋보인다. 소설을 읽으면서 헷갈리던 인물들도 산뜻하게 정리된다.

또한 고우영은 촉나라의 비극을 제갈공명을 통해 드러내보인다. 유비가 삼고초려를 하러 올 때부터 중원은 셋으로 갈릴 수밖에 없음을 알았으면서도, 제갈공명은 유비가 죽은 후에도 끝까지 삼국 통일의 꿈을 포기하지 않는다. 실패할 줄 알면서도 가고, 죽을 줄 알면서도 가는 제갈공명의 마지막 출전은 고우영이 『삼국지연의』의 핵심을 바로 이해하고 있음을 보여준다 하겠다. 독재 정권에 의해 사전검열을 당했던 고우영의 『만화 삼국지』가 원래 모습대로 복원되어 재출간된 것도 주목할 부분이다.

「춘향전」, 그리고 마당놀이

앞에서 우리는 「서유기」와 「삼국지」 등 중국의 고전소설이 현대에 새롭게 조명된 과정을 살펴보았다. 우리의 고전소설 중에서 여러 가지 다양한 매체를 통하여 다양한 방식으로 재창작된 작품으로는 「춘향전」을 꼽을 수 있다.

「춘향전」은 판소리 「춘향가」로 대중들의 사랑을 받았을 뿐만 아니라, 이해조에 의해 「옥중화」로 개작되어 해방 후에는 창극으로 무대에 올려졌다. 「춘향전」은 영화와 연극으로도 여러 차례 각색되었다. 특히 1999년에 제작된 임권택 감독의 〈춘향뎐〉은 국내외에서 높은 관심과 찬사를 이끌어냈다.

「춘향전」과 같은 몇몇 주목받는 작품을 제외하면, 대부분의 고전소설들은 아직 제대로 조명받지 못한 상황이다. 그 와중에도 고전소설에 대한 새로운 해석이 해마다 시도되고 있어서 관심을 끈다. '마당놀이'라는 이름으로 해마다 새로운 작품으로 대중들을 찾는 공연이 그것이다. 지금까지 '마당놀이'는 고전소설작품 가운데 독자들에게 비교적 친숙한 작품들을 대부분 다루었다. 「심청전」, 「이춘풍전」, 「흥부전」 등은 공연될 때마다 오랫동안 지방 순회 공연을 가질 만큼 흥행에서도 큰 성공을 거두었다.

'마당놀이'의 성공은 대중과의 절묘한 호흡에서 비롯된다. 고전소설의 인물과 사건들을 몇백 년 전에 있었던 것으로 거리를 두는 것이 아니라, 바로 오늘 이 나라에서 벌어지고 있는 일로 바꾸었다. 춤과 노래, 웃음과 눈물을 곁들여 과거와 현재가 대화하는 한판 마당을 펼쳐 놓은 것이다. 「심청전」에서 심청이 상인들에게 공양미 3백 석에 팔려 가는 것을 인신매매와 연결시킨다거나, 「흥부전」에서 가난한 흥부를 괄시하는 놀부의 모습을 가진 자와 못 가진 자의 갈등과 서로에 대한 몰이해로 파악하는 부분은 뛰어난 재해석이 아닐 수 없다.

역사드라마와 고전소설

　최근 텔레비전 드라마에서 가장 각광받는 것이 바로 역사드라마다. 거의 매일 역사드라마를 한 편 이상 시청하는 시대로 들어섰다. 역사적 인물이나 사건을 재해석하여 이야기로 옮긴 소설을 '연의소설' 演義小說이라고 한다. 임진왜란 이후 『삼국지연의』를 비롯한 중국의 연의소설들이 조선에 유입되면서 연의소설은 큰 인기를 끌었다. 중국의 연의소설뿐만 아니라 「임경업전」·「박씨부인전」·「임진록」 등 우리의 역사를 배경으로 한 연의소설들도 많이 창작되었다. 역사드라마를 통해 '역사'라는 교양과 '드라마'의 재미를 함께 얻으려는 시청자들의 바람은 '연의소설'에서 역사라는 교양과 소설이라는 재미를 함께 얻어온 고전소설 독자들의 기쁨과 같은 궤에 놓이는 것이다.
　연의소설과 역사드라마의 유사성은 여기에 그치지 않는다. 역사드라마들은 연의소설처럼 역사상 중요한 인물들의 파란만장한 삶을 조망한다. 이때 이 인물들의 일대기는 신화와 전설을 거쳐 고전소설에서도 가장 중요한 이야기틀로 자리잡은 '영웅의 일대기' 구조를 그대로 따르고 있다.

　(1) 고귀한 혈통을 지닌 인물이다.
　(2) 비정상적으로 잉태되거나 출생한다.

(3) 범인凡人과는 다른 탁월한 능력을 지녔다.
(4) 어려서 기아가 되어 죽을 고비에 이른다.
(5) 구출자 혹은 양육자를 만나 죽을 고비에서 벗어난다.
(6) 자라서 다시 위기에 부딪힌다.
(7) 위기를 투쟁으로 극복해서 승리자가 된다.

〈용의 눈물〉, 〈왕건〉에 이어 김두한의 일대기를 다룬 〈야인시대〉를 예로 들어보자.
백야 김좌진 장군의 혈통을 이어받았다는 언급에서부터 우리는 드라마의 주인공이 평범한 인물이 아님을 직감한다. 김두한은 어려서 수포교 다리 아래에서 거지떼와 어울리는데, 이것이야말로 가장 비참한 삶의 체험이라고 하지 않을 수 없다. 그렇게 비참한 생활을 하던 김두한의 사람됨을 보고 거지 소굴에서 구한 사람은 '쌍칼'이다. 이때부터 김두한은 주먹 세계의 두목들을 하나씩 싸워 이기고 결국 조선 제일의 주먹이 된다.
시청자들이 〈야인시대〉에 거부감 없이 몰입하는 것은 이 드라마가 시청자들에게 익숙한 영웅의 일대기 구조를 따르고 있기 때문이다. 여성 영웅을 주인공으로 등장시키고 있는 〈여인천하〉와 〈장희빈〉에 이르면 이 구조가 더욱 도드라진다.
우선 이 두 드라마는 정난정과 장옥정에 대한 기존의 이해를 뒤집는다. 가문을 몰락시킨 악첩과 나라를 망친 후궁에서 자신의 삶을 스스로 개척한 여인으로 그 인물의 삶을 바꾸려는 것이다. 이때 유용하게 사용된 것이 바로 영웅의 일대기 구조이다.
그녀들의 어린 시절은 비참하기 그지없다. 결코 내명부에 이름을 올릴 만큼의 환경이 아니었던 것이다. 그런 한계를 개인적 총명함으로 뛰어넘는다. 위기의 순간에 그녀들을 돕는 인물도 등장하고, 결국 그녀들은 자신이 원하던 최고의 자리에 오른다. 여기까지는 앞서 살핀 남성 영웅들처럼 전형적인 영웅의 일대기 구조이다. 그러나 그녀들의 삶은 행복한 결말에 이르지 못한다. 두 사람 모두 최고의 자리에서 미끄러지고 사약을 받아 비참하게 삶을 끝마친다. 시청자들은 영웅의 일대기 구조를 따라서 이 여성 영웅들의 빛나는 삶을 따라가다가 마지막에 어떤 애잔한 슬픔을 느끼며 드라마를 끝내게 된다.

고전소설의 미래

이상에서 거칠게나마 고전소설이 지금, 여기에 살고 있는 우리에게 어떤 감동을 줄 수 있는가를 살폈다. 고전소설에서 받은 우리의 감동은 아직 고전소설이 줄 수 있는 감동의 10분의 1에도 미치지 못한다. 그것은 독자들이 아직 우리의 고전소설을 친숙하게 접하지 못하고 있는 상황, 고전소설에 대한 체계적이고 폭넓은 교육의 부족, 고전소설을 현대화하려는 학계와 문화계의 역량을 결집시키지 못한 점 등에서 비롯되었다. 이런 환경들은 고전소설 한 분야의 노력만으로 개선될 수 있는 것이 아니다. '고전'에 대한 국가적 배려와 국민적 관심이 집중될 때만 우리도 세계의 고전들과 나란히 우리들의 고전을 위치지울 수 있을 것이다.

아직 개척하지 못한 고전소설의 세계를 두 가지 정도만 싶으려 한다.

먼저 천상과 지상을 오가며 펼쳐지는 인간의 삶에 대한 깊은 통찰을 고전소설은 담고 있다. 이것은 단순히 '환상적인 것', '반리얼리즘적인 것', '개화되지 못한 것'으로 치부할 것이 아니다. 일찍이 도스토예프스키는 신에 대해 질문하지 않는 문학은 문학이 아니라고 말한 바 있다. 근대와 함께 시작된 소설에서 가장 약한 부분이 바로 이 신에 대한 깊고 끈질긴 물음이다. 작고 아름다운 것, 현실적이고 힘겨운 것에 대한 따뜻한 관심과 치밀한 묘사도 물론 중요하지만, 인간의 존재와 운명에 관한 웅장하고 아득한 물음을 소설을 통해 던지는 것도 필요하다. 「명주보월빙」이나 「완월회맹연」과 같은 대하소설에서 펼쳐보인 우주와 인간에 대한 통찰이 우리의 현대소설과 기타 예술 매체를 통해서도 펼쳐질 수 있기를 기대한다.

다음으로 고전소설에서 보여주는 다채로운 삶의 모습을 현대소설에서도 수용할 수 있었으면 한다. 최근 우리의 현대소설은 '사랑'이나 '사소함' 같은 몇몇 단어 속에 침잠되어 현대사회를 폭넓게 담아내지 못하고 있다. 30대에서 50대까지 우리 사회를 실질적으로 움직이고 있는 직장인들이 소설을 외면하고 역사나 기타 인문 교양서로 옮겨가는 것은, 소설이 현실의 변화무쌍함을 담아내지 못하고 있는 탓이다. 「호질」의 날카로운 풍자, 「최척전」의 비극적인 전쟁 체험, 「유충렬전」의 호쾌함과 「구운몽」의 자유로움. 이 모든 고전소설의 세계가 당대 사회의 현실과 욕망을 감싸안은 것처럼, 지금 우리의 현대소설도 이 시시각각 변화하는 현대사회를 다양하게 담으려고 노력해야 할 것이다.

이제 '고전소설'은 중·고등학교 시절 국어 교과서에만 등장하는 낡은 이야기가 아니다. 읽기 어려운 단어와 문장으로 가득 찬 암호문 같은 소설이 아니다. 현대와는 동떨어진 먼 과거의 해괴한 이야기는 더더욱 아니다. 고전소설은 시간의 강을 건너 과거와 현재가 만나는 대화의 장이며, 그 속에서 새로운 미래를 열어나갈 수 있는 희망의 장이기도 하다. 빠르게 더욱 빠르게 현대의 삶을 질주하다가도 문득 되돌아와 삶과 우주와 운명에 대해 느릿느릿 음미하는 시간을 고전소설과 함께 가져보기를 바란다. 고전은 멀리 있지 않고 바로 지금 당신의 손끝에 닿아 있다. 그 책을 펼쳐라. 그리고 대화를 시작하라.

◉ 김탁환

| 참고 문헌 |

문현선, 「PC게임, 동아시아적 서사의 또다른 변용」, 『영상문화』 4, 한국영상문화학회, 2001.
정진희, 「사이버 판타지, 그 현상과 심층」, 『한국인의 삶과 구비문학』, 집문당, 2002.
고욱·이정엽, 『디지털 스토리텔링』, 황금가지, 2003.
김종군, 「드라마의 구비문학적 위상」, 『구비문학연구』 16, 한국구비문학회, 2003.
최혜실, 「디지털 문화환경과 서사의 새로운 양상」, 『구비문학연구』 16, 한국구비문학회, 2003.
김탁환, 「고소설과 이야기문학의 미래」, 『고소설연구』 17, 한국고소설학회, 2004.
신선희, 「고전 서사문학과 게임 시나리오」, 『고소설연구』 17, 한국고소설학회, 2004.

찾아보기 1 _ 작품명

ㄱ

「강도몽유록」 73
『겐지 모노가타리』 35
「결방연이팔낭자」 216, 256
『계서야담』 216, 256
『과정록』 91
「관내정사」 221
「광문자전」 91, 220
「광한루기」 88, 98, 303, 305, 307
「괴똥전」 265
『구당서』 50
「구운몽」 25, 67, 72, 91, 140, 155, 179, 188, 189, 202, 240, 259, 262
「구토지설」 254
「권익중전」 77, 263
「규장전운」 245
「금녕괴내깃당본풀이」 180
「금산사기」 260
「금산사몽유록」 260
「금생이문록」 73
「금송아지전」 254
『금오신화』 12, 14, 34, 35, 43, 67, 70, 89, 155, 172, 173, 178, 208, 232, 255, 283
「금우태자전」 202, 254
「금화사몽유록」 73, 74
『기재기이』 14, 84, 87, 89
「김부인열행록」 265
「김신선전」 91, 220
「김현감호」 12, 35

「꼭독각씨전」 265

ㄴ·ㄷ·ㄹ

「낙천등운」 69
「난학몽」 102
〈날아라 슈퍼보드〉 314
「남궁선생전」 90, 206, 258
「남령전」 144
「남염부주지」 71, 89, 173, 177
「노처녀가」 265
「단군신화」 181
「달천몽유록」 14, 73
『당서』 45
「당태종전」 269
「대관재몽유록」 74
『대동운부군옥』 44, 70
「돈키호테」 314
「동야휘집」 216, 256
「동패낙송」 217
「두껍전」 267
「로미오와 줄리엣」 312

ㅁ

「마장전」 91, 219
「만복사저포기」 67, 71, 89, 155, 174, 176~178
「만언사」 264
「만화본 춘향가」 98
「매화타령」 82, 83, 96
「명주기봉」 158, 189, 190
「명주보월빙」 20, 22, 101,

143, 191, 192, 322
「명행록」 102
「명행정의록」 100
「몽결초한송」 73
「몽옥쌍봉연록」 191
「몽유록」 70
「무쌍 춘향전」 229
「문장풍류삼대록」 68
「민옹전」 91, 220, 237

ㅂ

「바리공주」 180, 181
「방경각외전」 91, 219
「배비장전」 30, 96
「백운제후」 45, 46, 55
「백월산양성성도기」 70
「벽허담관제언록」 191
「변강쇠가」 96, 186, 267
「보은기우록」 191
「복선화음가」 265
「부용의 상사곡」 264
「비시명감」 102

ㅅ

『사기』 257, 279
「사소아전」 45
「사소절」 93
「사수몽유록」 73
「사씨남정기」 91, 153, 188, 189, 202, 228, 299, 306
「사인치산낙훈지」 217

『삼국사기』 44, 45
『삼국사절요』 45, 46
『삼국유사』 12
『삼국지연의』 259, 290, 315
「삼설기」 240, 262
「삼한습유」 300, 301, 306
「서상기」 98, 237, 307
「서유기」 259, 314
「서재야회록」 90
「서포만필」 290
「서포연보」 142
「선우태자전」 254
「설공찬전」 14, 235, 285
「설씨녀」 44~46, 57
「설인귀정동」 76
『성소부부고』 288
「성현공숙열기」 81, 191
「세민황제본풀이」 269
〈셰익스피어 인 러브〉 312
「소대성전」 76, 77, 148, 151, 153
「소문록」 101, 103
「소현성록」 79, 80, 82, 101, 188~191
『속어면순』 282
「손곡산인전」 90
「수삽석남」 44
「수성지」 14, 144
『수이전』 12, 44, 52, 70
『수호전』 237, 292
「숙영낭자전」 96
「숙향전」 20, 22, 75, 179, 259
「신가전」 265
「신명사도」 144
「신옥기린」 102
「심청가」 267
「심청굿」 269

「심청전」 96, 213, 259, 318
「십봉기연」 102
「쌍선기」 88
「쌍성봉효록」 165
「쌍천기봉」 104, 191

ㅇ

「안락국전」 254
「안락국태자전」 254
「안빙몽유록」 74, 90
〈야인시대〉 320
「양류사」 157
「양반전」 30, 91, 220, 258
『어우야담』 216, 282
「엄처사전」 90
「여사서」 93
〈여인천하〉 320
『역옹패설』 277
『연암집』 219
「연화부인전」 17
「열녀」 81
「열녀함양박씨전」 222
열전 44, 45, 257
『열하일기』 91, 221, 237
「영이록」 82
「예덕선생전」 91, 220
「오륜전전」 286
「오보안전」 45
「오유란전」 30
『오행기』 50
「옥갑야화」 221
「옥교리」 158
「옥단춘전」 267
「옥란기연」 151, 189, 190
「옥련몽」 100
「옥루몽」 72, 100
『옥소집』 188
「옥수기」 100, 155, 228

「옥원재합기연」 102, 136, 151, 191
「옥중화」 318
「옥환기봉」 82
「온달」 44~46, 55, 57
「옹고집전」 96
「완월회맹연」 81, 102, 136, 322
「왕회전」 74
「용궁부연록」 71, 89, 177, 178
「우상전」 91, 221
「운영전」 14, 72, 172, 176, 188, 253
「원광법사전」 17
「원생몽유록」 14, 15, 73, 74
「위경천전」 71
「유문성전」 77
「유선굴」 49, 50
「유씨삼대록」 68, 82, 136, 159, 167
「유재론」 90
「유충렬전」 64, 76, 77, 95, 138, 149, 152, 179, 262, 322
「유효공선행록」 136, 191
「육미당기」 100
「윤하정삼문취록」 20, 101, 192
「의승기」 144
「이대봉전」 77
「이생규장전」 71, 89, 174, 176, 177
「이진사전」 260
「일동장유가」 262
「일락정기」 88
「임경업전」 240, 242
「임씨전」 50

「임장군전」 237
「임진록」 317
『임하필기』 103
「임화정연」 66, 100, 101, 154, 159, 163, 191

ㅈ

「장경전」 263
「장끼전」 96
「장박전」 76
「장백전」 76
「장산인전」 90, 207
「장생전」 90, 207
「장익성전」 263
「장작전」 50
「장풍운전」 76
〈장희빈〉 320
「적벽가」 267, 315
「적성의전」 202, 254
『전등신화』 232, 297
「전우치전」 143, 208, 210
「전운치전」 240
「절화기담」 88
「정두경전」 263
「정수정전」 77
「제석본풀이」 180, 181
「제일기언」 79
「조생원전」 262
「조신몽」 70
「조신전」 12, 35, 44, 46, 58
「조씨삼대록」 191
「조웅전」 77, 95, 152, 154, 179, 260
「종옥전」 29, 88
「주몽신화」 180, 181
「주생전」 14, 71, 72, 172, 188, 189

「지봉전」 30
「진대방전」 133
「진랑비」 50
『진본 청구영언』 259

ㅊ

「창난호연록」 191
「창선감의록」 67, 133, 151, 153, 188, 198, 201
「채봉감별곡」 264, 265
「천군기」 144
「천군본기」 144
「천군실록」 144
「천군연의」 14, 144, 253, 259
「천군전」 144
「천수석」 191, 192
『청구야담』 216, 217, 256
「청년회심곡」 264, 265
「청백운」 88
『청장관전서』 296
「최고운전」 95
「최생우진기」 90
「최척전」 14, 71, 72, 153, 172, 188, 322
「최치원」 12, 34, 35, 41, 44, 46, 48, 50~52, 54, 55, 57, 70, 139, 255
「최현전」 76
「추풍감별곡」 264
「춘향가」 303, 318
〈춘향뎐〉 318
「춘향신설」 98
「춘향전」 20, 69, 75, 96, 130, 139, 185, 186, 211, 254, 318
「취유부벽정기」 71, 89, 176, 177, 208

ㅌ·ㅍ

「탈해신화」 180
「토끼전」 96, 215, 254
「피생명몽록」 14, 73

ㅎ

「하생기우전」 90
「한조삼성기봉」 68, 82
『해동고승전』 17
『해동이적』 210
「허생전」 91, 137, 221
「현씨양웅쌍린기」 191, 192
「호녀」 35
「호민론」 90
「호원」 44, 46, 49, 55
「호질」 221, 322, 91
「홍계월전」 77
「홍길동전」 14, 95, 136, 180, 254, 257
「화산기봉」 68, 82
『흠영』 101
「흥부전」 69, 96, 186, 214, 318

찾아보기 2 _ 주요 용어

ㄱ

가문소설 63, 78, 80, 202
가문의식 200
가사계 소설 266, 271
가사체 262
가정소설 84, 96
각수 242
각판 232
강담사 237
강독사 237
강창사 237
개판 242
고독감 39, 51, 53, 54, 55
고우영 317
골품제 53
공동사회 18
관각 232, 239
교술 장르 15
교환가치 239
구우 297
구전문학 40
구활자본 231, 248
국문본 227, 229
국한문 병행본 227~229
국한문 혼용본 227~229
군담 164
군담소설 75, 76, 164
권섭 79
권필 88
근대 309
금곡의 김호주 238
기대승 287
기록문학 40

기양론 283, 302
김려 88
김만중 89, 90, 202, 228, 290, 312
김부식 45
김성탄 98
김세종 97
김소행 300
김수철 314
김시습 34, 89, 232, 255, 284, 287
김옹 237
김우옹 144
김제성 74
김중진 237
김척명 17, 52
김춘택 228
꿈 12, 15, 72, 74, 149, 152, 202, 204

ㄴ

나관중 315
낙서거사 286
낙선재본 소설 78, 99, 136
남성지배영웅형 77
남영로 100
남윤원 100
남장영웅형 77
남전산 26
내면 관찰 39
내재비평 292
누대기 67, 68, 192
누락 241

ㄷ·ㄹ·ㅁ

단편 66~68, 88, 89, 143, 179, 216
대여료 246
대장편소설 63, 76, 78
대하소설 20, 22, 105, 188, 231
도스토예프스키 321
도청도설 56
동해안 별신굿 269
뒤르껭 17
등재본 232, 242
루카치 18
마고선녀 24
마당놀이 318
만와 88
명사계 24
모노가타리 35
모사 231
모티프 30, 60, 147~149, 254, 314
목태림 98
몽유록 15, 72
몽유록계 소설 14
몽자류 소설 84
문체반정 294~298
물질적 가치관 197
민옹 237
민응식 100

ㅂ

박인량 52, 53

박종화 239
박지원 30, 91, 219, 222, 237, 258, 295
반사곡 26
방각본 92, 230, 242
방각소 232, 242, 244
방각소설 232, 238, 239, 242
방각업자 244
방물장수 238
백룡담 26
변개 242
복본 238
본격소설 275
부분기 67
부분의 독자성 131, 186, 187
부지소종 178
불망기 28
비정기 시장 244

ㅅ

사각 232, 239
사단칠정 144
사본 230
사본소설류 231
사오정 314
사용가치 239
사찰각 239
삼장법사 314
상설시장 244
생의 형식 55
서거정 279
서발문 276
서사무가 기원설 269
서유영 100
서쾌 236
석천주인 88

선소설 275, 283
선형소설 275
설화 36, 38, 40~43, 46, 47, 55, 57, 71
설화적 인간 38, 40, 42, 55
성간 279
성소공간 26
성여학 282
성예전 18
성임 279
성종 278
성진의 삶과 양소유의 삶 25
세계관 195, 196
세속사회 18
세속성 18
세속소설 27, 68
세속적 가치관 197
세책 비용 238
세책가 235, 238
세책방 92
세책본 234, 238
세태소설 20
셰익스피어 312
소임주인 98
소외 39
소외감 51
손오공 314
송사소설 84
수고본 231, 234
수산 88, 98
시장 242
시장적 거래 242
신광한 88, 89
신물 149
신분 갈등 27
신선전 206
신성문화 18
신성사회 18

신성성 18
신성소설 27, 68
신소설 12
신재효 97
심능숙 100, 228
쌍녀분 12

ㅇ

아니리 237
안검제 102
안검제의 모친 102
안석경 88
애정 문제 55
야담 216
야담계 소설 14, 17, 256, 271
언번전기 93
엘리아데 17
역사드라마 319
역사적 장르종 70
연암소설 14, 219
연의소설 105, 168, 287, 288, 290, 297
연작화 경향 191, 192
연창자 97
영웅군담소설 74, 76~78
영웅소설 64, 69, 76, 94, 95, 150, 297,
영웅의 일대기 75, 179, 319
영웅의 일생 254, 258, 269
오물음 237
외재비평 292
요약 161
요전법 237
우의론 302
우화소설 84
운림초객 98

원자허 16
원호 15, 74
월궁소아 24
유만주 101
유몽인 216
유일성 231
유진한 98
유치구 144
육관대사 25
육두품 52~54, 56, 57
율문체 262
음조영웅형 77
의제 16
이광사 103
이덕무 295, 296
이면적 주제 131
이승소 279
이식 288
이씨 부인 102
이야기 주머니 237
이양오 299, 306
이언경 102
이업복 237
이옥 88, 144, 297
이원론적 세계관 196
이원명 216
이유원 103
이이 198
이이순 88
이익 293
이익사회 19, 27, 28, 31, 212
이인 149, 153
이인직 12
이자상 237
이제현 277
이해조 318
이황 198, 287
이희평 216

인간과 신의 관계 17
인귀교환 154, 155
인본 230
인출장 242
일대기 67
일시남복영웅형 77
일원론적 세계관 196, 197
임권택 318
임사 235
임영 144
임제 74, 89, 144

ㅈ

자고본 231
자필고본 231
장르 36, 38~40, 46, 56
장르 운동 47
장르 체계 36
장붕익 238
장사 16
장작 49
장편 66
장편화의 원리 188
저본 231
저팔계 314
적강 149, 153
전 45, 84, 90, 241, 252, 253, 257
전계 소설 17, 84, 258, 271
전기 42, 43, 48, 49, 55, 290
전기소설 12, 35~46, 48, 49, 51, 54~58, 70, 71
전기소설의 문체 40
전기수 237
전기적 인간 38~40
전당품 238
전본 230

전사 228
전사본 231, 234
전승 설화 12
전우치 210
전파론적 51
정기 시장 244
정기화 144
정사 232, 242
정사룡 281
정약용 298
정제성 231
정조 294, 297, 298
정태운 102
정태제 144, 289
조력자 183, 184
조성기 89, 198
조식 144
조위한 89
조태억 236
존재론적 물음 17
종교적 세계관 196
종이 242
주제적 구심성 133
주제적 원심성 136
중편 66
지괴서 50
지인지감 158, 184
진채선 97

ㅊ

차람 234
창 237
채수 108, 235, 285
채제공 93
천군소설 14
천정연 150, 151, 156, 159
초간본 242
초료산주인 88

330

초월적 세계관 196
초월적 천상세계 22
초월주의적 존재론 20
최광유 53
축약 241, 242
출판법 248
침자리 239

ㅋ·ㅌ·ㅍ

쿠랑 239, 247
타당성 있는 부의 분배 29
태을선군 24
토판 242
투명인간 182, 183
판각본 230
판목 232
판본 230, 232
판소리 문체 269
판소리계 소설 20, 69, 82, 83, 267, 268, 271
판저본 232

판하본 232
패관소설 275, 277
패관잡기 282, 290, 294
패러디 50
패사 297
패사소품 295, 298
패설 41, 275, 277
표면적 주제 131
필사기 238
필사본 230

ㅎ

한글본 227~229
한글소설 14, 65, 101, 124, 153
한남서림의 판권지 245
한문 단편 216, 256
한문 현토본 227, 229
한문본 227~229
한문소설 65
한은규 88

항우 16
향낭 303
허균 88, 90, 206, 258, 287
허금파 97
허영만 314
현세적 지상세계 22
현실적 세계관 197
현실주의적 존재론 20
혼사장애 45, 156, 158~160, 164, 168
홍만종 210, 291
홍서봉 282
홍석주 300, 302, 306
홍희복 66, 79
환상성 15, 71, 148, 149
활자본 230, 232
활판 인쇄술 233, 248
활판본 230
황중윤 144
후토부인 24
흥부와 놀부 사이의 갈등 28

저자 프로필

이상택
이화여자대학교 국어국문학과 부교수를 거쳐, 서울대학교 인문대학 국어국문학과 교수를 역임하고, 현재 서울대학교 명예교수로 있다. 하버드대학교 객원교수, 한국고전문학회 회장, 서울대학교 규장각 관장 등을 역임하였다. 주요 교주서로 『낙천등운』, 『천수석』, 『명주보월빙』 등이 있고, 주요 저서로 『한국고전소설의 탐구』, 『고전소설론』, 『국문학개론』, 『한국고전소설의 이론 1·2』 등이 있다.

박희병
경성대학교 한문학과 조교수, 성균관대학교 한문교육과 부교수를 거쳐 현재 서울대학교 인문대학 국어국문학과 교수로 있다. 한국고전산문, 한국한문학, 한국고전비평과 사상사 분야를 주로 공부하고 있다. 저서로 『한국 고전인물전 연구』, 『한국 傳奇小說의 미학』, 『한국의 생태사상』, 『運化와 근대』 등이 있고, 교주서로 『증보조선소설사』, 『한국한문소설』, 『한국 한문소설 校合句解』 등이 있으며, 번역서로 『나의 아버지 박지원』, 『베트남의 기이한 옛이야기』, 『베트남의 신화와 전설』, 『고추장 작은 단지를 보내니』 등이 있다.

임치균
한국학중앙연구원 한국학대학원 어문예술계열 국문학 부교수로 재직 중이며 한국 고전소설 분야를 주로 공부하고 있다. 저서로 『조선조 대장편소설 연구』, 『고전소설 기초 연구』(공저), 『세종시대의 문화』(공저) 등이 있고, 번역서로 『보진당 연행일기』(공역)가 있으며, 그 외 다수의 논문이 있다. 현재 고전소설을 대중화하는 데 관심을 가지고 있으며, 그 첫번째 결실인 『검은 바람』이 출간되었다.

조광국
서울대학교 한국문화연구소 특별연구원을 거쳐 현재 아주대학교 인문대학 국어국문학 전공 조교수로 있다. 한국고전산문 분야를 주로 공부하고 있다. 주요 저서로 『기녀담 기녀등장소설 연구』, 『한국문화와 기녀』가 있으며, 주요 논문으로 「17세기 후반 김만중의 현실인식에 관한 고찰」, 「고전소설에서의 사적 모델링, 서술의식 및 서사구조의 관련 양상」, 「〈임화정연〉에 나타난 가문연대의 양상과 의미」, 「19세기 고소설에 구현된 정치이념의 성향」, 「〈청백운〉 한문본 연구」 등이 있다.

이주영
한신대학교, 홍익대학교 강사를 거쳐 현재 서원대학교 어문학부 국어국문학과 조교수로 있다. 한국 고전소설을 공부하고 있다. 저서로『구활자본 고전소설 연구』가 있으며, 논문으로는 「구운몽에 나타난 욕망의 문제」, 「삼설기 소재 작품의 구성방식과 지향」 등이 있다.

정병설
명지대학교 국어국문학과를 거쳐 현재 서울대학교 인문대학 국어국문학과 조교수로 있다. 민족, 한글, 여성, 소설의 연관성 및 문학과 매체의 관계에 관심을 가지고 있다. 저서로『완월회맹연 연구』가 있으며, 「조선후기 장편소설사의 전개」, 「조선조 문학과 노비」, 「조선후기 정치현실과 장편소설에 나타난 小人의 형상」, 「18세기 조선의 여성과 소설」, 「조선후기 동아시아 어문교류의 한 단면」, 「조선후기 여성소설과 남성소설의 비교 연구」, 「17세기 동아시아 소설과 애정」, 「고소설과 텔레비전 드라마의 비교」, 「18, 19세기 일본인들의 조선소설 공부와 조선관」 등의 논문이 있다.

송성욱
공군사관학교 국어과 교관, 규장각 특별연구원을 거쳐 현재 가톨릭대학교 인문학부 국어국문학과 부교수로 재직 중이다. 한국 고전소설, 한중 비교문학, 문화콘텐츠 방면이 주요 관심사이다. 주요 저서로는『한국 대하소설의 미학』,『조선시대 대하소설의 서사문법과 창작의식』등이 있으며, 번역서로는『춘향전』,『사씨남정기』,『구운몽』등이 있다.

류준경
서울대학교 한국문화연구소 선임연구원을 거쳐 현재 성신여자대학교 사범대학 한문교육과 전임강사로 있다. 한국 고전소설과 고전산문을 주로 공부하고 있다. 주요 논문으로 「낙선재본 중국 번역소설과 장편소설사」, 「영웅소설의 장르관습과 여성영웅소설」, 「한문본 춘향전 연구」, 「박효랑 사건의 서사화 양상과 의미」, 「날판 방각본 연구」 등이 있다.

이승복
서울대학교 규장각 특별연구원을 역임하고 현재 상명대학교 사범대학 국어교육과 조교수로 재직 중이다. 주로 한국 고전산문 분야에 관심을 갖고 공부하고 있다. 주요 저서로

『고전소설과 가문의식』이 있으며, 최근의 논문으로 「옥환기봉과 역사의 소설화」, 「적소일기의 문학적 성격과 가치」, 「수로조천행선곡의 창작 배경과 의미」 등이 있다.

이창헌

인제대학교 국어국문학과 교수를 거쳐, 현재 명지대학교 인문대학 국어국문학과 교수로 재직 중이다. 한국 고전산문을 주로 공부하고 있으며, 특히 이야기책이라 부르던 소설책의 생산과 유통 그리고 소비와 관련된 제반 사항을 중점적으로 정리하고 있다. 주요 저서로는 『경판방각소설연구』, 『이야기 책 이야기』, 『경판방각소설 춘향전과 필사본 남원고사의 독자층에 대한 연구』 등이 있다.

서인석

현재 영남대학교 문과대학 국어국문학과 교수로 있다. 소설을 포함한 한국 고전산문을 주로 공부하고 있다. 저서로 『한국 고전문학 작가론』(공저), 『민족문학사 강좌』(공저) 등이 있고, 논문으로는 「가사와 소설의 갈래 교섭에 대한 연구」, 「조선 후기 향촌사회의 악인 형상」, 「1910년대 강릉 여자의 서울 구경 - 〈서유록〉의 경우」, 「봉건시대 여성의 이념과 행동 - 〈박효랑전〉과 〈김부인열행록〉의 경우」 등이 있다.

조태영

호남대학교 국어국문학과를 거쳐 현재 한신대학교 인문대학 국어국문학과 부교수로 재직 중이다. 학원사태로 해직을 겪고 장로회신학대학원에서 신학을 공부하였다. 한국 고전산문, 고전소설 비평, 한국문학 사상과 기독교 사상의 교섭사 등을 주로 공부하고 있다. 주요 논문으로 「고려사 열전의 인물형상과 서술양상」, 「조선후기 〈전〉에서 보는 사회와 자아의 형상」, 「한국 고전소설 비평에서의 소견론의 전개」, 「이기론과 삼위일체론의 상호해석 시론」 등이 있다.

김탁환

건양대학교 문학영상창작학과 전임강사, 한남대학교 문과대학 문예창작학과 조교수를 거쳐 한국과학기술원 문화기술대학원 디지털스토리텔링 전공 교수로 있다. 한국 서사문학을 공부하면서 소설과 시나리오를 집필하고 있다. 장편소설로 『불멸의 이순신』, 『방각본 살인사건』, 『열녀문의 비밀』, 『서러워라, 잊혀진다는 것은』, 『부여현감 귀신체포기』, 『나, 황진이』 등이 있으며, 문학비평서로 『소설중독』, 『진정성 너머의 세계』, 『한국소설 창작방법 연구』 등이 있다.